ALEX STOCK · KEINE KUNST

ALEX STOCK

KEINE KUNST

ASPEKTE DER BILDTHEOLOGIE

FERDINAND SCHÖNINGH

PADERBORN · MÜNCHEN · WIEN · ZÜRICH

Titelabbildung aus Sebastian Brant „Das Narrenschiff"

Die Deutsche Bibliothek – CIP-Einheitsaufnahme

Stock, Alex:
Keine Kunst: Aspekte der Bildtheologie / Alex Stock. –
Paderborn; München; Wien; Zürich: Schöningh, 1996
    ISBN 3-506-70828-7

Einbandgestaltung: Anna Braungart, Tübingen

Gedruckt auf umweltfreundlichem, chlorfrei gebleichtem
und alterungsbeständigem Papier ⊗ ISO 9706

© 1996 Ferdinand Schöningh, Paderborn
(Verlag Ferdinand Schöningh GmbH, Jühenplatz 1, D-33098 Paderborn)

Printed in Germany. Herstellung: Ferdinand Schöningh, Paderborn

ISBN 3-506-70828-7

INHALT

VORWORT

1. KEINE KUNST

KEINE KUNST – ist ein unvollständiger Satz. Wie soll man ihn punktieren: Keine Kunst. Keine Kunst! Keine Kunst? Und worauf bezieht er sich? Was negiert er? Was weist er ab? Was geht ihm voraus, daß man ihm ein Nein nachrufen soll?

KEINE KUNST! *Du sollst dir kein Bild machen.* Daran denkt man zuerst, an das biblische Bilderverbot. Aber verbietet es die Kunst? Mit detailfreudiger Begeisterung berichtet das 1. Buch der Könige von der kunstvollen Einrichtung des neuen Tempels in Jerusalem, vom Kunstsinn Salomos und seines Bauleiters, des Kunstschmieds Hiram von Tyrus. Nur an einer Stelle dieses Gesamtkunstwerks setzt die Kunst aus. Unter die Flügel der Cheruben im Allerheiligsten wird die alte, hergebrachte Lade gestellt, in der nichts ist als die steinernen Tafeln des Bundes und darüber nichts, nicht, wie in allen Tempeln sonst, das Bild der verehrten Gottheit. Das ist die Stelle, der äußerste Fluchtpunkt, an dem die Kunst aussetzt. *Du sollst dir kein Bild machen. Du sollst sie nicht anbeten und ihnen nicht dienen.* Das Bilderverbot ist kein Bruch mit der Kunst, sondern ein Bruch in ihr, ein Abbruch an ihrer kultischen Spitze.

KEINE KUNST! Als die Jünger den grandiosen Tempel bewundern und Jesu Blick darauf lenken: „Meister, sieh, was für Steine und was für Bauten", sagt er nur: „Hier wird kein Stein auf dem anderen bleiben". Mit dem Tempel ist es zu Ende. „Der Höchste wohnt nicht in Bauwerken von Menschenhand", meint der Erzmartyrer Stephanus lakonisch über Jerusalems Prachtwerk, nicht anders als Paulus über die stolze Tempelkunst Athens. Keine Kunst! Das Ende ist nahe. Die Welt ist im Abbruch. Da gibt es anderes zu tun, als kunstvolle Religion zu pflegen.

KEINE KUNST. Das Weltgewitter verzog sich. Aus der Endzeitbewegung wurde eine Religion. Heiligtümer wurden gebaut, deren kunstfertiger Aufwand dem Salomonischen Tempel nicht nachstand, deren Bilderfülle ihn übertraf. An der Stelle, die in Jerusalem leerblieb, erscheinen Bilder, werden verehrt und bedient, als ob das Bilderverbot nicht mehr gelte. Es gilt auch nicht mehr, sagen die christlichen Freunde der Bilder. Gott selbst hat es überschritten, da er in einem Menschen sichtbar wurde. Bilder Christi und der Heiligen sind die Fortbildung und Bestätigung dieser Inkarnation. Sie sind keine Idole, von Menschenhand und -kunst ersonnene Götzen, sondern Ikonen der himmlischen Urbilder, freigelegte Fenster zum Himmel. Bilder, aber keine Kunst.

KEINE KUNST. „Bild und Kult. Eine Geschichte des Bildes vor dem Zeitalter der Kunst", ist der Titel eines großen Werks von H. Belting.[1] Seine These lautet, daß man erst seit Beginn der Neuzeit von „Kunst" sprechen kann, daß mit Reformation und Renaissance eine Krise des Bildes statthat, die zu seiner ästhetischen Neubestimmung führt. Es dient nun nicht mehr dem Kult, sondern wird ein nach den „Regeln der Kunst" geschaffenes „ästhetisches Produkt", „schön und tiefsinnig".[2] Kunstverstand tritt an die Stelle des Kults, Bewunderung des Könnens und Entzifferung der künstlerischen Idee an die Stelle von Opfer und Gebet. Für jenes Jahrtausend, in dem die christliche Religion am engsten mit den Bildern liiert war, gilt danach: Keine Kunst.

KEINE KUNST? H. Beltings These ist ebenso klar wie verwirrend. Die historische Rekonstruktion des Bildergebrauchs bis zu jener großen Epochenzäsur fördert ein differenziertes Tableau von Funktionsformen zutage, in denen sich entfaltet, was es konkret besagt, Bilder zu verehren. Der Kunsthistoriker, der solches betreibt, verehrt all jene Bilder aber nicht, sondern erzählt ihre Geschichte. Er führt in ihrem Zeitkontext gelungene Funktionsformen von Bildern vor. Das ist kein Kult, das ist die Wahrnehmung von etwas, was vielleicht keine Kunst war, als Kunst. Es ist nicht der Blick des eingeborenen Kultgenossen, sondern der des interessierten Ethnologen, der in distanzierter Faszination beschreibt, was man hier und dort auf der anderen Seite des Epochengrabens mit Bildern vermocht hat. Wenn es keine Kunst war, so wird es doch in solcher Darstellung dazu. Das ist offenbar der methodische Tribut der Epochenthese, die den Kunstwissenschaftler ja ohne Entrinnen in die Ära der Kunst versetzt.

KEINE KUNST? Wenn für die Kunst als Kunst die Kunstwissenschaft zuständig ist, so könnte man denken, daß für die Bilder, solange sie noch nicht Kunst sind oder geworden sind, also dem christlichen Kult dienen, den Theologen eine gewisse Zuständigkeit einzuräumen ist. Wenn aber die Bilder, was immer sie waren, in der Ära der Kunst zwangsläufig Kunst sind, haben sich die Theologen dann nicht an die Anweisung zu halten: „Zutritt nur für Betriebsangehörige", und das hieße für Theologen: „Keine Kunst"?

---

[1] H. Belting, Bild und Kult. Eine Geschichte des Bildes vor dem Zeitalter der Kunst, München 1992².

[2] Ebd. 511.

2. BILDTHEOLOGIE

„Die Theologen haben immer wieder versucht, materiellen Bildern ihre Macht
zu entreißen, wenn diese im Begriff waren, zuviel Macht in der Kirche zu
gewinnen."[3] Das ist der allererste Satz von H. Beltings Buch „Bild und Kult".
Und ein feiner Faden Theologenschelte zieht sich von da an durch das ganze
Werk. So heißt es von der „Art und Weise, wie Theologen über Bilder geredet
haben und immer noch reden. Sie machen sich vom sichtbaren Bild einen so
allgemeinen Begriff, als existiere es nur in der Idee, und handeln ganz allgemein
vom Bild schlechthin, weil sich nur daran eine schlüssige Definition mit theologischer Substanz entwickeln läßt. Bilder, die in der Praxis ganz verschiedene
Rollen einnahmen, werden, der Theorie zuliebe, auf einen gemeinsamen Nen-
ner gebracht und ihrer Gebrauchsspuren entkleidet. Jede Bildertheologie hat
eine gedankliche Schönheit, die nur noch von ihrem Anspruch übertroffen
wird, Glaubensinhalte zu verwalten."[4] Das ist ein harsches Urteil, und da nicht
eigens vermerkt wird, wer von Johannes von Damaskus bis Hans Urs von
Balthasar hier mit den über Bilder redenden Theologen persönlich gemeint ist,
trifft es sie alle irgendwie.

Von der „Machtergreifung der Theologen" ist schließlich die Rede, mit der
„die Duldung gegenüber den Bildern, deren Funktion in der gelehrten Theologie immer wieder rationalisiert worden war", endete im „Machtverlust der
Bilder in der Reformation".[5] Da erscheinen sie dann nicht mehr nur als die
anmaßenden Generalisten, die in abstrakter Höhe über der religiösen Realität
der Bilder schweben, sondern auch als die Putschisten, die nun vollends ent-
machten, was sie immer nur mit Einschränkung geduldet hatten.

Ob der mit „Machtergreifung" üblicherweise verbundene Illegitimitätsak-
zent in dieses Geschichtsurteil mit übernommen wird, ist nicht so deutlich.
Denn einerseits beendet sie ja leider jene bildermächtige Epoche, die Beltings
Werk den faszinierenden Stoff liefert, andererseits inauguriert sie aber gerade
jene andere, in der die machtlos gewordenen Bilder zu Untertanen der Kunstwissenschaft werden. Und ob die „Machtergreifung" der Theologen für sie
selbst eben jener Pyrrhussieg ist, der sie vollends zur Inkompetenz in Bildersa-
chen verurteilt, bleibt auch im Zwielicht.

Wer in solcher „image"-Strömung ein Boot unter der Flagge der Bildtheologie segeln läßt, sieht sich genötigt, vorab einiges klarzustellen:

a) „Die" Theologen gibt es in der hier zu verhandelnen Sache nicht. Es gibt
Differenzen und Kontroversen, die präzise offenzulegen sind.

---

[3] Ebd. 11.
[4] Ebd. 13.

b) Theologen, die sich in allgemeinen Reden über die Bildhaftigkeit ergehen, gibt es gewiß zur Genüge. Aber es gibt auch jene, die *in concreto* und *praxi* durchaus wissen, wozu Bilder im einzelnen gebraucht werden. Sie sind zu Gehör zu bringen.

c) Das Funktionsspektrum des Bildergebrauchs in altkirchlicher und mittelalterlicher Zeit genau in den Blick zu nehmen, ist etwas, was Theologen selbstverständlich interessiert. Sie insistieren freilich auch darauf, daß die Mutation der Bilder zum ästhetischen Objekt, die die Kunstwissenschaft betreut, auch in der Neuzeit und Moderne nicht die gesamte Population erfaßt. Der Kult der Bilder, Wallfahrt und Verehrung gehen weiter im Barock und bis in die jüngste Zeit. Neue Kultbilder werden gefunden oder aus Visionen geboren, wie in der guten alten Bilderzeit. Bilder dienen weiterhin der Andacht und dem Unterricht, der Meditation und Propaganda. Dem epochaldiagnostischen Blick, dem sich das Bild um 1500 zum „ästhetischen Objekt" kristallisiert, mag das alles als bildpolitisch inszenierter „Anachronismus"[6] erscheinen, die Theologie möchte darauf bestehen, daß die Vielfalt von Funktionsformen, die dem vorneuzeitlichen Bildergebrauch gutgeschrieben wird, dem neuzeitlichen nicht einfach bestritten werden kann. Bildertheologie hat also für alle Zeiten einen Gebrauch von Bildern im Blick, der sich auf die rein ästhetische Anschauung nicht einschränken läßt.

d) Natürlich kann die Theologie den neuen Status von Bildern als Kunst, die frei produziert und ästhetisch gewürdigt wird, die auf dem Markt angeboten und im Museum ausgestellt wird, nicht übergehen. Wenn nicht auszuschließen ist, daß die originellen Inventionen und Ideen, die den Kunstwerken der Neuzeit abzulesen sind, auch für die Entwicklung des theologischen Denkens von Belang sein können, dann kann Kunstwissenschaft zu einer wichtigen Hilfswissenschaft der Theologie werden, was dieser freilich ungewohnte Arbeit bringt.

e) Doch ist mit solcher Weiterung das theologische Interesse noch nicht vollends bestimmt. Das Eigentümliche der christlichen Religion ist ja, daß sie das, was im Konstrukt des linearen Menschheitsfortschritts längst anachronistischer Museumsbestand ist, weiter im Gebrauch hält. Darin zeichnet sich auch für die Bildtheologie ein anderes Verständnis der Geschichte ab. Die Altvorderen sind nicht die überholten Stadien eines kulturellen Aufstiegs, an dessen oberster Stufe wir nun angelangt sind. Sie sind mit ihren Werken und Gedanken zu behandeln als potentielle Mitglieder einer die Zeiten übergreifenden *communio sanctorum*, als Teilnehmer eines Symposions, in dem sie, aus welchem Winkel der Geschichte auch immer, zur Mitsprache zu bewegen sind.

---

[5] Ebd. 24f.
[6] Ebd. 539.

3. ASPEKTE

Der vorliegende Band ist keine Bildtheologie aus einem Guß. Die Beiträge sind im Lauf eines Jahrzehnts entstanden. Sie wurden zum größten Teil als Vorträge und Beiträge auf Fachtagungen und Bildungsveranstaltungen vorgetragen. Den Charakter dieser Anlässe haben sie behalten. Um Überschneidungen zu vermeiden, wurde die ursprüngliche Fassung teilweise gekürzt und überarbeitet. Es sind „Aspekte der Bildtheologie", die in Ergänzung und Weiterführung meines Buches „Zwischen Tempel und Museum. Theologische Kunstkritik. Positionen der Moderne" das Feld markieren, das eine theologische Bildtheorie in der Gegenwart zu bearbeiten hat.

Köln, im August 1995   Alex Stock

I. WOZU BRAUCHEN CHRISTEN BILDER?

1. URSPRÜNGLICHE AVERSION

Bilder gehören nicht zur Grundverfassung der Kirche. Der urkirchliche Heils-haushalt ist ohne Bilder ausgekommen. Er ist nicht ausgekommen ohne das Wort. Reden und Zuhören, Lesen und Schreiben, Beten und Singen gehört zur elementaren Praxis der frühchristlichen Gemeinden. Auch das Tauchbad der Taufe, Auflegen der Hände, gemeinsames Essen, einfache rituelle Zeichenhand-lungen also. Wort und Sakrament in diesem Sinn gehören von Anfang an zum heilsökonomischen Grundbestand der Kirche. Nicht aber die Bilder. Der durch Tod und Auferstehung hindurch der leiblichen Präsenz entzogene Jesus bleibt gegenwärtig im Medium von Wort und Sakrament, nicht im Fluidum eines Bildes. Dem neuen Heros und Gott-Menschen wird keine Statue errich-tet, kein Tempel gebaut. Wenn sich die frühchristliche Bewegung vom zeitge-nössischen Judentum absetzt mit ihrer exzessiven Aufmerksamkeit für die Erscheinung Gottes in diesem einen Menschen und seiner Geschichte, so be-trieb sie diese Verehrung Jesu Christi doch fraglos unter der Prämisse des alttestamentlichen Bilderverbots, das es entschieden untersagte, einem Bild, was immer es darstellte, religiöse Verehrung zukommen zu lassen. Diese Aver-sion gegen religiöse Bilder zeigt sich deutlich in den Episoden der Apostelge-schichte, die vom Zusammenstoß des Wanderpredigers Paulus mit der hellen-istischen Religion des Mittelmeerraums berichten. In Ephesus erregt er den Aufstand der Kunsthandwerkerschaft, die die Produktion von Artemisbildern betreibt, als er erklärt, „was mit Händen gemacht werde, das seien keine Göt-ter" (Apg 19,26). In Athen entrüstet er sich bei seiner religionskundlichen Stadtbesichtigung, „da er sah, wie die ganze Stadt voller Götterbilder war" (Apg 17,16), „*kateidolon*", voller Idole. Und auch hier heißt es wieder ganz grundsätzlich: Gott, der Schöpfer der Welt „wohnt nicht in Tempeln, die mit Händen gemacht sind, noch läßt er sich von Menschenhänden Dienst erwei-sen" (Apg 17,24f); die „Gottheit ist nicht gleich Gold oder Silber oder Stein, ein Gebilde menschlicher Kunst und Überlegung" (Apg 17,29). Unter solchen theologischen Vorgaben etwa eigene Bilder haben zu wollen, ist ganz undenk-bar. Sie haben den unverkennbaren Geruch des Paganen. Heidentum ist in seinem religösen Kern genau dies: Idololatrie, Bilderverehrung, Beten und Opfern vor Bildern. Bilder kommen also im frühchristlichen Heilshaushalt nicht nur nicht vor, sie sind ausgesprochen gegenbesetzt als religiöser Indikator des Heidentums.

Wir wissen, es gibt in der späteren Geschichte des Christentums Bilder zuhauf. Aber es ist bemerkenswert, daß immer, wenn unter Berufung auf die Heilige Schrift, die normative Urkunde des Ursprungs, zur Reform gerufen wird, die Bilder ins Visier geraten.[1]

Wo im Mittelalter Reformbewegungen die Kirche zur apostolischen Einfachheit und zur Verkündigung des Evangeliums zurückbringen wollen, taucht konstant die Kritik am kirchlichen Bildergebrauch auf: bei Waldensern und Lollarden, bei Wyclif und Hus. Der Ordensreformer Bernhard von Clairvaux und die sich ihm anschließenden zisterziensischen Generalkapitel (1134, 1154) wollen wenigstens die Kirchen der Mönche von dem romanischen Bildergewusel gereinigt sehen, das nur ablenkt von der Kontemplation der göttlichen Dinge. Savonarola läßt um der apostolischen Armut und der sittlichen Reinheit des Evangeliums willen die Kunsteitelkeiten von Florenz verbrennen.

In den ersten Jahrzehnten des 16. Jh. sammeln und steigern sich jene mittelalterlichen Reforminitiativen zur konfessionsbildenden Reformation, die nicht zuletzt Gottesdienstreform ist unter Berufung auf das Evangelium. Und wieder stehen die Bilder im Visier der Kritik. Radikal, was die Forderung der Reinigung der Kirchen von allem Bildwerk angeht, bei Karlstadt, Zwingli, Calvin, Bucer, moderater bei Luther. Der König Josia erscheint ausdrücklich als Vorbild innerkirchlicher Kultreform. Wenn auch hier und da, z. B. bei Luther, weniger an eine ikonomachische Abschaffung als an eine neue ikonographische und ikonopraktische Orientierung gedacht ist, so ist als integrales Moment aller Reformansätze eine Reserve gegenüber Bildern im Christentum festzuhalten, die, wenn nicht zur Abschaffung, so jedenfalls zu einer Reduzierung ihrer Zahl und ihres Gebrauchs führt. Alle genannten reformerischen und reformatorischen Bewegungen wollen die Rolle der Bilder im Christentum verringern, keine will sie etwa verstärken.

Es bleibt also bei einem Christentum, das sich seiner Ursprünge vergewissert, eine latente Skepsis gegenüber Bildern. Der ungeheuren kulturellen Bilderfülle, die die christliche Kultur hervorgebracht hat, zum Trotz sind Bilder - gemessen an der prophetischen Option der Frühzeit - nicht einfach selbstverständlich, sondern eher verdächtig.

Wenn man die übliche kulturelle Trias „Literatur-Kunst- Musik" geradewegs auf die christliche Religion überträgt, vielleicht sogar als strukturelles

---

[1] Einen konzentrierten, gut dokumentierten und bibliographierten Überblick über die Geschichte des Verhältnisses der Kirche zur bildenden Kunst von den Anfängen bis zur Gegenwart bietet: D. Menozzi (ed.), Les Images, L'Eglise et les Arts visuels, Paris 1991; vgl. auch die verschiedenen Beiträge in: A. Stock (Hg.), Wozu Bilder im Christentum? Beiträge zur theologischen Kunsttheorie (Pietas Liturgica VI), St. Ottilien 1990.

Raster eines kirchlichen Bildungsprogramms, so ist ihr Ungleichgewicht mitzubedenken. Bei Literatur und Musik hat es gewiß immer wieder Auseinandersetzungen darüber gegeben, welche Art und Höhe angemessen sei, aber daß geformte Texte und gesungene Lieder zur christlichen Gottesverehrung essentiell dazugehören, war nie strittig. Ebendies ist bei der bildenden Kunst anders. Die Rolle der Bilder im Christentum ist in eigentümlicher Weise legitimationsbedürftig.

Die Versuche, dem Bild theologisches Aufenthaltsrecht im Raum des Christentums zu erstreiten, bewegen sich im Zwischenraum von Wort und Sakrament. Die Autorität der Schrift, der Predigt, der Lehre steht ebenso fest, wie die des Sakraments, der Eucharistie. Zwischen diesen beiden heilsökonomischen Polen, in der Nähe zu diesem oder jenem, läßt sich die Funktion der Bilder bestimmen und begründen. Die unterschiedlichen Zuordnungen haben Auswirkung auf Bildkonzeptionen, Bildformen und Bildpraktiken.

2. DAS AUFKOMMEN DER BILDER

Nach anfänglich vollkommener Bilderabstinenz kommt es im Laufe des 3. Jh. langsam zu christlichen Bildern, verbunden mit dem Aufstieg des Christentums in die kulturell und ökonomisch höheren Klassen der hellenistischen Kultur.[2] Um 200 diskutiert Klemens von Alexandrien im Blick auf das großstädtische Milieu dieser Stadt, die Frage, welche Bildmotive Christen auf ihren Siegelringen haben dürften, und er erlaubt: Taube, Fisch, Schiff, Anker u.ä. Hier beginnt es also im Bereich der Klein- und Gebrauchskunst, und der christliche Pastoraltheologe wählt aus dem heidnischen Gemmenangebot das aus, was zum christlichen Symbolrepertoire am besten paßt. Ein anderes Beispiel aus diesem Bereich der Kleinkunst ist der Schmuck von Trinkbechern.

Um die Mitte des 3. Jahrhunderts beginnen dann auch die ersten zweifelsfrei christlichen Malereien, in Katakomben (Domitilla-, Kallistus-Katakombe) und in dem der Synagoge von Dura Europos am Euphrat angeschlossenen christlichen Versammlungsraum. Die Malereien wie auch die etwas später sich anschließenden Reliefs an den Sarkophagen gehören dem sepulkralen Bereich an und beziehen sich in ihren Bildprogrammen darauf. Es sind figurale und szenische Bilder, die das in Christus gewährte Heil, den Heilbringer und die Rettung der Seele symbolisieren.

---

[2] Zur Entstehungsgeschichte der christlichen Kunst vgl. F. W. Deichmann, Einführung in die christliche Archäologie, Darmstadt 1983 (Lit.!); F. van der Meer, Die Ursprünge der christlichen Kunst, Freiburg/Brsg. 1982; A. Grabar, Christian Ikonography, A. Study of its Origins (Bollingen Series XXXV; 10) Washington, DC, 1968 (Abb.).

Wie bei den Siegelringen wird man wohl sagen müssen, daß es sich hier nicht
um originäre christliche Bilderfindungen handelt, sondern daß sie auf Anregung christlicher Auftraggeber in heidnischen Kunstwerkstätten entstanden
sind. Bei einigen Motiven, wie z. B. dem „Schafträger", der auch in heidnischen
Zusammenhängen auftaucht, z. B. als bukolische Gartendekoration, ist direkt
greifbar, daß eine Figuration, die es bereits gab, aufgegriffen und, mit neuer
Bedeutung besetzt, in das christliche Repertoire aufgenommen wurde. Ähnlich
ist man mit maritimen Motiven verfahren (Fisch, Schiff, Arche, Jonaszenen).
Christen haben das bildkünstlerische Angebot ihrer hellenistischen Umwelt
sondiert und ausgewählt, was zum eigenen Symbolhaushalt paßte bzw. es
daraufhin modifiziert. Insgesamt handelt es sich bei den Anfängen der christlichen Kunst also nicht um originäre christliche Neuschöpfungen, sondern um
die Aufnahme, Umdeutung und Umformung von Figuren der heidnischen
Kunst. Vermutlich hat das hellenistische Diasporajudentum, was alttestamentliche Szenen (z. B. das Abrahamsopfer) anlangt, den Christen hier schon vorge-
arbeitet. Es handelt sich also um den Vorgang, wie eine von sich selbst her
bilderlose Religion sich bildkulturelle Vorgaben ihres Lebensraumes durch
Selektion und Assimilation aneignet, um sich selbst auf dem kulturellen Niveau
ihres Umfeldes artikulieren zu können.

Es gibt Bildtheologen (z. B. in Amerika der Jesuit Thomas S. Mathews[3]), die
darin ein Modell sehen für das Verhältnis des Christentums zur modernen
Kunst. Der christliche Gebrauch wäre eine Art von „second sight" und „second
use" von Kunstwerken, die primär außerhalb seines Bereichs entstanden sind.
Man könnte natürlich auch umgekehrt denken, daß die säkulare moderne
Kunst mit Bildvorgaben der christlichen Kultur (z. B. der Passion Jesu) so
verfährt, wie einst das Christentum mit den spätantiken Vorgaben der hellenistischen Kultur, sie also nach den eigenen Bedürfnissen aufnimmt und mit
neuen Bedeutungen besetzt. Die Anfangsgeschichte der christlichen Kunst löst,
als Modell genommen, nicht einfach die heutigen Probleme, aber sie kann dazu
helfen, die kulturelle Situation des Christentums differenzierter zu sehen.

Für die christliche Aneignung der bildkünstlerischen Vorgaben der hellenistischen Kultur ist nicht ihre ästhetische Qualität oder ihr Bildsinn von Belang,
sondern allein, ob sie geeignet sind, als Sinnbilder des eigenen Glaubens zu
dienen. Die Bilder sind hier also entschieden dem Wort zu- und untergeordnet.
Sie stellen, vor allem an den Orten, wo man die Toten begräbt, vor Augen, was
man zuvor gelesen, gehört, gebetet hat. Bilder sind visuelle Erinnerungsnach-
hilfe zur vorgängigen Verkündigung. Diese Bilder werden nicht verehrt, sondern als Symbole des christlichen Heils gelesen; aber die richtige Lektüre setzt

---

[3] Vgl. dazu A. Stock, Zwischen Tempel und Museum, Theologische Kunstkritik. Positionen der
Moderne, Paderborn 1991, 266-268.

die Kenntnis der christlichen Heilsbotschaft voraus. Dieser Intention der Bilder entspricht ihre Form: es sind kleine, strukturell einfache, häufig (z. B. an den Sarkophagen) in Bildbändern gereihte, blicknahe Bilder.

3. IMPERIALE IKONOGRAPHIE

Die im 3. Jahrhundert begonnene Entwicklung einer eigenen christlichen Bilderwelt gerät nach der konstantinischen Wende zu Beginn des 4. Jahrhunderts unter ganz neue Förderbedingungen, vor allem durch das öffentliche Interesse am Kirchbau.

Die Bildform, wie sie an den Sarkophagen und in der Katakombenmalerei begegnet, wird fortgesetzt, aber auch ins Monumentale weiterentwickelt. In den Anfängen finden sich nebeneinander figurale (z. B. der Schaftträger) und szenische Bilder. Beide werden nun auch ins Großformat übertragen. In den Apsiden der Basiliken erscheinen Pantokratorfiguren, an den Wänden erzählende Szenen aus der Hl. Schrift oder dem Leben der Heiligen. Unter den Baubedingungen der Basiliken bildet sich also einerseits das monumentale Repräsentationsbild, andererseits der narrative Zyklus heraus. Die christliche Kunst entwickelt sich hier weiter unter dem neuen Einfluß der imperialen Kunst. Der repräsentativ in der Apsis thronende Pantokrator Christus nimmt die Raumstelle ein, die in den heidnischen Basiliken, die ja keine Tempel, sondern Versammlungshallen waren, dem Kaiser oder seinem Stellvertreter gebührte. Und er wird als Himmelskönig ausgestattet mit den Insignien imperialer Macht. Auch die narrativen Zyklen haben Vorbilder in den Bilderzyklen der Paläste, Siegessäulen und Tore, die die Heldentaten und Feldzüge der Kaiser im bleibenden Gedächtnis halten sollten. In dieses Muster wird nun die Geschichte des Lebens und Leidens Jesu und seiner Zeugen hineingeschrieben. So entwickelt sich die Bilderwelt des politisch siegreichen Christentums, wie sie heute noch exemplarisch in Ravenna zu besichtigen ist.

Auf die Polarität von Wort und Sakrament bezogen, haben die szenischen Zyklen einen engen Wortbezug; sie sind nur lesbar, wenn man durch Lektüre oder Verkündigung die zugehörigen Geschichten kennt. Oft werden sie durch Tituli, die dem Bild hinzugefügt sind, noch eigens zur Kenntnis gebracht. Was die Bilder leisten, ist, daß sie diese Geschichte in szenischer Verdichtung vor Augen stellen, den Betrachter zum Augenzeugen machen. Darin liegt auch ein sakramentales Moment, wenn man den Kern des Sakraments (der Eucharistie) in der Realpräsenz sieht. Stärker ist dieses Moment im apsidialen Repräsentationsbild, das ja die sich versammelnde christliche Gemeinde in den Anblick des Herrn und Richters der Welt stellt. In seiner durch das Bild repräsentierten Gegenwart findet die Feier der Mysterien statt.

4. BILDERKULT

Diese Weiterentwicklung der christlichen Bilderwelt führt aber nicht unmittelbar zum eigentlichen Bilderkult, sofern man darunter jene direkt bildbezogenen Frömmigkeitsaktivitäten versteht, die die Heiden der Spätantike den Götterstatuen entgegenbrachten.[4]

Im Christentum bildet sich dies in größerem Umfang erst im 6. Jahrhundert heraus. „Ein Bild verehren" meint hier einen besonderen Typus von Aktivitäten: vor einem Bild anhalten, sich verneigen, es küssen, anblicken, Lichter davor anzünden, es beweihräuchern, Opfergaben darbringen, es anrufen um Hilfe, ihm danken usw ... Bilderverehrung in diesem Sinn setzt bestimmte frömmigkeitsgeschichtliche Veränderungen voraus:

1. Es muß sich um kleinere, blicknahe, erreichbare Bilder handeln.

2. Ihre Bildform muß tendenziell porträtartig sein, d. h. einen Anblick gewähren, die Präsenz einer Person; szenische Bilder liest man, man verehrt sie nicht, oder nur, wenn man sie quasi wie Porträts nimmt.

3. Sofern die Akte der Bilderverehrung auf ein vis-à-vis, einen Blickkontakt, eine wechselseitige Zuwendung von Individuen zielen, mußte sich neben dem offziellen Kult in den bildgeschmückten Basiliken eine Frömmigkeit ausgebildet haben, die von einzelnen ausgeübt werden konnte außerhalb der Gemeindeversammlung.

Bei der Herausbildung dieser Form der Bilderverehrung spielt das östliche Mönchtum eine führende Rolle. Eine gewisse Konfliktzone zum öffentlichen Gottesdienst und dem ihn verwaltenden Klerus ist damit, religionssoziologisch, natürlich gegeben. Ob die Auseinandersetzung des Kaisers mit den Klöstern, einschließlich der darin mitgegebenen ökonomischen Interessen, für das Ausbrechen des byzantinischen Bilderstreits maßgebend war, ist schwer auszumachen. Die historische Ursachenforschung zum byzantinischen Bilderstreit hat viele Hypothesen hervorgebracht, die hier nicht im Detail zu verfolgen sind. Die Auseinandersetzung beginnt damit, daß im Jahre 726 auf Befehl Kaiser Leos III. ein wundertätiges Christusbild an der Chalke-Pforte des kaiserlichen Palastes in Konstantinopel vernichtet wurde. Der Streit währt über 100 Jahre, er wird mit politischen und theologischen Mitteln und wechselndem Erfolg

---

[4] Zu Bilderkult und Bilderstreit vgl. u. a. F. Boespflug / N. Lossky /Hg.) Nicée II, 787-1987. Douze siècles d'images religieuses, Paris 1987; H.-J. Schulz, Bild und Symbol – glaubensstiftende Impulse, Würzburg 1988; J. Wohlmuth (Hg.), Streit um das Bild. Das Zweite Konzil von Nizäa (787) in ökumenischer Perspektive, Bonn 1989; H.G. Thümmel, Die Frühgeschichte der ostkirchlichen Bilderlehre. Texte und Untersuchungen zur Zeit vor dem Bilderstreit, Berlin 1992; ders., Bilderlehre und Bilderstreit. Arbeiten zur Auseinandersetzung über die Ikone und ihre Begründung vornehmlich im 8. und 9. Jahrhundert, Würzburg 1991.

ausgefochten. Schließlich siegen großkirchlich die Bilderfreunde. Das entscheidende Konzil ist das II. Konzil von Nizäa 787, das letzte von Ost- und Westkirche gleicherweise anerkannte ökumenische Konzil, das einzige, dem eine Frau präsidiert hat, die Kaiserin Irene. Im Osten geht dann der Streit noch weiter und wird erst 843 mit einer Synode in Konstantinopel beendet.

Die schließlich unterlegenen Bilderfeinde sahen in dem neuen christlichen Bilderkult nichts als den Rückfall in überwundene heidnische Praktiken des Götzendienstes. Die bilderfreundlichen Theologen haben dagegen argumentiert, daß Gott selbst über jenes alttestamentliche Bilderverbot hinausgegangen sei in der Inkarnation des Logos und daß die Bilder nur die letzte Bestätigung dieser wahren Menschwerdung seien, die letzte Aus-bildung des an sich selbst bildlosen Gottes in die Materie, von der die Gläubigen dann wieder aufsteigen können, vom Sichtbaren ins unsichtbare Licht Gottes.

Der Sieg der Bilderfreunde hat im Osten jene Ikonenfrömmigkeit hervorgebracht, die uns als das Typikon der Orthodoxie erscheint.

5. BILDERLEHRE

In der abendländischen Kirche ist das II. Nizaenische Konzil mit seinem Bilderbeschluß anerkannt worden, das Konzil von Trient hat sich zu Beginn des 16. Jh. ausdrücklich darauf bezogen, als es die Praxis der Bilderverehrung gegen die reformatorischen Attacken verteidigte. Aber Bilderkult in jenem genau umschriebenen Sinne hat doch im Westen nicht jenen Rang erhalten, den es im Osten hatte.

In der abendländischen Tradition wird immer wieder Bezug genommen auf eine programmatische Maxime Gregors des Großen.[5] Zu eben jener Zeit als der Bilderkult aufkommt, schreibt der Papst an den Bischof Serenus von Marseille, der sich zu ikonoklastischen Maßnahmen veranlaßt gesehen hatte, einen Brief, dessen einschlägige Passage lautet:

> *„Bilder werden in der Kirche gebraucht, damit die, die die Schrift nicht kennen, wenigstens auf den Wänden mit den Augen lesen, was sie in Büchern nicht lesen können. Es ist nämlich etwas anderes, ein Bild anzubeten oder durch die Geschichte des Bildes zu lernen, was anzubeten ist. Denn was für die Leser die Schrift, das bietet den Ungebildeten (idiotis) das Bild.“*[6]

Bilder sind hier nicht Ort des Kultes, sondern der Lektüre. Der Betrachter betet nicht an, sondern lernt, was anzubeten und zu befolgen ist, andernorts, nach

---

[5] Vgl. dazu A. Stock, Bilderstreit als Kontroverse um das Heilige, in diesem Band Kp. II.
[6] Greg. M. Ep XIII Ad Serenum Massiliensem Episcopum (PL 77, 1128).

der Lektüre. So bekommen die von den Schriftkundigen autorisierten Bilder eine katechetische Funktion für die Getauften und eine missionarische für die heidnischen Analphabeten.

Das Bild wird wortanalog verstanden, nicht sakramentanalog wie im Bilderkult. Aber es ist auch eindeutig wortabhängig, es illustriert, was man auch lesen kann, ja eigentlich besser lesen sollte. Und es bleibt in seinem Sinn wortabhängig, man kann als Analphabet seine Bedeutung nicht verstehen, wenn man nicht zuvor oder zugleich durch die mündliche Rede ins Bild gesetzt wird.

Die mittelalterliche Scholastik (Thomas von Aquin, Bonaventura u. a.) hat diese Bildlerntheorie aufgenommen und auch etwas weiter entwickelt. Es wird zum klassischen Topos, von einem dreifachen Zweck der Bilder zu reden. Sie dienen:

1. „ad instructionem rudium", also zur Unterrichtung der einfachen, ungebildeten Leute, die durch sie wie durch Bücher belehrt werden,

2. dazu, daß das Geheimnis der Menschwerdung und die Beispiele der Heiligen besser im Gedächtnis bleiben, wenn sie täglich vor Augen gestellt werden,

3. „ad excitandum devotionis affectum", also um das Gefühl der Frömmigkeit zu erregen, was durch das, was man sieht, wirksamer geschieht, als durch das, was man hört (Thomas v. Aquin, Comment. in Sent. Lib 3 dist 9, q 1 art 2).

Im Rahmen der scholastischen Psychologie ist Lehre durch Bilder nicht nur der Vorgang einer Instruktion. Im Blick auf die drei Seelenkräfte Verstand, Gedächtnis und Gefühl/Wille wird ein dreifaches Ziel des Bildergebrauchs entwickelt.

Neben diesem, in der Linie Gregors d. Großen liegenden bildpädagogischen Konzept ist in der mittelalterlichen Theologie natürlich auch von der Bilderverehrung die Rede, wobei die ostkirchliche, auf Basilius und Johannes von Damaskus zurückzuführende Maxime im Zentrum steht: „Die Ehre des Bildes geht auf das Urbild über".

6. ANDACHTSBILD

Zwischen diesen beiden Polen, dem mehr wort- und dem mehr sakramentbezogenen, bildet sich seit dem hohen Mittelalter, im Zuge der zisterziensischfranziskanisch-dominikanischen Subjektivierung der christlichen Religion eine Umgangsform mit Bildern heraus, die man als Bildandacht bezeichnen kann.[7]

---

[7] Vgl. dazu H. Belting, Bild und Publikum im Mittelalter, Berlin 1981.

Ihr entspricht in der Bildform der Typus des Andachtsbildes. Die überkommene Form des Bilderkultes, die sich in ritualisierten Verhaltensformen artikulierte, verbindet sich hier mit der obengenannten dritten Bildfunktion, der Erregung des Affekts zu einer neuen Umgangsweise mit Bildern.

Die Andacht oder *devotio* läßt sich verstehen als emotional bewegter religiöser Dialog, den ein Individuum oder eine Gemeinschaft mit einem imaginierten Partner führt. Wenn dieser imaginierte Partner im Bild präsent wird, kann man von Andachtsbild und Bildandacht sprechen; eine bis heute praktizierte Form ist die Kreuzwegandacht. Das Bild selbst spricht mit visuellen Mitteln den Betrachter an, beginnt einen leisen Dialog mit ihm, die Reziprozität eines Blickaustausches und einer Zwiesprache zwischen Betrachterperson und Bildperson wird in Szene gesetzt. Das Kommunikationsfeld der Bildandacht wird durchstimmt von der *pietas (pietà)*, die zum einen affektives Mitempfinden, Mitleiden des Bildbetrachters mit der Bildperson, zum anderen erbarmungsvolle Sympathie der Bildperson mit dem Bildbetrachter ist. Die sozialen Träger dieses neuen Bildkults sind Ordensbrüder und -schwestern in ihren Zellen und Kapellen, Bürger, Frauen vor allem, auf dem Betschemel vor dem Andachtsbild oder an den Seitenaltären der Kirchen. Das neue, was auch Bildinhalt und Bildform bestimmt (Bilder der Passion, Kreuzweg, Pietà, Johannesminne, aber auch Maria mit dem Kind) ist der emotionale Dialog, in dem das Bild sich belebt. Die kunstgeschichtlich seit dem 14. Jahrhundert wachsende Fähigkeit, die Bildfiguren in suggestibler Körperlichkeit und Räumlichkeit darzustellen, korrespondiert dem frommen Interesse, die heiligen Gestalten in der körperlich-seelischen Nähe eines gemeinsamen Lebensraumes zu haben. Bildgestalt und Andacht des Betrachters wirken zusammen zum Aufbau eines Imaginationsraums, in dem Christus und die Heiligen mit dem Frommen verkehren. Das ist die Weise der Präsenz, die, neben der offiziellen von Wort und Sakrament, gerade bei religiös sensiblen Menschen Anklang findet. Von Heinrich Seuse bis Ignatius von Loyola kann man dafür Belege finden.

Die theologische Aufteilung von Bildtypen ist natürlich immer nachträglich zum faktischen Gebrauch, in dem die Dinge auch ineinander übergehen. Eine Pietà kann ein Andachtsbild sein, vor dem sich ein frommer Mensch in das Leiden der Gottesmutter versenkt, oder ein Kult- oder Wallfahrtsbild, zu dem man kommt, eine Kerze aufsteckt und in einem dringlichen Anliegen um Erhörung bittet. Bilder können also bei formaler Konstanz eine funktionale Polyvalenz haben, die je nach Umgangs- und Zugangsweise näher bestimmt wird.

7. REFORMATORISCHE BILDERKRITIK

Es hat im Laufe des Mittelalters einzelne Auseinandersetzungen um Bilder gegeben, aber zum ersten großen Bilderstreit nach dem byzantinischen kommt es erst wieder in der Reformation.[8] Die Reformation des 16. Jh. war in den Grundabsichten Gottesdienstreform, Abstellung von Mißbräuchen, die in der christlichen Gottesverehrung eingerissen waren, Wiederherstellung im ur-christlich-biblischen Sinne. Das betraf so oder so dann auch die Bilder, von denen die spätmittelalterliche Frömmigkeit randvoll war.

Die Positionen der Bilderkritik differieren. Gemeinsam ist allen, von Karl-stadt bis Luther, die Ablehnung der Bilderverehrung. Karlstadt, Zwingli, Cal-vin gehen weiter, indem sie Bilder überhaupt aus der Kirche verdammen, mit dem Argument, daß Bilder im Kirchenraum immer eine magische Anziehungs-kraft behalten und die Menschen zur Verehrung verführen. Gerade die Bilder-feinde halten also viel von der Macht der Bilder. Darum entfernen und zerstö-ren sie sie. Manche Tendenzen in der schweizerischen Reformation gehen auch dahin, Bilder selbst von den religiösen Büchern fernzuhalten. Nur weltliche Kunst wird toleriert, und die blüht dann ja auch in den reformierten Niederlan-den mächtig auf.

Luther geht es nicht darum, als äußeres Werk die Bilder zu entfernen, son-dern den Götzendienst aus den Herzen der Menschen zu reißen; dann werde sich die Bilderfrage von selbst regeln. Es geht ihm also um ein anderes Verhält-nis zu den Bildern. Sie dienen der Predigt, Unterweisung und Lehre, und d. h. in jenen kämpferischen Zeiten auch der Propaganda für die wahre Lehre und Polemik gegen die Papisten. Die Rhetorik des Bildes ist der des Wortes also entschieden untergeordnet. Das bedeutet faktisch, daß Bilder in den lutheri-schen Kirchen bleiben, daß aber das Bilderrepertoire nach den Regeln wahrer lutherischer Lehre gereinigt wird. Die Heiligen und Bilder, die ein falsches Heilsverständnis suggerieren (wie z. B. die Schutzmantelmadonna), weichen einem christologisch-biblisch gereinigten Bildprogramm.

8. NACH TRIENT

Die katholische Kirche hat ihre Kontroverstheologen gegen die reformatori-sche Bilderkritik aufgeboten und auf dem Trienter Konzil, in dessen letzter

---

[8] Vgl. dazu M. Stirm, Die Bilderfrage in der Reformation, Gütersloh 1977; S. Michalski, The Reformation and the visual arts. The Protestant image question in Western an Eastern Europe, London 1993.

Sitzung 1563, nicht nur die Lehrfunktion, sondern auch die Bilderverehrung verteidigt.[9] Sie erlebt in der barocken Heiligen- und Marien-Verehrung eine von der kirchlichen Obrigkeit und den neuen Orden der Jesuiten und Kapuziner geförderte Blüte.

Aus den reformatorischen Kontroversen bleibt aber auch der römisch-katholischen Kirche eine starke Orientierung der Bilder am Wort, nicht nur im bildrhetorischen Einsatz der Barockkunst, sondern auch in einer verstärkten Bildzensur.[10] Laszivität soll vermieden werden, Auswahl und Ausführung der Bildsujets sind sowohl auf ihre Schriftgemäßheit wie ihre dogmatische Orthodoxie hin von der kirchlichen Obrigkeit zu kontrollieren. Aus dem Vorrang des Wortes, der Texte, der Lehre wird die Instanz möglicher Bilderzensur.

Der religiöse Bildergebrauch in seiner ganzen Breite bleibt also dem neuzeitlichen Katholizismus erhalten und gerät dann auch mit dem Beginn der Moderne in eine Krise.

---

[9] Vgl. dazu H. Jedin, Entstehung und Tragweite des Trienter Dekrets über die Bilderverehrung, in: ders., Kirche des Glaubens - Kirche der Geschichte, Freiburg/Brsg. 1966, 460-498; J. Wohlmuth, Bild und Sakrament im Konzil von Trient, in: A. Stock (Hg.), Wozu Bilder im Christentum, 87-104.

[10] Vgl. dazu F. Boespflug, Dieu dans l'art, Paris 1984.

II. BILDERSTREIT ALS KONTROVERSE UM DAS HEILIGE

1. DER ORT DES HEILIGEN

In einem 1973 geschriebenen Artikel beschäftigt sich der amerikanische Historiker Peter Brown mit der Frage, worum es in den byzantinischen Bilderstreitigkeiten eigentlich gegangen sei. Und er antwortet darauf mit der knappen These: „The Iconoclast controversy was a debate on the position of the holy in the Byzantine society".[1] „Alle zusammen, Ikonoklasten, Karolinger, Ikonodulen stellten während des 8. Jahrhunderts unentwegt dieselbe Frage: ‚Wo ist das Heilige, was gehört dazu und was nicht?'"[2]

Folgt man dieser These, so hat die Kontroverse um die Bilder ihren Kern in einer Topik des Heiligen: Wo, worin ist das Heilige antreffbar? Die Ortsfrage aber stellt sich als Grenzfrage: Was gehört dazu, was nicht? Die Grenzfrage des Heiligen aber ist keine Randfrage, sie tangiert das Heilige insgesamt. Das Moment der Grenze ist ja ein Definitionsmoment des Heiligen selbst.[3] Das *sacrum* ist *temenos*, *templum*, eingegrenzter Bezirk. Wo Thomas von Aquin in der *Summa theologica* die Lehre von den Sakramenten beginnt und sich mit der Frage befaßt, was eigentlich *sacra* und und *sacramenta* seien, zitiert er eine alte Ansicht über das Heilige: „*Secundum antiquos sancta vel sacrosancta dicebantur quaecumque violari non licebat: sicut etiam muri civitatis*".[4] Das Heilige wird definiert durch die verletzbare Grenze. Das Sakrileg ist ihre Verletzung. Die Grenze des Heiligen ist aber, wie die Geschichte zeigt, nicht nur verletzbar, sondern auch verlegbar durch Kontraktion oder Expansion. Im 8. Jahrhundert sind die Bilder das bewegende Moment des Streits um den unsicher gewordenen Grenzverlauf des Heiligen. Mit der Bilderfrage steht aber der Bestand dessen, was der christlichen Religion heilig ist und sein sollte, insgesamt zur

---

[1] P. Brown A Dark-Age Crisis. Aspects of the Iconoclastic Controversy, in: EHR 146 (1973), 5.

[2] Ebd. 8; zur Auseinandersetzung mit P. Brown vgl. P. Henry. What was the Iconoclastic Controversy about, in: ChH 45 (1975), 16-31; S. Gero, Notes on byzantine inconoclasme in the eight century, in: Byzantion 44 (1974), 23-42.

[3] Vgl. M. M. Olivetti, Raum, Tempel, Ort, in: KuM VI – 8. Hamburg/ Bergstedt 1976. 68-87; M. Leiris, Das Heilige im Alltagsleben, in: ders., Die eigene und die fremde Kultur, Frankfurt/M. 1977, 228-238.

[4] Sth III q 60 a 1 ad 2.

Debatte. Die Topik des Heiligen kommt mit dezisionistischen Umfangsbestimmungen nicht mehr aus. Die Seinsart und Struktur dessen, was als heilig gelten soll, bedarf der Begründung. Nur in diesem umfassenden Rahmen läßt sich, so oder so, der Ort der Bilder bestimmen.

Ich möchte die eingangs zitierte und von mir soeben religionsphänomenologisch akzentuierte These von Peter Brown als Leitfrage nehmen, um einige historische Positionen, die sich aufeinander beziehen und gegeneinander abstoßen, als typische bildtheologische Konstellation zu erfassen.

2. FRÄNKISCHE UND BYZANTINISCHE SAKRALTOPIK

Der bildtheologische Diskussionsstand der byzantinischen Theologie ist der mittelalterlichen Theologie im ganzen und einzelnen nicht im Gedächtnis geblieben. Am Anfang freilich, in jener Epochenschwelle, in der sich die byzantinische Spätantike mit dem abendländischen Frühmittelalter überschneidet, gibt es eine ausgiebige Reaktion der westkirchlichen Theologie auf den Bilderstreit, ein umfängliches (in der Edition der *Monumenta Germaniae Historica* 228 Folioseiten umfassendes) Opus, dessen Autor Karl der Große bzw. seine fränkischen Hoftheologen, Theodor von Orléans oder Alkuin, sind: die *Libri carolini*[5], verfaßt im Jahre 790/91. Die Akten des II. Konzils von Nicäa (787)[6], zu dem die Franken nicht eingeladen worden waren, wohl aber Papst Hadrian I., waren vom Papst, der bei dem Konzil durch zwei Legaten vertreten gewesen war und die Konzilsbeschlüsse gebilligt hatte, in einer wohl sehr mangelhaften lateinischen Übersetzung Karl dem Großen zugeleitet worden. Die Franken schlossen sich der päpstlichen Gutheißung des Konzils aber nicht an, sondern verfaßten eine Widerlegungsschrift, in der sie in 120 Kapiteln nicht bloß auf den *Horos*, den abschließenden Konzilsbeschluß selbst, sondern auch auf die Debatten des bilderfreundlichen Konzils eingehen. So bedeutsam diese Schrift als Dokument der Verselbständigung des fränkischen Reiches gegenüber Byzanz ist, ihre theologische Wirkungsgeschichte im Westen scheint sich schon im

---

[5] Libri carolini, ed. H. Bastgen (MGH. Conc II, Suppl.), im folgenden abgekürzt LC + Buch, Kapitel (Seitenzahl). Zur Bildtheologie der Libri Carolini und ihrem Verhältnis zum II. Konzil von Nicäa vgl. G. Haendler, Epochen karolingischer Theologie, Berlin 1958; S. Gero, The Libri carolini and the Image Controversy, in: GOTR 18 (1973), 7-34; H. Schade, Die „libri carolini" und ihre Stellung zum Bild, in: ZKTh 79 (1957), 69-78.

[6] J. D. Mansi (Ed.), Sacrorum conciliorum nova et amplissima collectio XIII, Florenz 1757 / Paris 1902, im folgenden abgekürzt Mansi XIII; zum Stand der Forschung vgl. G. Dumeige, Nizäa II. (GÖK 4), Mainz 1985 (Lit.!); F. Boespflug/N. Lossky (Hgg.), Nicée II 787-1987. Douze siècles d'images religieuses, Paris 1987.

9. Jahrhundert zu verlaufen. Die Frankfurter Synode (794) und die Pariser Synode (825) beschäftigen sich wohl noch mit der Bilderfrage. Aber die *Libri carolini* „schlummerten fortab im Pfalzarchiv"[7]. 1549 sind sie erstmals in Druck gegeben und gleich katholischerseits auf den Index gesetzt worden. Berühmte Theologen wie Bellarmin und Baronius haben die Schrift für ein „Machwerk Karlstadts gegen die katholische Kirche"[8] gehalten.

Wie steht es nun mit den Bildern in der Sakraltopik der fränkischen Theologen? Durch die Schrift zieht sich eine gegen die Griechen des II. Nicaenums gerichtete polemische Formel: *aequiparare contendunt*[9], sie versuchen eine Gleichstellung der Bilder. Indem die fränkischen Theologen die Streitsache als Gleichstellungsproblem identifizieren, treffen sie die logische Form des nizänischen Beschlusses genau. Dort heißt es:

> „Wir beschließen in aller Sorgfalt und Einmütigkeit: So wie der Typos des kostbaren und lebensspendenden Kreuzes sind auch die verehrungswürdigen und heiligen Bilder, ob sie aus Farben, Mosaiksteinchen oder anderem geeigneten Material gemacht sind, anzubringen in den heiligen Kirchen Gottes, auf den heiligen Geräten und Gewändern, auf Wänden und Tafeln, an Häusern und Wegen, und zwar sowohl das Bild unseres göttlichen Herrn und Erlösers Jesus Christus, wie unserer jungfräulichen Herrin, der heiligen Gottesgebärerin, der ehrwürdigen Engel und aller Heiligen und Gerechten. Denn je öfter sie durch die bildliche Darstellung betrachtet werden, umso mehr werden die, die sie betrachten, zur Erinnerung an die Urbilder und zur Sehnsucht nach ihnen angeregt und dazu, ihnen ihren Gruß und ihre Verehrung zu widmen, nicht die eigentliche Latreia, die allein der göttlichen Natur zusteht, sondern so, daß wir ihnen wie dem Typos des kostbaren und lebensspendenden Kreuzes, wie den heiligen Evangelien und den anderen heiligen Kultgegenständen Weihrauch und Lichter zu ihrer Verehrung darbringen. So war es ja schon bei den Alten frommer Brauch: denn die Ehre, die man dem Bild erweist, geht auf das Urbild über. Wer ein Bild verehrt, verehrt die darin dargestellte Person."[10]

Der *Horos* des Nicaenum II behandelt die Frage der Bilder explizit als Gleichstellungsproblem: die Bilder sind zu verehren wie das Zeichen des Kreuzes, die heiligen Evangelien und andere Kultgegenstände. Die umstrittenen Bilder sollen dem unbestrittenen Bestand heiliger Dinge zugestanden werden.

---

[7] W. von den Steinen, Entstehungsgeschichte der Libri carolini: QFIAB 21 (1929/30) 1-93, 93.

[8] Schade, Die „Libri carolini", 7l.

[9] LC II, XXVIII (89): vgl. LC I praef.(60f); II, XXX (92); III, XXIV (153f.).

[10] Mansi XIII, 377C-380A (übersetzt im Anschluß an G. Lange, Wort und Bild, Die katechetischen Funktionen des Bildes in der griechischen Theologie des sechsten bis neunten Jahrhunderts, Würzburg 1969, 180).

Eben dies, der Bestand des Heiligen in der christlichen Religion, ist auch die Frage, auf die die Erörterungen der *Libri carolini* immer wieder hinauslaufen: *magna sunt christianae religionis instrumenta*[11], und das Ansinnen der Griechen geht dahin, die Bilder diesen Heilsmitteln beizugesellen: *aequiparare contendunt*; sie versuchen eine Gleichstellung der Bilder mit den Dingen, die seit alters der universalen Kirche heilig sind. Die karolingischen Theologen arbeiten als Wachpersonal an der Grenze des Heiligtums.

Was zu diesen von den Bildern unvergleichlich unterschiedenen *res sacrae* gehört, darüber lassen die *Libri carolini* keinen Zweifel. Es sind:

1. Leib und Blut Christi, das *corporis et sanguinis Domini sacramentum*[12],

2. die *vasa sacra*, die zur Feier der Heilsmysterien erforderlichen kultischen Gefäße[13],

3. die *Libri divinae Scripturae*, die Bücher der Heiligen Schrift[14],

4. das *sacramentum crucis*, das *mysterium Dominicae Crucis*[15],

5. die *corpora Sanctorum*, die von den Leibern der Heiligen verbliebenen *reliquiae*, die Überreste ihrer Körper und Kleider.[16]

Dies ist für die karolingische Theologie der kanonische Bestand der *res sacrae christianae religionis*. Ihn verteidigen sie mit penetranter Emphase gegen den Andrang der Bilder. Wie ist es zu begründen, daß die Grenze des Heiligen gerade hier mit solcher Intransigenz gezogen wird? Das argumentative Fundament der Franken ist die *antiqua traditio*. Die von den Byzantinern propagierte Bilderverehrung ist eine häretische Neuerung, die keine Stütze hat in der alten kirchlichen Überlieferung, die vor allem keine Stütze hat in der Heiligen Schrift, ja von ihr direkt desavouiert wird. Was den Bildern mangelt, besitzen die aufgeführten *res sacrae*. Sie sind legitimiert durch die Autorität der Schrift und der alten und universalen Tradition der Kirche. Für die Eucharistie und den Kelch, „den er in seine Hände nahm", für die Heilige Schrift und das Mysterium des Kreuzes scheint das unmittelbar einzuleuchten. Aber auch für die Reliquienverehrung wird nicht nur ein Traditions-, sondern auch ein Schriftargument beigebracht: die Sorge der altbundlichen Väter um die ehrenvolle Bestattung ihrer leiblichen Überreste.

Nicht nur mit der Ablehnung der Bilderverehrung, sondern auch mit der inhaltlichen Bestimmung der wahren *res sacrae* schließen sich die *Libri carolini*

---

[11] LC II, XX (80).

[12] LC II, XXVII (87-89).

[13] LC II, XXIX (91f.).

[14] LC II, XXX (92-100).

[15] LC II, XXVIII (89-91).

[16] LC III, XXIV (153-155).

an ältere ikonoklastische Positionen an, die sich wiederum als Hüter der ursprünglichen christlichen Tradition empfinden. Wenn man im Christentum überhaupt von heiligen Dingen sprechen will, so bilden die Elemente der Eucharistie und die Heilige Schrift ihr intangibles Zentrum. Das Mysterium des Kreuzes spielt natürlich von den paulinischen Schriften her eine zentrale symbolische Rolle. Von dorther geht der Weg über die kreuzförmigen Segensgesten hin zur materialisierten Figur des Kreuzes (ohne Corpus). Deren große Zeit beginnt erst in der konstantinischen Ära. Zwei Momente sind es, die die Erhöhung der Kreuzfigur zum sakralen Gegenstand favorisieren: die Identifizierung des Kreuzes mit dem kaiserlichen *vexillum*, dem Sieges- und Hoheitszeichen des Imperiums, der Standarte, dem Labarum des Heeres. Zum anderen ist es, ebenfalls noch im 4. Jahrhundert, die Auffindung des „wahren Kreuzes" in Jerusalem und die daran anschließende Verehrung der Kreuzreliquien. Indem das Kreuz so einerseits Verehrungsformen aus dem Kontext des Kaiserkultes, andererseits die in der Märtyrerzeit bereits entwickelten Formen der Reliquienverehrung auf sich zieht, wird es zu einer eminenten *res sacra* des reichskirchlichen Christentums.[17] Schon im 4. Jahrhundert ist nach dem Bericht der Pilgerin Ätheria am Karfreitag in Jerusalem ein Ritus der Kreuzverehrung im Gebrauch, der sich von dort aus – wie die Kreuzpartikel – in der Ökumene ausbreitet; im 8. Jahrhundert wurde er in die fränkische Liturgie übernommen.[18] Von daher scheint mir wahrscheinlich, daß die *Libri carolini*, wo sie vom *sacramentum crucis* sprechen, nicht nur den Symbolgehalt des Kreuzmysteriums, sondern auch die Figur des Kreuzes meinen. Aber – und das ist für die Logik der Bildkontroverse festzuhalten – diese *figura crucis* oder, wie der Horos des Nicaenum II sagt τύπος τοῦ σταυροῦ wird nicht als *imago* verstanden. Sie ist repräsentatives Hoheitszeichen und Reliquie.

Wie sehr die Ikonoklasten das Kreuz als Kontradiktion zum Bild empfunden haben, wird daraus ersichtlich, daß jenes Christusbild über dem Chalketor des kaiserlichen Palastes in Byzanz, dessen Zerstörung unter Kaiser Leo III. im Jahre 726 ein demonstratives Fanal des Bildersturms wurde, durch ein Kreuz ersetzt wurde, das dann unter dem Regiment der bilderfreundlichen Kaiserin Irene wiederum einem Christusbild weichen mußte; gleicherweise wurde in der Dormitio-Kirche von Nizäa ein Madonnenmosaik, das von den Ikonoklasten durch ein monumentales Kreuz ersetzt worden war, später von den Ikonophilen wieder im ursprünglichen Sinne restauriert.[19]

---

[17] Vgl. E. Kitzinger, The cult of images in the age before iconoclasm, in: DOP 8 (1954), 83-150, 89f.

[18] Vgl. G. Römer, Art. Kreuz V. Kult und liturgische Verehrung des Kruzifixes, in: LThK² VI, 609f.

[19] Vgl. Gero, Libri Carolini, 18.30.

Natürlich sind auch die Reliquien der Heiligen nicht deren Bilder, sondern Reste von ihnen, geheiligt durch den heiligen Leib, dessen Teil oder Hülle sie waren, geheiligt durch materielle Partizipation und Berührung.

Die fränkischen Theologen sind keine Ikonoklasten; das Zerstören der Bilder lehnen sie ebenso ab wie ihre Verehrung. Aber was die Umfangsbestimmung des Heiligen anlangt, stehen sie in ikonoklastischer Tradition. Ist das nur das Beharren auf dem Faktum des alten Bestandes? Oder liegt diesem selbst eine besondere Konstitutionsform des Heiligen zugrunde, die in der Logik der Kontroverse nun zutage tritt?

Ich möchte dieser Frage nachgehen, indem ich auf eine kleine begriffliche Turbulenz eingehe, die auf dem II. Nicaenum um die Eucharistie entstand. Auf diesem Konzil wurde ja, um ihn zu widerlegen, der gesamte Horos des ikonoklastischen Konzils von Hiereia (754) verlesen[20], u. a. der Passus, in dem jene Synode erklärt hatte, die Elemente der Eucharistie seien „das wahre Bild" (ἡ ἀψευδὴς εἰκὼν) seines lebensspendenden Leibes. Sie seien der einzig wahre εἶδος und τύπος seiner Fleischwerdung, die einzig wahre anschauliche Gestalt und wirkmächtige Ausprägung seiner Inkarnation.[21] Der Diakon Epiphanius, der gleich nach Verlesung dieses Passus darauf hinweist, daß in der Hl. Schrift nicht stünde „das ist das Bild meines Leibes", sondern, „das ist mein Leib"[22], hat natürlich recht, aber er verfehlt mit seiner Attacke den eigentlichen Fragepunkt. Die Ikonoklasten wollten ja nicht sagen, daß das eucharistische Brot nur ein Bild sei und nicht der wahre Leib Christi; sie nennen es ausdrücklich „göttlicher Leib" (ϑεῖον σῶμα).[23] Es ging ihnen vielmehr darum, die Eucharistie als die einzig wahre sinnlich anschaubare Präsenz des Leibes Christi den Trugbildern der Ikonophilen gegenüberzustellen.[24] Die falschen Bilder sind die anthropomorphen, die eine μορφή ἀνϑρώπου[25], die mimetische Darstellung einer menschlichen Gestalt als Bild des fleischgewordenen Gottes ausgeben. Das wahre Bild ist nicht das ähnliche, sondern das unähnliche, nicht gemaltes Menschengesicht, sondern konsekriertes Brot. Das Brot wird Bild des Leibes Christi, indem es durch die Darbringung des Priesters aus dem κοινόν in das ἅγιον[26], aus dem Profanen ins Heilige überführt wird. In einem Fragment aus den bilderfeindlichen Schriften Kaiser Konstantins V. wird das verdeutlicht mit

---

[20] Mansi XIII, 205-364.
[21] Ebd. 261-264C.
[22] Ebd. 264D-268.
[23] Ebd. 264B.
[24] Zum ikonoklastischen Eucharistieverständnis vgl. S. Gero, The eucharist doctrine of the byzantine iconoclasts and its sources, in: ByZ 68 (1975), 4-22.
[25] Mansi XIII, 264B.
[26] Ebd. 264C.

der Formulierung, daß in der Eucharistie das Brot aus dem von Händen Gemachten in das nicht von Händen Gemachte transferiert wird.[27] χειροποίετος,
opus manuum hominum, „Menschenhandwerk" ist seit der alttestamentlichen
Prophetie ein stehender Schmähtopos der Götzenbilderkritik: Sie beten von
Menschenhand Gemachtes an. Bei den Bilderfreunden spielen dementsprechend ἀχειροποίετα eine große Rolle, Bilder Christi, die angeblich nicht von
Menschenhand gemacht sind, sondern (wie das Bild von Kamuliana) wunder-
bar gefunden oder (wie das Abgar-Bild) durch wunderbaren Abdruck vom
Angesicht Christi entstanden sind.[28] Die Ikonoklasten aber erklären:[29] Alle
anthropomorphen Bilder sind auch anthropogene Bilder. Ob man sie Apoll
oder Christus nennt, sie sind Menschenwerk und ihre Verehrung ist und bleibt
Idololatrie. Das einzige Bild, das nicht Menschenwerk, sondern Gotteswerk ist,
ist die Eucharistie. Die priesterliche Darbringung des Brotes ist das Medium
einer göttlichen Handlung, der Herabkunft des Heiligen Geistes. Die Eucharistie ist Bild des Leibes Christi nicht aufgrund einer Gestaltähnlichkeit, sondern
aufgrund einer Analogie der Realitätskonstitution. Materie (ὕλη), die keine
eigene Personalität, kein eigenes πρόσωπον hat, in einem Fall der irdisch-natür-
liche Leib, im anderen Fall das eucharistische Brot, sind geheiligt und vergött-
licht durch die Erfüllung mit dem Pneuma. Das σῶμα κάτα θέσιν, der Leib
Christi, der sich einer Stiftung, einer Setzung, Einsetzung verdankt, das eucharistische Brot ist abkünftig vom σῶμα κάτα φύσιν, dem natürlich-irdischen
Leib Christi. Insofern ist der eucharistische Leib Bild (εἰκῶν). Aber er ist
wahres, einzig wahres Bild, weil er, wie sein Urbild, theogen, geistgezeugt ist.
Das wahre Bild Christi ist nicht ein Bildnis des Inkarnierten, sondern ein Bild
der Inkarnation Gottes, die anschaulich-wirkmächtige Ausprägung und Einprägung der Inkarnation Gottes im eucharistischen Brot.

Die *Libri carolini* können aufgrund ihres eigenen, durch das Moment der
similitudo definierten Bildbegriffs sich zwar dem ikonoklastischen Sprachgebrauch, die Eucharistie „Bild" zu nennen, nicht anschließen; in der Sache aber –
und das ist der Streit um den Bezirk des Heiligen – folgen sie durchaus der
Argumentation des *Horos* von Hiereia.[30] Die Bilder sind dem Sakrament des
Leibes und Blutes Christi in keiner Hinsicht gleichzustellen. Unter den man-

---

[27] Konstantin V., Fragen 22, in: Mansi XIII 337CD; vgl. G. Ostrogorsky, Studien zur Geschichte
des byzantinischen Bilderstreites, Amsterdam 1964, (Nachdruck der l. Aufl. 1929), 10.
[28] Vgl. Kitzinger, Cult of images, 112-115; A. Stock, Das Christusbild, in: M. Wichelhaus/A.
Stock (Hgg.), Bildtheologie und Bilddidaktik, Düsseldorf 1981, 64-96; Ders. „Wenn du es mit
Andacht anschaust". Zum Status des Christusbildes, in: ZKTh 108 (1986), 301-310.
[29] Vgl. Mansi XIII, 264A-C.
[30] LC II, XXVII (87-89).

cherlei Differenzpunkten, die dazu aufgelistet werden, steht an erster Stelle auch hier die die Wirkung des Gottesgeistes hervorrufende Konsekration. Während jedoch die griechischen Ikonoklasten das pneumatische Moment der Epiklese hervorheben, akzentuieren die fränkischen Theologen den Akt der Konsekration.

Die Konsekration wird *per manum sacerdotis et invocationem divini nominis* vollzogen. Sie wird vollzogen durch die vom Gebet begleitete Handauflegung des Priesters (*impositio manus*).[31] Mit dem Wort „Hand" (*manus*), das in diesem Kapitel der *Libri carolini* ungewöhnlich häufig erscheint, ist eine semantische Achse markiert, auf der die Differenz von Bild und Sakrament eingetragen wird. Beide gehen hervor aus einer Handlung. Das Bild ist ein *manufactum*, Handwerk, das hervorgegangen ist aus kunstfertiger Handhabung der Farben, durch die Materie erstaunlich sichtbar verändert wird. Das Sakrament aber geschieht durch Auflegung der Hände und anrufende Besprechung, wodurch die Materie unsichtbar verwandelt wird.

Handauflegung als Geste der Übertragung von Kraft und Segen hat eine alte, auch im Alten und Neuen Testament bezeugte Geschichte; möglicherweise gibt ihr ein besonderer germanischer Glaube an die Heilsmacht der Hände hier in der fränkischen Theologie noch ein besonderes Gewicht. Die *consecratio*, verstanden als Handauflegung unter Gebet, ist für die *Libri carolini* weit über die Eucharistie hinaus die Konstitutionsform des „Sakralen".[32] Menschen, Orte, Bauten, Gefäße, Utensilien aller Art werden auf diese Weise in den Bereich des Heiligen übertragen. Daß Sakralität hier als an Körper und körperlichen Kontakt gebundene göttliche Kraft verstanden wird, bestätigt die Verehrung der Reliquien:[33] Heilig sind die Leiber der Heiligen, die eine Wohnung des Gottesgeistes sind. Was von ihren Körpern übriggeblieben ist oder was sie berührt haben, partizipiert an dieser Heiligkeit. Was von den Körpern der Heiligen durch körperliche Tradition herkommt, ist von den Heiligen selbst geheiligt. Und wenn ihre Körper auch zerfallen, so werden ihre Knochen (*ossa*) doch am Ende der Welt auferstehen und mit Christus herrschen. Die Bilder aber haben nicht gelebt und werden auch nicht auferstehen, sie werden mit der Zeit in Feuer oder Fäulnis zu Grunde gehen. Deshalb erscheint es den Franken geradezu als *iniuria*, als Unrecht gegenüber den Heiligen, sie nicht allein durch das zu ehren, was von ihnen selbst geheiligt wurde.

Priesterliche Konsekration und Reliquienkult entspringen demselben Interesse an der Heiligkeit des Körpers. Daran haben nach Ansicht der karolingi-

---

[31] LC II, XXVII (87).
[32] LC IV, XVI (203).

schen Theologen die Bilder keinen Anteil. Es gibt keine Konsekration von
Bildern, und zu den Heiligen mangelt ihnen der körperliche Kontakt, den die
Reliquien aufrechterhalten. Sie können auch nicht dadurch sakralisiert werden,
daß man die Malkunst zur *ars pia* erhebt[34] und Bilder in diesem Sinne als
körperliche Spur eines heiligen, geisterfüllten Malers versteht. Die Malerei ist
für die Franken ein Handwerk wie das der Zimmerleute, Schmiede und Stein-
metze; das Handwerk kann man lernen, und die es ausüben, können fromm
oder nicht fromm sein, das ändert nichts an der Kunst.

Im 3. Buch der *Libri carolini* (Cp. XXVII) wird aus den nicänischen Akten
der Satz herausgepickt, daß die Bilder zu verehren seien *sicut locus Dei*.[35] Die
Franken interpretieren diese Formel im Sinne der Einwohnung der Gottheit im
Bild: Das Kultbild ist die Wohnstätte Gottes, die irdische Behausung, in die die
Gottheit eingeschreint ist. Dagegen polemisieren sie nun mit dem Theologume-
non der Unräumlichkeit Gottes: Gott, der alles umfaßt, ist nicht räumlich, kann
von keinem Raumort eingeschlossen und umgrenzt sein. Dann wird jedoch im
Anschluß an Augustinus hinzugefügt, daß man in einem abgeleiteten Sinne
freilich doch vom *locus Dei* sprechen könne, und zwar in doppelter Hinsicht:
Die *anima iusti* und das *templum Dei* könnten *locus Dei* genannt werden, *non
quod (eo) contineatur, sed quod ei praesens sit*.[36]

Die „Seele" als Tempel des Heiligen Gottesgeistes ist vom Neuen Testament
an ein konstanter Topos der christlichen Gotteskunde, und die Aufforderung,
besser die Seele mit Tugenden als die Kirche mit Bildern zu schmücken, ist
ebenfalls ein konstanter Topos ethisch motivierter Bilderkritik.[37] Die *Libri
carolini* konzedieren den Ausdruck *locus Dei* aber doch auch für das Bauwerk
der christlichen Kirche, das sie *templum Dei* nennen.

Aber dieser Raum ist kein Einschluß Gottes, sondern die Einräumung seiner
Präsenz, der Bezirk seines Anwesens. Was dem Einzelbild dezidiert abgespro-
chen wird, wird dem Raum zugesprochen. Der umbaute Raum der Kirche ist
heilig, weil er konsekriert ist zum Anwesen Gottes. Dieser Raum hat, und das
unterscheidet ihn eben von den Tempeln der Heiden, kein ihn zentrierendes
Kultbild. Er ist nicht eingerichtet für oder ausgerichtet auf ein Idol. Die das
christliche Heiligtum zentrierende Mitte ist, nach Überzeugung der *Libri carolini*, überhaupt kein Kultobjekt, sondern eine Handlung, die *Domini sacrificia*,

---

[33] LC II, XXIV (153-155).

[34] LC II, XXII (148-150).

[35] LC III, XXVII (161-163).

[36] LC III, XXVII (162).

[37] Vgl. M. Anastos, The ethical theory of images formulated by the iconoclasts in 754 and 815, in:
DOP 8 (1954), 151-160.

die *missarum sollemnia*, Opfer und Gebet des versammelten Volkes.[38] Sakral und konsekriert ist alles und nur das, was zu dieser heiligen Handlung in einem notwendigen Zusammenhang und Dienstverhältnis steht. Das aber tun die Bilder nicht, sie haben im Kult und für den Kult kein Erfordernis. Sie sind nicht sakral. Die Kunst ist nicht heilsnotwendig.[39] Man soll die Bilder nicht verehren. Aber man soll sie auch nicht zerstören. *Nec frangere, nec adorare* ist die von den Franken vorgeschlagene *via media*.[40]

Aber wozu soll man sie haben und behalten? Stereotyp läuft durch die *Libri carolini* die Funktionsformel: *ad ornamentum ecclesiae et ad memoriam rerum gestarum*.[41] *Ornamentum* und *memoria* sind die beiden Stichworte, auf die hin die *Libri carolini* das Funktionsverhältnis der Bilder zur Religion zuspitzen. *Ornamentum* subordiniert die Bilder unmißverständlich dem sakralen Raum. Sie sind Wandschmuck des Heiligtums, Wandungsschmuck der Kultgeräte. Ob gegenständlich oder rein ornamental, sie sind *ornamentum*. Die Kunst dient der Zierde der *basilica*, der heiligen Halle des höchsten Königs. An einer Stelle des IV. Buchs (Cp. III) rühmen sich die Franken, daß sie, die den Bilderdienst verachteten, ihre Kulträume *rebus pretiosissimis* ausschmückten, während die byzantinischen Bilderverehrer allzu oft ihre Kirchen verkommen ließen.[42] Schmuck, der dem Glanz und der Ehre des Tempels dient, das sollen die Bilder sein.

3. MEMORIA: LIBRI CAROLINI – NICAENUM II – GREGOR DER GROSSE

Das zweite Leitwort der karolingischen Bildprogrammatik *memoria* begegnet auch im Beschluß des nizänischen Konzils, wo es heißt: „*Die die Bilder betrachten, werden zur Erinnerung an die Urbilder und zur Sehnsucht nach ihnen angeregt.*"[43] μνήμη τῶν πρωτοτύπων heißt es beim Konzil, *memoria rerum gestarum* in den *Libri carolini*. In der jeweilig näheren Bestimmung der Erinnerung tritt eine gewisse Differenz zutage.

So wie auf den römischen Triumphsäulen, in den Mosaiken byzantinischer Thronsäle und in den Fresken der Kaiserpfalzen die *res gestae*, die militärisch-

---

[38] LC IV, III (176).
[39] LC II, XXVII (89).
[40] LC Praef. (6).
[41] LC Praef. (6); I,X (29); I,XV (34); II,XIII (73); III,XI (138).
[42] LC IV, III (177).
[43] Mansi XIII, 377 D.

politischen Taten und Ereignisse der Vergangenheit als *memorabilia* festgehalten wurden[44], so konzipieren die fränkischen Theologen die Bilder an den Kirchenwänden als *memoria rerum gestarum*, als heilsgeschichtliche Ereignisbilder, wohl vor allem der *res gestae* des Alten und Neuen Testaments. Während die Referenz der Bilder bei den Franken auf die heilsgeschichtlichen *praeterita* geht, geht sie bei den Ikonodulen ohne Ablenkung auf die heiligen πρωτότυπα.

Das Konzil hat Einzelbilder im Auge, die an diversen Orten im sakralen Raum, aber auch in der Stadt, an Häusern und Wegen erscheinen. Es hat eine Frömmigkeit des Blicks im Auge, der immer wieder im Bereich der Kirchen, aber auch in der Profanität der Polis von Bildern angezogen wird. Die Kirche und Staat inokulierten Bilder sind Blickfänge, die den vagabundierenden Blick der Menschen auf sich ziehen, festhalten.

Diese Faszinationskraft hat wohl ihre Bedingung darin, daß es sich um bildnisartige Bilder handelt. Als Bildgegenstände werden Personen genannt, Christus, Maria, die Engel, Heilige. Das muß nicht heißen, daß jeder szenische Kontext auszuschließen oder nur an Bildnisse im strengen Sinne zu denken wäre; aber fokussiert ist die anthropomorphe Gestalt, ihr Gesicht, ihr Blick.

Der faszinierende Anblick dieser einzelnen Bilder hat nun eine eigentümlich doppelte Wirkungsrichtung: Einerseits zieht er den Betrachter in sich hinein, in den prototypischen Bildgrund; μνήμη und ἐπιπόθησις, Erinnerung und Sehnsucht werden durch das Bild hindurch angezogen vom und zum fernen Urbild. Andererseits ist das materielle Bild selbst eine Stelle der Präsenz eben dieses Urbildes, die den Betrachter stellt und ihm hier vor Ort die Proskynese, den sinnlichen Akt der Verehrung, abverlangt, Gruß und Kuß, Weihrauch und Lichter. Indem das Bild den Betrachter zugleich mit Sehnsucht und Ehrfurcht erfüllt, in sich hineinzieht und vor sich verharren läßt, bekundet es seine eigentümliche numinose Macht.

G. Lange hat die vom Nicaenum II hervorgehobene anamnetische Funktion der Bilder frömmigkeitsgeschichtlich in den Zusammenhang einer „Spiritualität der μνήμη θεοῦ" gestellt, die in der neuplatonisch beeinflußten Spätantike heidnisch, jüdisch und christlich eine große Rolle spielt.[45] Zur spirituellen Emphase einer solcherart bildgestützten Frömmigkeit haben die *Libri carolini* keine Beziehung mehr. Die Bilder sind für sie keine selbständigen Stätten heiliger Präsenz, keine eigenständigen Nischen individueller Frömmigkeit.

Was aber haben die fränkischen Theologen im Sinn, wenn sie die memorielle Funktion der Bilder hervorheben? S. Gero hat die These vertreten: „The LC

---

[44] Vgl. G. Bandmann, Mittelalterliche Architektur als Bedeutungsträger, Berlin 1979, 131f.
[45] Vgl. Lange, Wort und Bild, 182-200.

take their stand on Pope Gregorys commonsense ‚western' doctrine: images are usefull, have historical, didactic value; they should be neither destroyed nor adored."[46] Hiernach gehören die *Libri carolini* in den Grundzug jener typisch westkirchlich- abendländischen Bildprogrammatik, die in Gregor dem Großen ihren Kirchenvater erblickt. Auf ihn berufen sie sich in der Tat in einem eigens ihm gewidmeten Kapitel[47]; er gilt ihnen als Autorität ihrer *via media* zwischen *frangere* und *adorare*. Zu fragen bleibt freilich, ob sie auch in der positiven Bestimmung dieses Mittelwegs ihrem päpstlichen Gewährsmann folgen. In zwei Briefen des Papstes an den Bischof Serenus von Marseille, der sich zu ikonoklastischen Maßnahmen veranlaßt gesehen hatte, stehen die in der Folgezeit immer wieder zitierten Sätze:

> „*pictura in Ecclesiis adhibetur, ut hi qui litteras nesciunt, saltem in parietibus videndo legant quae legere in Codicibus non valent.*"[48] „*Aliud est enim picturam adorare, aliud per picturae historiam quid sit adorandum addiscere. Nam quod legentibus scriptura, hoc idiotis praestat pictura cernentibus, quia in ipsa etiam ignorantes vident quid sequi debeant, in ipsa legunt qui litteras nesciunt. Unde et praecipue gentibus pro lectione pictura est . . . Frangi ergo non debuit quod non ad adorandum in Ecclesiis, sed ad instruendas solummodo mentes fuit nescientium collocatum.*"[49]

Bilder sind hier nicht der Ort einer numinosen Energie, sondern Text, nicht Ort des Kultes, sondern der Lektüre. Die *pictura* hat ihr Modell in der *scriptura*, die Bildwand ist lesbar wie die Seite eines Codex. Der Betrachter wird nicht fixiert von dem aus dem prototypischen Bildgrund ihn faszinierenden Blick, sondern er wandert lesend auf der Bildfläche und sammelt im Durchgang durch die Historie den Sinn ein. Er betet nicht an, sondern lernt, was anzubeten und zu befolgen ist, andernorts, nach der Lektüre. Dabei ist der Paragon der kulturellen Medien des Christentums a priori entschieden. Bild und Schrift sind nicht gleichwertig; es gibt keine gleichursprüngliche *traditio scripta* und *picta*, wie sie im Bild des malenden Evangelisten Lukas suggeriert wird. Das Bild ist abkünftig von der Schrift. Und dieser Abkünftigkeit korrespondiert das gesellschaftliche Bildungsgefälle von *literati* und „Analphabeten". Das Bildungsgefälle ist aber nicht das einer überheblichen Statusdifferenz, sondern eines dynamischen Bildungswillens der schriftkundigen Oberschicht. So bekommen die von den Schriftkundigen autorisierten Bilder eine katechetische Funktion für die Ge-

---

[46] Gero, Libri Carolini, 14.
[47] LC II, XIII (81f.).
[48] Greg M Ep CV Ad Serenum Massiliensem Episcopum, in: PL 77, 1027f.
[49] Greg M Ep XIII Ad Serenum Massiliensem Episcopum, in: PL 77, 1128.

tauften und eine missionarische für die heidnischen Analphabeten. Die sollen nicht Weihrauch und Kerzen spenden, sondern Lernbereitschaft.

Gregor der Große vertritt in seinen Mahnbriefen an den ikonoklastischen Bischof von Marseille eine *via media* zwischen *frangere* und *adorare*. Eben dies macht ihn zu einer Autorität, auf die die *Libri carolini* sich ausdrücklich beziehen. Eben dies kann aber auch darüber hinwegtäuschen, daß die karolingischen Theologen dem römischen Papst in der inhaltlichen Bestimmung dieser *via media* selbst nicht folgen. Der von Gregor dem Großen forcierte pastorale, didaktisch-propagandistische Zweck der Bilder spielt in ihrem Konzept keine Rolle. Die Differenz von *literati* und *illiterati* dringt in ihre Funktionsbestimmung der Bilder nicht ein. Die *Libri carolini* teilen Gregors hohe Einschätzung der Schrift, aber nicht seine Einschätzung der Bilder als eines probaten christlichen Lernmittels. Im II. Buch, Cp. 30, heißt es disjunktiv: *non picturas sed scripturas ad nostrae fidei eruditionem esse concissas.*[50] Und in einem anderen Kapitel[51] weisen sie nachdrücklich darauf hin, daß das *ad memoriam rerum gestarum* nicht etwa heiße, daß man ohne solche memoriellen Bilder die Großtaten Gottes vielleicht vergessen könnte; solche Gedächtnisschwäche erscheint ihnen geradezu als ungeheuerliche Dekadenz des christlichen Glaubens bei den Byzantinern. Nein, nicht *oblivionis timore*, sondern *ornamenti amore* wird die gemalte *memoria* der Heilsgeschichte zugelassen. Die zweifellos naheliegende, von S. Gero[52] vertretene Zuordnung des Bildkonzepts der *Libri carolini* zur pastoralkatechetischen Linie Gregors des Großen läßt sich, wie schon G. Haendler gezeigt hat[53], nicht aufrechterhalten.

Bilder sind für sie nicht religiöses Erziehungsmittel, sondern der Schmuck des heiligen Raumes, in dem das Gedächtnis des Heils begangen und hochgehalten wird. Darin zeichnet sich ein eigentümliches Bildkonzept ab, das die übliche Disjunktion von kultischem und katechetischem Bildgebrauch als zu einfach erweist. Es wäre interessant, die Filiationen dieses Konzepts näher zu untersuchen. Als im Zusammenhang der reformatorischen Bilderstreitigkeiten die *Libri carolini* wieder publik wurden, konnten die reformatorischen Gegner der katholischen Bilderverehrung in ihnen ein gelegenes Traditionszeugnis gegen die Sakralität von Bildern finden. Aber doch eher sensu negativo als im Sinne eines positiven Anschlusses an das karolingische Gesamtkonzept. Denn die calvinistisch-zwinglianischen Bilderstürmer wollten doch entschieden weiter gehen in der Verbannung der Bilder als die Franken; sie setzten ja auch nicht

---

[50] LC II, XXX (95).
[51] LC II, XX (81).
[52] Siehe Anm. 46.
[53] Haendler, Epochen, 80-83.

die Feier der Kultmysterien mit ihrem konsekrierten Umfeld ins Zentrum, sondern die Heilige Schrift, Kanzel und Gestühl, den Hörsaal des Wortes Gottes. Luther andererseits schloß sich ganz an das didaktisch-missionarisch-propagandistische Bildkonzept an, dessen Grundsätze Gregor der Große formuliert hatte. Vielleicht ist das karolingische Konzept, ohne daß man einen direkten Erbfolgezusammenhang festmachen kann, zu einer gewissen Spätwirkung gekommen in manchen Kirchbauideen der liturgischen Bewegung unseres Jahrhunderts, sofern die Bilder darin zurückgenommen sind in den ornamentalen Schmuck von schlicht zu gestaltendem liturgischen Raum, Gerät und Gewand.

Die *Libri carolini* stehen kirchlich-politisch Byzanz noch so nahe, daß sie sich auf die zentrale byzantinische Thematik des 8. Jh., die Bilderfrage, in extenso einlassen. Der inhaltliche Tenor ihrer Einlassung ist jedoch eines der Momente, das Ost- und Westkirche kirchenpolitisch endgültig auseinandertreibt. Während sich in Frömmigkeit und Theologie der Ostkirche die Bilderverehrung im 9. Jh. definitiv stabilisiert, tritt im Westen, beginnend mit dem 1. Abendmahlsstreit des 9. Jh., die Frage des Sakraments in den Mittelpunkt der Kontroversen. Die Bilderfrage wird theologisch zu einem Randthema.

4. THOMAS VON AQUIN – JOHANNES VON DAMASKUS

Die fast fünfhundert Jahre nach den *Libri carolini* verfaßte *Summa theologica* des Thomas von Aquin repräsentiert gewiß nicht einfachhin die mittelalterliche Position in der Bilderfrage[54]; aber sie ist doch ein sprechendes Exempel dafür, welcher Ort ihr im Rahmen der hochscholastischen Theologie zugestanden wird. Die byzantinisch-karolingische Frage, was es mit dem Kreuz, den Reliquien, den Bildern auf sich hat, wird durchaus noch verhandelt, aber nicht mehr dort, wo es um die *sacra*, den Bereich der heilsmächtigen Dinge geht. Der Bezirk der *sacra* ist hier identisch mit dem der *sacramenta*, nun aber verstanden im numerisch definierten Sinn der sieben Sakramente.

Die Bilder- und Reliquienfragen werden bei Thomas im Rahmen der Christologie verhandelt, wo es um die *adoratio Christi* geht.[55] Was Thomas dazu zu sagen hat, hat sich von der karolingischen Position denkbar weit entfernt. Die in den byzantinischen Kontroversen so brisante Differenz zwischen Kreuz und

---

[54] Vgl. G. Ladner, Der Bilderstreit und die Kunst-Lehren der byzantinischen und abendländischen Theologie, in: ZKG 50 (1931), 1-23; J. Kollwitz, Bild und Bildtheologie im Mittelalter, in: W. Schöne u. a., Das Gottesbild im Abendland, Witten ²1959, 109-138.

[55] Sth III q 25 art. 3, art. 4, art. 6.

anthropomorphen Bildern existiert nicht mehr. Die *effigies crucis* ist auch eine *imago Christi*, nicht aufgrund von Ähnlichkeit, sondern *per repraesentationem*.[56] Bilder Christi, seien sie nun anthropomorph oder repräsentativ, sind zu verehren *adoratione latriae*; sie sind anzubeten mit jenem Akt der Anbetung, der Gott selbst gebührt.[57] Diese Behauptung, die zu verdammen das Um und Auf der *Libri carolini* gewesen war, wird von Thomas mit aristotelischer Kühle vorgetragen und begründet. Der *motus animae in imaginem*, d. h. die besondere Operationsweise des menschlichen Geistes im Blick auf das Bild ist zweifach: sie richtet sich auf das Bild, insofern es ein bestimmtes Ding ist (*res quaedam*), und auf das Bild, insofern es das Bild von etwas (*imago alterius*) ist. Diese zweite Bewegung ist von der ersten nicht trennbar.[58] Und darum ist ein Bild, wenn es Christus, den menschgewordenen Gott darstellt, anzubeten. Der Fall der Idololatrie ist nur gegeben, wenn entweder nicht Christus das Referenzobjekt des Bildes ist, sondern z. B. wie bei den Heiden ein Götze, oder wenn der *motus animae* auf seiner ersten Stufe bleibt und das *lignum sculptum vel pictum* selbst anzubeten sich unterfängt.[59]

Von einer Verehrung der Bilder der Heiligen ist in diesem Zusammenhang der *Summa theologica* auffälligerweise nicht die Rede, sondern nur von der Verehrung der Reliquien, die so in Ehren zu halten sind, wie es den materiellen Andenken und Hinterlassenschaften der Heiligen als den Gliedern Christi und Fürsprechern der Menschen gebührt.[60] Auf die Bilder der Heiligen kommt Thomas an einer anderen Stelle der *Summa theologica* einmal kurz zu sprechen, nämlich in der II/II q 94 „de idololatria" art. 1. Er bemerkt dort, daß die Bilder der Heiligen in den Kirchen nicht angebracht würden, damit ihnen Anbetung erwiesen würde (*cultus latriae*) sondern „*ad quandam significationem, ut per huiusmodi imagines mentibus hominum imprimatur et confirmetur fides de excellentia angelorum et sanctorum*". Die Bilder der Engel und Heiligen sind also nicht dem Kult zuzuordnen, sondern der Katechese und Predigt – der Einprägung und Festigung des Glaubens an die hohe Bedeutung der Heiligen. Diese Funktionsbestimmung liegt in der Linie des bildpädagogischen Programms Gregors des Großen. Deutlicher als in der *Summa theologica* wird dieser Anschluß an der einschlägigen Stelle des Kommentars zu den Sentenzen des Petrus Lombardus (Lib. 3, dist. 9, q I art. 2), wo es zum dreifachen Zweck der Bilder heißt, sie dienten

---

[56] Sth III q 25 art. 4.
[57] Sth III q 25 art. 3 ad 2, art. 4 cp.
[58] Sth III q 25 art. 3 cp.
[59] Ebd.
[60] Sth III q 25 art. 5.

„1. Ad instructionem rudium, qui eis quasi quibusdam libris edocentur. 2. Ut incarnationis mysterium et sanctorum exempla magis in memoria essent, dum quotidie oculis repraesentantur. 3. Ad excitandum devotionis affectum, qui ex visis efficacius incitatur quam ex auditis."

Bilderbuch fürs einfache Volk, konstante Erinnerung von Heilsgeschichte und Heiligenlegenden, Anregung der frommen Gefühle sind die Stichworte dieser visuellen Rhetorik. Nur den Christusbildern (das Kreuz eingeschlossen) wird auch eine kultische Position eingeräumt.[61] Thomas scheint hier konträr zu den *Libri carolini* ganz auf der Linie der byzantinischen Inkonodulen zu liegen, er zitiert auch das Hauptaxiom der griechischen Bilderfreunde, daß die dem Bild dargebrachte Verehrung auf das Urbild übergehe. Er zitiert es aber nicht, wie später das Tridentinum, unter Verweis auf das II. Nicaenum, sondern schreibt: „*quod Damascenus inducit Basilium dicentem: Imaginis honor ad prototypum pervenit.* "[62] Thomas bezieht sich hier auf eine Schrift des Johannes von Damaskus, die unter dem Titel „De fide orthodoxa" seit dem 12. Jh. in lateinischer Übersetzung der scholastischen Theologie bekannt war.[63] Ein kurzes Kapitel dieser Schrift (Lib IV cp 16) handelt von den Bildern. Der von Thomas hergestellte Zitationszusammenhang (Johannes von Damaskus – Basilius) suggeriert ein griechische und lateinische Theologie verbindendes Kontinuum der Bilderlehre. Sollte es hier einen die frühmittelalterliche Barriere der *Libri carolini*, die jenes Axiom ja explizit zurückweisen[64], überspringenden west-östlichen Konsens in Bilderfragen geben?

Von den eigentlichen Bilderschriften des Johannes Damascenus hatte die mittelalterliche Theologie keine Kenntnis; im Westen sind sie erst seit dem 16. Jahrhundert durch Drucke und Übersetzungen bekannt geworden.[65] Erst wenn man sie hinzunimmt, läßt sich aber sagen, wieweit der Konsens über die Anleihe eines Axioms hinausgeht.

---

[61] Sth III q 25 art. 3 und 4.

[62] Sth III q 25 art. 3 s.c.

[63] Vgl. Einleitung zur deutschen Übersetzung von D. Stiefenhofer, in: Des heiligen Johannes von Damaskus „Genaue Darlegung des orthodoxen Glaubens" (BKV 44) München 1923, I-CXII.

[64] LC III, XVI (136).

[65] Vgl. Die Schriften des Johannes von Damaskus III. Contra imaginum calumniatores orationes III, ed. B. Kotter, Berlin/New York 1975, 1-58 (Einführung); zitiert wird im folgenden nach dieser Ausgabe mit eigener deutscher Übersetzung; alte Ausgabe mit lat. Übers. in: PG 94, I, 1231-1420. Zur Bilderlehre des Johannnes von Damaskus vgl. H. Menges, Die Bilderlehre des Hl. Johannes von Damaskus, Kallm 1937; T. Nikolau, Die Ikonenverehrung als Beispiel ostkirchlicher Theologie und Frömmigkeit nach Johannes von Damaskos, in: OstKSt 25 (1976) 138-165; H. G. Thümmel, Positionen im Bilderstreit, in: J. Irmscher/P. Nagel (Hgg.), Studia Byzantina F. 2, Berlin/Ost 1973, 177-191.

Johannes Damascenus, ein arabischer Christ, zunächst Mitarbeiter seines Vaters in der Finanzverwaltung des Kalifenhofes von Damaskus, hatte sich um 700 in das Kloster Mar Saba bei Jerusalem zurückgezogen, wo er auf bischöfliche Bitten hin in den Jahren 726-730 seine drei Schriften gegen die Verächter der Bilder schrieb. Seine Bildtheologie nimmt die herrschende Bilderpraxis auf in den Legitimationsrahmen eines durch Dionysios Areopagita vermittelten christlichen Neuplatonismus.

Die Bilderfeinde haben, so argumentiert Johannes Damascenus, durch die Ausgrenzung der Bilder aus dem Bereich der heiligen Dinge einen Grenzstreit heraufbeschworen, der die überlieferte Ordnung umstürzt. „Führe keine Neuerungen ein und verlege nicht die uralten Grenzen, die deine Väter gesetzt haben"[66], fährt er den ikonoklastischen Gegner an. Dieses Traditionsargument aber steigert er rhetorisch zur heilsökonomischen Vertrauensfrage. Wer die Bilder aus dem Bereich des Heiligen ausgrenzt, unterminiert die Heilsordnung insgesamt. Nichts ist mehr zu halten, auch das nicht, was die Ikonoklasten auf jeden Fall heilig halten wollen, die Eucharistie, die Hl. Schrift, das Kreuz, wenn man die Bilder abschafft. Zu dieser Konsequenz gelangt Johannes, indem er die Abschaffung der Bilder als Mißtrauensantrag gegen den Leib (σῶμα) und gegen die Materie (ὕλη) auslegt:[67] Gott ist im Fleisch sichtbar geworden, er ist „um meinetwillen Materie geworden und hat es auf sich genommen, in der Materie Wohnung zu nehmen, und hat durch die Materie mein Heil gewirkt".[68] In seiner Inkarnation, seiner Materialisation bestätigt Gott den Weg, den er von Anbeginn der Schöpfung eingeschlagen hat, auf leiblich sichtbare Weise, durch die Materie hindurch zum Menschen zu kommen, der nicht nackte, sondern mit dem Leib bekleidete Seele ist. Weil dies der Weg Gottes zum Menschen ist, ist es auch der unumgehbare Weg der Menschen zu Gott. „Obwohl der Geist (νοῦς) viel Mühe darauf verwendet, aus dem Leiblichen auszusteigen (ἐκβῆναι τὰ σωματικά), ist es ihm gänzlich unmöglich."[69] Es ist für uns unmöglich, unter Umgehung des Leiblichen, der Materie zum Geistigen, zu den νοητά, zu Gott zu gelangen.[70] Wenn du dich aber vielleicht für etwas Höheres hältst und sagst, man könnte sich mit Gott nur geistigerweise verbinden (νοερῶς μόνον θεῷ συνάπτεσθαι), dann schaff doch gleich alles Leibliche ab, die Lichter, den Weihrauch, den Gottesdienst, den heiligen Tisch, das Brot, den Wein, das Öl, das Kreuz, den Kirchenschmuck. Das alles ist Materie.[71] Dies hat das Bild mit

---

66 Imag. or. I 22,10.
67 Imag. or. I 16.
68 Imag. or. I 16,5-7.
69 Imag. or. I 11,20f.
70 Vgl. Imag. or. III 12,26f.
71 Vgl. Imag. or. I 36; II 32.

all den anerkannten heiligen Dingen gemein, daß es Materie ist. Der Ikonoklast wird darauf festgenagelt, daß er in seiner Feindschaft gegen das Bild sich als Feind und manichäischer Verächter der Materie entlarvt. „Mach die Materie nicht schlecht (μὴ κάκιζε τὴν ὕλην)", ruft er ihm zu. „Sie ist nicht ehrlos."[72] Sondern alles, was von Gott geschaffen ist, ist gut. „Ich höre nicht auf, die Materie zu ehren, durch die mein Heil gewirkt ist."[73] Freilich: „Ich verehre sie nicht als Gott (οὐχ ὡς θεόν)".[74] „Ich bete nicht die Materie an (οὐ προσκυνῶ τῇ ὕλῃ), ich bete an den Schöpfer der Materie."[75] Die bilderfeindlichen Gesetze sind Gesetze gegen den Schöpfer und gegen die Ordnung der Schöpfung und des Heils.

Man sieht: Indem Johannes Damascenus die Bilderfrage zur Grundsatzfrage nach der Heilsbedeutung von Leib und Materie generalisiert, macht er sie zur Kernfrage des christlichen Glaubens überhaupt. Das materielle Spezifikum des anthropomorphen Bildes, um dessen substantielle Differenz zu den anderen leiblich-materiellen heiligen Dingen es den Ikonoklasten ja gerade ging, scheint unter dieser Generalisierung zu verschwinden. Aber Johannes Damascenus kämpft nicht nur dafür, dem Bild seinen Platz unter den übrigen unbestritten heiligen Dingen zu sichern. Es soll nicht bloß als eines unter anderen kooptiert sein. In ihm kommt vielmehr die göttliche Intention des Weges in die Materie selbst zur Anschauung.

Das sucht Johannes dadurch zu erweisen, daß er – in neuplatonischer Tradition – den Begriff εἰκών zum theologischen Schlüsselbegriff überhaupt erhebt.[76] Alles ist Bild außer dem allem vorausliegenden, selbst bildlos-unsichtbaren Bildgrund, der Gott selbst ist. Aber schon der erste noch innergöttliche Hervorgang Gottes aus sich selbst in der Zeugung des Sohnes ist ein Bilden: der Sohn ist Bild des Vaters. Auch die innergöttlichen Gedanken, die Ideen der künftigen Dinge sind Bild. Die geschaffenen Dinge, aber auch das in der Schrift Geschriebene ist Bild.

Der offenbarende Ausgang Gottes aus sich selbst hat die Realisationsform des Bildes. „Jedes Bild ist die Offenbarung und Anzeige von etwas Verborgenem (πᾶσα εἰκὼν ἐκφαντορικὴ τοῦ κρυφίου ἐστὶν καὶ δεικτική)".[77] Es kommt als Ausprägung (ἐκτύπωμα) von etwas anderem her und verweist in irgendeiner Form von Ähnlichkeit (ὁμοίωμα) auf es hin und zurück. So ist die Welt in

---

[72] Imag. or. I 16,32f.
[73] Imag. or. I 16,8f.
[74] Imag. or. I 16,9.
[75] Imag. or. I 16,4f.
[76] Vgl. Imag. or. III 16-26.
[77] Imag. or. III 17,1f.

mannigfach gestufter Weise Bild und wird in rechter Weise wahrgenommen,
wenn wir durch die wahrnehmbaren Bilder zur göttlichen und immateriellen
Schau (ϑεωρία) erhoben werden.

Die von Menschen gemachten Bilder Christi, der Mutter Gottes, der Heiligen sind also nur die angemessene Fortführung dieser von Gott selbst begonnenen Aus-Bildung. Ihnen kommt freilich ein besonderer Rang zu, weil sie den in
seinem Sohn, seiner Mutter, seinen Freunden sichtbar gewordenen Gott abbilden. Christus, Maria, den Heiligen wohnte Gott inne, indem sie vom Heiligen
Geist erfüllt waren. Die von ihnen gemachten Bilder partizipieren an dieser
pneumatischen Kraft. Auch „die Bilder sind vom Heiligen Geist erfüllt."[78] Sie
nehmen an der Gnade und Kraft (χάρις καὶ ἐνέργεια), die ihren lebendigen
Urbildern substantiell (κατ' οὐσίαν) zueigen war, teil.[79] „Göttliche Gnade wird
den materiellen Dingen verliehen durch die Bezeichnung der Abgebildeten."[80]
Die Verleihung und Einschreibung des heiligen Namens scheint mit dem Akt
der Geistverleihung ineins zu gehen. Die Namengebung ist nicht bloß der
Vorgang einer äußeren Referenzaufnahme des Bildes, sondern die Eröffnung
des Stroms, der nun von dem Urbild in das Bild einfließt und von ihm aus dem
mitgeteilt wird, der ihm mit Glauben und reinem Gewissen seine Verehrung
bezeugt. Das Bild ist Gnadenbild. Die Behauptung, dem Bild wohne die χάρις
und ἐνέργεια, Gnade und Kraft der Urbilder inne, erfüllt die spätere scholastische Definition des Sakraments als *signum efficax gratiae*.

Bilder haben über den auch für Johannes Damascenus weiterhin unbestrittenen religionspädagogischen Nutzen hinaus sakramentalen Rang gewonnen. Es
gibt heilige Bilder. Sie fixieren neben den Sakramenten in der sinnlichen Welt
eine Stelle, an der der Mensch und die Gottheit einander real, wirklich und
wirkmächtig präsent werden. Die heilsmächtige Realpräsenz Christi und der
Heiligen in den Bildern zeigt sich auch in Wundern, die durch sie gewirkt werden.[81]

Welchen Rang die Bilder für den palästinensischen Theologen Johannes von
Damaskus erlangt haben, wird in einer kleinen Mönchsgeschichte deutlich, die
er im Florilegium der beiden ersten Reden überliefert:[82] Ein Mönch wird in
seiner Einsiedelei am Ölberg bis in sein hohes Greisenalter vom Teufel zur
Unzucht versucht, bis er ihn anfleht, doch endlich von ihm abzulassen. Das sagt
der Teufel auch zu, vorausgesetzt, der fromme Mann verzichte fürderhin dar-

---

[78] Imag I 20,17 (add.7).
[79] Vgl. Imag. or. I 19,30 (add.7).
[80] Imag. or. I 36,14f.; par. Imag. or. II 32.
[81] Vgl. Menges, Bilderlehre, 178-179.
[82] Imag. or. I 64; II 67.

auf, das Bild der Muttergottes mit dem göttlichen Kind, das er da in seiner Zelle habe, zu verehren. Der Mönch vertraut das diabolische Dilemma einem anderen Mönchsvater an und man gelangt zu dem Schluß, daß man auf gar keinem Fall dem Ansinnen des Teufels folgen dürfe. Denn man könne ja sehen, daß nicht die Reinheit der Asketen, sondern das Bild das eigentliche Ärgernis des Teufels sei. Der Teufel beneidet uns, weil wir das Bild unseres Herrn sehen und dadurch geheiligt werden.

Johannes Damascenus hat die Bilderfrömmigkeit der Mönche und des Volkes im Rahmen einer neuplatonischen Bildtheologie interpretiert und legitimiert. Jene Frömmigkeit und diese Theologie läßt, wie H. G. Thümmel gezeigt hat, durchaus eine Kontinuität zum Bildverständnis der heidnischen Antike erkennen. Natürlich sind die Referenzobjekte der christlichen Bilderwelt nicht mehr die des heidnischen Pantheons; aber die Weisen des Bildergebrauchs wie die Annahmen über den Realitätsstatus der Bilder differieren kaum: „Die verschiedenen Formen der Verehrung, die an die Ikone gerichteten Erwartungen, Wunder aller Art, besonders Straf- und Heilungswunder, Berichte von wunderbarer Entstehung etc. entsprechen durchaus dem, was über antike heidnische Bilder berichtet wird. Die Meinung, daß das Bild den Dargestellten vertritt, so daß es die diesem zugedachte Ehrung empfangen, andererseits aber auch die von diesem ausgehenden Wirkungen vermitteln kann, ist hier wie dort vorhanden."[83]

Eben die hier supponierte Seinsart der Bilder wird von Thomas v. Aquin in der erwähnten q 25 art.3 ad 2 als heidnisch diagnostiziert und verworfen:

> „adorabant ipsas imagines ut res quasdam credentes in eis aliquid numinis esse, propter responsa quae daemones in eis dabant, et alios huiusmodi effectus."

Nicht also nur, daß jene in den Bildern Dämonen statt den wahren Gott abbilden, markiert die Differenz, sondern auch die von ihnen unterstellte numinose Qualität der Bilder. Zwischen dem lateinischen und dem griechischen Kirchenlehrer hat es einen Bilderstreit nicht geben können; aber hätte es ihn nicht geben müssen, wenn Thomas v. Aquin die „Contra imaginum calumniatores orationes tres" des Johannes von Damaskus bekannt gewesen wären?

---

[83] H.G. Thümmel, Heidnische und christliche Bildtheorie, in: H. Nickel (Hg.), Byzantinischer Kunstexport, (Wiss. Beiträge der Martin Luther Universität Halle/Wittenberg 13), Halle 1978, 283-288, 283.

5. RESÜMEE

Mit dieser ahistorischen Fiktion soll noch einmal an das systematische Interesse meines Streifzugs im Übergangsfeld zwischen griechischer Spätantike und lateinischem Mittelalter erinnert werden. Es ist ein Streifzug, der nicht alle Positionen berührt hat. So sind vor allem die Stellungnahmen in der zweiten Phase des Bilderstreits im 9. Jahrhundert auf östlicher (Nikephoros, Theodor v. Studion u. a.)[84] und auf westlicher Seite (Frankfurter Synode, Pariser Synode, Claudius v. Turin u. a.)[85] außer Betracht geblieben.

Das Interesse war nicht auf eine vollständige Beschreibung des Verlaufs der Bilderstreitigkeiten oder auf ihre Erklärung aus den politisch-ökonomischen Bedingungen gerichtet.[86] Es war gerichtet auf eine Rekonstruktion der religiösen Strittigkeit der Bilder, die im Kontroversfeld typischer Positionen zutagetritt.

Mit der kompakten Bildtheologie, die der griechische Kirchenlehrer zum Auftakt der byzantinischen Bilderstreitigkeiten entwickelt, und dem Bildkonzept des lateinisch-mittelalterlichen Kirchenlehrers, in dem sich die überkommenen Bildtheologumena in marginale Quaestionen verstreut und depotenziert haben, sind die Grenzen jenes Zeitraums erreicht, der untersucht werden sollte. Die Untersuchung zielte auf die Rekonstruktion einiger typischer, d. h. gegeneinander klar abgrenzbarer und in sich konsistenter Positionen. Die Prämisse dieser Rekonstruktion war, daß es in den Bilderstreitigkeiten um eine Topik des Heiligen geht. Gezeigt hat sich, daß sich die Kontroversen keineswegs auf ein einfaches „für oder gegen Bilder" bringen lassen.

Auch ist die religiöse Bilderfreundlichkeit dieser Epoche nicht ohne weiteres identisch mit Kunstliebhaberei, müssen doch gerade die byzantinischen Ikonophilen die schöpferische Intervention menschlicher Artifizialität minimalisieren, damit das Bild nicht als idololatrisches Menschenwerk erscheint, während dort, wo die Bilder unterhalb jenes hohen religiösen Anspruchsniveaus rangierten, das Künstlerische in der Bildproduktion jenen Freiraum gewinnen konnte, in dem die westeuropäische Kunstentwicklung vonstatten ging.

---

[84] Vgl. dazu z. B. H.G. Thümmel, Positionen im Bilderstreit; Lange, Wort und Bild; P.J. Alexander, The Patriarch Nicephorus of Constantinople, Oxford 1958; A. J. Visser, Nikephoros und der Bilderstreit, S-Gravenhage 1952.

[85] Vgl. dazu G. Haendler, Epochen karolingischer Theologie; A. Boureau, Les théologiens Carolingiens devant les images religieuses. La conjoncture de 825, in: Boespflug/Lossky, Nicée II, 247-262; J.-C. Schmitt, L' Occident, Nicee II et les images du VIIIe au XIIIe siècle, in: ebd. 271-302.

[86] Vgl. dazu als Forschungsbericht: H.-G. Thümmel, Der byzantinische Bilderstreit. Stand und Perspektiven der Forschung, in: J. Irmscher (Hg.), Der byzantinische Bilderstreit, Leipzig 1980, 9-40.

Die Differenzen, die in der vorliegenden Untersuchung zur Debatte standen, liegen vielmehr in der unterschiedlichen Zuordnung von Bildern zu einem religiösen Handlungsraum, der konstitutiv durch Wort/Schrift und Sakrament bestimmt ist. Dem frühchristlichen Weltempfinden sind Kultbild und Bilderkult als das Paganum schlechthin entgegengetreten. Weil Heidentum grundanfänglich als Idololatrie ihm entgegenstand, blieb die Lizenz der Bilder im Christentum an die Möglichkeiten der Entsorgung vom Paganitätsgeruch gebunden. Das ist auf unterschiedlichen Wegen, wie gezeigt werden sollte, versucht worden. Die bildbegierige Volksfrömmigkeit hat sich unterhalb dieses Theorieniveaus jedoch so bewegt, daß Gefahr oder Verdacht der Regression in heidnische Dingmagie nie ganz ausgeschlossen waren, was immer wieder auch zu eruptiven (z. B. die reformatorischen Bilderkämpfe) oder moderaten (z. B. Theologiekritik an Wallfahrtspraktiken) Konflikten führte. Insofern markiert die Bilderfrage durch die Jahrhunderte ein heidenchristliches Problem par excellence.

Aber gilt das auch für das Verhältnis von christlicher Religion und moderner bildender Kunst? Sind die Bilderfragen damals und heute überhaupt vergleichbar, so daß sich aus der systematischen Rekonstruktion der alten Kontroversen Erkenntnisgewinn für heute ziehen ließe? Das ist noch kaum richtig abzusehen. Wo der Kunstbegriff in der Moderne sich verändert oder erweitert, scheinen Phänomene und Probleme aufzutauchen, die zu denen früherer Kulturstufen eine gewisse Affinität haben, z. B. bei Joseph Beuys, wenn er schreibt:

> „Ich habe erlebt, an dieser Stelle, als kleines Kind, daß man mit Material etwas Ungeheures ausdrücken kann, was für die Welt ganz entscheidend ist, so hab ich's erlebt. Oder daß die ganze Welt abhängt von der Konstellation von ein paar Brocken Material. Von der Konstellation des Wo-eine-Sache-steht, des Ortes, geographisch und des Wie-die-Sachen-zueinander stehen, ganz einfach. – Das ist nur scheinbar äußerlich Brot, aber in Wirklichkeit ist es Christus, das heißt also, Transsubstantiation von Materie. Solche Dinge spielen auch bei Filz und Fett eine Rolle … Was könnte überhaupt der Sinn der Kunst sein, wenn sie nicht etwas liefern kann, was substantiell für den Menschen unentbehrlich ist."[87]

Solcherart Äußerungen deuten zumindest die Möglichkeiten an, die Kunst der Moderne (oder Teile davon) nicht nur unter kunst-, sondern auch unter religionsgeschichtlicher Hinsicht zu erörtern und daraufhin die alten Kontroversen zu reformulieren. Es könnte freilich sein, daß hier ein nachchristliches *paganum* zum Vorschein kommt, das für das Christentum schwerer zu verste-

---

[87] Zit. nach A. Zweite (Hg.), Beuys zu Ehren (Ausstellungskat. Städt. Galerie im Lenbachhaus München), München 1986, 37.

hen und zu bewältigen ist als das vorchristliche. Ob sich für diese seltsam umgekehrte religionsgeschichtliche Situation aus den spätantiken Bildkontroversen Einsichten gewinnen lassen, wird davon abhängen, wieweit die kulturelle Situation der Gegenwart in einer Topik des Heiligen zu verstehen ist.

III. DIE EHRE DER BILDER.
THOMAS VON AQUIN – JOHANNES VON DAMASKUS

1. BILDTHEOLOGISCHER BASISSATZ

Wenn es ein Axiom gibt, auf das die Bildertheologie im Osten wie im Westen gleicherweise und immer wieder zurückkommt, dann ist es der ursprünglich in einem trinitätstheologischen Argumentationszusammenhang gebrauchte Satz Basilius des Großen: „Die Ehre des Bildes geht auf das Urbild über" (ἡ γὰρ τῆς εἰκόνος τιμὴ ἐπὶ τὸ πρωτότυπον διαβαίνει).[1] Auch Thomas von Aquin zitiert diesen Satz, wo er in der *Summa theologica* von den Bildern handelt, aber nicht, wie später dann das Trienter Konzil im Rückverweis auf das 2. Konzil von Nizaea (vgl. Denz. 986), sondern auf Johannes von Damaskus: „*Damascenus inducit Basilium dicentem: Imaginis honor ad prototypum pervenit*" (Sth III q 25 a 3 cp.). In dieser Zitationskette kommen der exponierteste Bildertheologe der byzantinischen Theologie und das Haupt der westlichen Hochscholastik in einen bedenkenswerten Zusammenhang. Die Zitation suggeriert ein griechische und lateinische Theologie verbindendes Kontinuum der Bilderlehre. So stellt sich die Frage, ob es hier einen west-östlichen Konsens in Bilderfragen gibt, der die frühmittelalterliche Kontroverse der fränkischen Theologie mit dem II. Nicaenum als Episode erscheinen läßt. Die *Libri Carolini* hatten jenen Satz wohl zitiert, aber als bildtheologisches Axiom ausdrücklich zurückgewiesen.[2]

2. DIE VEREHRUNG DER BILDER NACH DER *SUMMA THEOLOGICA*

Der primäre Ort, an dem in der *Summa theologica* die Bilderfrage verhandelt wird, ist die Christologie, näherhin die Quaestio „de adoratione Christi" (Sth III q 25). Unter ausdrücklichem Verweis auf diese christologische Quaestio wird sie auch in der moraltheologischen Quaestio „de idololatria" aufgegriffen (Sth II/II q 94). Die Titel beider Quaestionen geben schon den Kontext zu

---

[1] Basilius M., Liber de Spiritu Sancto c. 18, in: PG 32, C.
[2] Vgl. Libri Carolini, ed. H. Bastgen (MGH Conc. II, Suppl.), 136.

erkennen, in dem für die *Summa theologica* die Bilderfrage zu einem theologischen Thema wird. Es ist die Gottesverehrung. Nicht eine Erörterung diverser Funktionsformen des Bildes überhaupt steht zur Debatte, sondern seine Stellung in der Ausübung des *cultus divinus*. Die strittige Stellung der Bilder in der christlichen Religion ergibt sich daraus, daß einerseits ihr Gebrauch gegenüber dem ausdrücklichen Bilderverehrungsverbot des Alten Testaments zu legitimieren, andererseits gegenüber dem heidnischen Gebrauch abzugrenzen ist, insofern das Heidentum als Idololatrie geradezu durch das Moment des Bilderkults definiert ist.

Im Zentrum der Argumentation steht das oben zitierte Axiom des Basilius. Thomas interpretiert es im ausdrücklichen Rekurs auf Aristoteles als ein allgemeines Bilderkenntnistheorem. Der *motus animae in imaginem*, d. h. die besondere Ausrichtung und Operationsweise des menschlichen Geistes im Hinblick auf das Bild ist zweifach. Der erste Wahrnehmungsmodus richtet sich auf das Bild, insofern es ein bestimmtes Ding ist (*res quaedam*), z. B. geschnitztes oder bemaltes Holz, der andere richtet sich auf das Bild, insofern es das Bild von etwas anderem ist (*imago alterius*). Während der erste Wahrnehmungsmodus für sich realisiert werden kann, ist der zweite eins und identisch mit dem ersten, von ihm nicht abtrennbar. Die Bewegung des Geistes geht durch das Bild als materielles Ding hindurch auf das in ihm Abgebildete. Wenn der Blick auf das Bild im Bild auf nichts anderes ausgerichtet ist und soweit er in ihm nichts anderes meint als das im Bild Abgebildete, ist dem Bild dieselbe Ehre (*reverentia*) zu erweisen wie dem Abgebildeten. Die Dignität der Bildgegenstände überträgt sich auf die der Bilder und die ihnen gebührenden Einstellungsmodalitäten. Im Axiom *imaginis honor ad prototypum pervenit* meint der Begriff *prototypus* also den Bildgegenstand, dem, sofern er eine *rationalis natura* ist, „Ehre" (*reverentia; honor*) gebührt. Welche Art der Verehrung, das hängt von seiner Stellung in der Seinsordnung ab. Die Reverenz richtet sich nach der Referenz.

Entsprechend dieser aristotelischen Rekonstruktion ist ein Bild, wenn es Christus, den menschgewordenen Gott, darstellt, zu verehren *adoratione latriae*, also anzubeten mit eben jenem Akt der Anbetung, der Gott selbst gebührt. Dies gilt nicht nur für die anthropomorphen Bilder Christi, sondern auch für das Kreuz, das Christus repräsentiert (vgl. Sth III q 25 a 4). Den Bildern der Gottesmutter und der Heiligen hingegen gebührt nicht die Gott und seinen Bildern allein vorbehaltene Anbetung (*latria*). Die Bilder von bloßen Geschöpfen, auch wenn sie eine noch so enge Beziehung zu Gott und seiner Menschwerdung haben, sind nicht anzubeten, sondern nur fromm zu verehren; Thomas nennt das „veneratio duliae" bzw. „veneratio hyperduliae" in Bezug auf Maria (vgl. Sth III q 25 a 5). Heiligenbilder werden, wie es die Quaestio „de idololatria" formuliert, nicht in der Kirche angebracht,

> „ut eis cultus latriae exhibeatur; sed ad quandam significationem, ut per huiusmodi imagines mentibus hominum imprimatur et confirmetur fides de excellentia angelorum et sanctorum" (Sth II/II q 94 a 2 ad 1).

Diese Bilder sollen keinen Kult empfangen; sie stehen im katechetischen Dienst der Einprägung und Stärkung des Glaubens, was im Sentenzenkommentar auf den dreifachen Zweck spezifiziert wird:

> 1. „Ad instructionem rudium, qui eis quasi quibusdam libris edocentur. 2. Ut incarnationis mysterium et sanctorum exempla magis in memoria essent, dum quotidie oculis repraesentantur. 3. Ad excitandum devotionis affectum, qui ex visis efficacius incitatur quam ex auditis." (Lib 3 dist 9, q 1 art 2)

Die Grenze zwischen Gott und Kreatur geht nach der aristotelischen Bildtheorie der *Summa theologica* mitten durch die christliche Bilderwelt und ist im Modus der Verehrung genau zu beachten, wenn die christliche Gottesverehrung nicht in heidnische Idololatrie zurückfallen soll. Idololatrie aber ist es, wenn bloßen Kreaturen Bilder errichtet werden, um ihnen göttliche Verehrung zu erweisen, und diese Vergötzung von Geschöpfen ist jener Bilderdienst, den das Gesetz des Alten Bundes untersagt. Die beiden Grundmodi der Idololatrie beschreibt Thomas wiederum auf der Basis seines aristotelischen Ausgangstheorems:

> „Primo . . . quod quidam eorum adorabant ipsas imagines ut res quasdam, credentes in eis aliquid numinis esse, propter responsa quae daimones in eis dabant, et alios mirabiles huiusmodi effectus. Secundo, propter res quarum erant imagines." (Sth III, q 25 a 3 ad 2)

Entweder verbleibt die Bewegung des Geistes bei dem materiellen Ding selbst und spricht ihm selbst numinose Qualität, orakulöse und mirakulöse Wunderkraft zu, oder sie realisiert das Bild als Bild eines anderen, nur daß dieses andere eben nicht der eine, wahre Gott, sondern eine dämonische Kreatur ist. Daß der eine, wahre, unkörperliche Gott in einem körperlichen Bild angebetet werden kann, hat seinen Legitimationsgrund allein darin, daß Gott selber von sich aus sichtbar Mensch geworden ist, er ist deshalb an das Bild des menschgewordenen Gottes gebunden (vgl. Sth II q 25 a 3 ad 1).

3. DIE VEREHRUNG DER BILDER NACH JOHANNES VON DAMASKUS' SCHRIFT „DE FIDE ORTHODOXA"

Thomas verweist anläßlich der Einführung des Basiliuszitats auf Johannes Damascenus; aber die Bezugnahme auf den großen palästinensischen Theologen

des 8. Jahrhunderts hängt nicht an diesem einen Satz allein. Zwei weitere
wörtliche Zitate (Sth III q 25 a 4 und a 5) sowie das gesamte von Thomas
erörterte Themenspektrum lassen erkennen, daß er die Schrift „De fide orthodoxa" des Johannes von Damaskus als Vorlage benutzt hat.

Diese Schrift war der scholastischen Theologie seit der Mitte des 12. Jh. in
einer lateinischen Übersetzung bekannt und wurde als Quelle eifrig in Anspruch genommen.[3] Im Buch IV Kp. 16 (Von den Bildern) aber auch Kp. 11
(Vom Kreuze) und Kap. 15 (Von der Verehrung der Heiligen und ihrer Reliqui-
en) hat Thomas das bildtheologische Material gefunden, das er nun einer schul-
mäßigen Disputation unterzieht. Der axiomatische Kern seiner argumentativen
Durcharbeitung des überlieferten Materials liegt in der aristotelischen Rekonstruktion des von Johannes überlieferten Basiliuszitats. Die Resultate, zu denen
Thomas dabei gelangt, lassen aber gewisse Zweifel aufkommen, ob seine Bildtheologie mit der seines spätantiken Gewährsmannes in toto übereinstimmt.
Auffällig ist, daß die für Thomas so zentrale Disjunktion zwischen Bildern,
denen wie Gott selbst Anbetung (*latria*) und Bildern, denen wie hochgeachte-
ten Geschöpfen nur fromme Verehrung zu bezeugen ist, bei Johannes Damascenus überhaupt keine Rolle spielt. An der einschlägigen Stelle von „De fide
orthodoxa" heißt es:

> (Wie mit dem Kreuz), „so ist es auch mit der Gottesmutter. Denn die Verehrung,
> die man ihr erweist, bezieht sich auf den, der aus ihr Fleisch geworden. Ebenso
> spornen uns auch die Heldentaten der heiligen Männer zur Mannhaftigkeit, zum
> Eifer, zur Nachahmung ihrer Tugend und zum Preise Gottes an. Denn, wie gesagt,
> ,die Ehre, die wir den edelgesinnten unserer Mitknechte erweisen, ist ein Beweis der
> Liebe gegen den gemeinsamen Herrn', und ,die Ehre des Bildes geht auf das Urbild
> über.'"[4]

Bezeichnend ist, wie Thomas den Satz über die Gottesmutter als Objektion
aufnimmt und mit der Distinktion beantwortet, daß Maria zwar wegen ihres
Sohnes zu ehren sei, aber nicht in der Weise, in der die Ehre des Bildes auf das
Urbild übertragen wird, also nicht im Modus der Anbetung (vgl. Sth III q 25 a
5).

An einer solch scharfen Unterscheidung von Bildklassen und Verehrungs-
modi ist Johannes Damascenus offenbar nicht gelegen. Allen christlichen Bildern, ob sie nun unmittelbar Christus darstellen oder Maria oder die Heiligen,

---

[3] Vgl. M. Grabmann, Die Geschichte der scholastischen Methode, Bd. II (1921), Darmstadt 1961,
93f.; vgl. Einleitung zur deutschen Übersetzung von D. Stiefenhofer: Des Heiligen Johannes von
Damaskus Genaue Darlegung des orthodoxen Glaubens (BKV 44), München 1923, I-CXII.
[4] Johannes Damascenus, De fide orthodoxa Lib. IV, cp. XVI, PG 94, 1171C-1173A; deutsche
Übers. nach D. Stiefenhofer, a.a.O., 229.

gebührt Verehrung (τιμή), die von ihnen zum Urbild übergeht. In allen wird der eine Herr und Gott geehrt.

Wie weit die hier unter dem Dach ein und desselben Grundaxioms sich abzeichnende Differenz reicht, kann man nur ausmachen, wenn man über das kleine Bildkapitel von „De fide orthodoxa", das Thomas bekannt war, hinausgeht und die drei großen Bilderschriften „Contra imaginum calumniatores orationes III" mithinzuzieht.[5] Johannes Damascenus hat sie in den Jahren 726-730 zu Anfang der byzantinischen Steitigkeiten verfaßt. Thomas und der mittelalterlichen Theologie waren sie nicht bekannt; im Westen sind sie erst seit dem 16. Jahrhundert durch Drucke und Übersetzungen bekannt geworden.

4. RESÜMEE

Die monographische Behandlung der Bilderfrage durch Johannes von Damaskus ermöglicht es, seine Bildtheologie in Grundzügen bündig zusammenzufassen. Bei Thomas ist eine solche Voraussetzung nicht gegeben. Um die Bildtheologie des Thomas oder gar seine Ästhetik[6] zu summieren, müßten die einschlägigen Theoreme aus all seinen Schriften zusammengetragen werden, was hier weder möglich noch beabsichtigt ist. Es geht ausschließlich darum, den neuen Einschlag genauer zu fixieren, den die aristotelische Rekonstruktion des in der *Summa theologica* von Johannes Damascenus übernommenen Basilius-Axioms in das Bildverständnis bringt.

Wenn Johannes Damascenus von der Ehre (τιμή) spricht, die den Bildern zu erweisen ist, dann gilt das ohne die von Thomas für unumgänglich gehaltene Distinktion. Allen Bildern ist τιμή zu erweisen und keinem λατρεία, auch dem Christusbild nicht. Göttliche Verehrung (λατρεία) kommt allein Gott selbst und an sich zu. Den heiligen Bildern, in denen Gott nicht dem Wesen nach, sondern mit Kraft und Gnade präsent ist, kommt eine niedrigere Stufe der frommen Verehrung (τιμή) zu, die den materiellen Bildern zugewandt ist, aber durch sie hindurchgeht auf das Urbild, von dem her sie ihre sakrale Energie beziehen. Der Beschluß des II. Konzils von Nizäa liegt in dieser Linie, wenn er festhält, daß die Bilder keinesfalls mit jener Anbetung zu verehren sind, die

---

[5] Vgl. Die Schriften des Johannes von Damaskos III, Contra imaginum calumniatores orationes III, ed. B. Kotter, Berlin/New York 1975. Zitate und eigene Übers. nach dieser Ausgabe.

[6] Vgl. dazu U. Eco, Il problema estetico in Tommaso D'Aquino, Milano 1970; F.J. Kovach, Die Ästhetik des Thomas von Aquin, Berlin 1961; W. Czapiewski, Das Schöne bei Thomas von Aquin, (Freiburger Theol. Studien 82 H.), Freiburg/Brsg. 1964; G. Pöltner, Schönheit. Eine Untersuchung zum Ursprung des Denkens bei Thomas von Aquin, Wien 1978.

allein dem göttlichen Wesen gebührt, sondern mit einer Form von Verehrung, die sich in Küssen und ehrfürchtiger Verneigung äußert.[7] Im strengen Sinn also entspricht die Lehrmeinung des Thomas, daß den Christusbildern göttliche Verehrung (*latria*) zu bezeugen sei, weder der Auffassung des Johannes Damascenus noch der des 7. Ökumenischen Konzils.

Daß Thomas die Verehrung der Bilder nach dem jeweils im Bild Abgebildeten differenzieren kann und muß, beruht darin, daß er das Basilius-Axiom im Anschluß an Aristoteles im zeichentheoretischen Sinn interpretiert. So verstanden definiert es die relationale Konstitutionsweise des Bildes, jedes Bildes; Signifikant und Signifikat werden im Bildzeichen korreliert.[8] Weil der Betrachter im Bild nicht die Abbildung, sondern den Abgebildeten meint, meint er ihn auch in der Ehre, die ihm jeweils gebührt. Gerade daß den Bildern in ihrer geprägten Materialität jeder sakrale oder sakramentale Charakter bestritten wird, daß sie als bloße Zeichen eingestuft sind, ermöglicht es Thomas, dem Christusbild ohne Bedenken göttliche Verehrung zuzuerkennen, was im Bildverständnis des Johannes Damascenus zwangsläufig Idololatrie wäre.

In seiner aristotelisch-semiotischen Interpretation des Basilius-Axioms folgt Thomas gerade nicht dem, von dem er es bezieht und den er als Autorität in Anspruch nimmt, sondern eher den bedeutendsten Theologen der zweiten Phase des Bilderstreits, Theodor von Studion und Patriarch Nikephoros, deren Schriften er aber nicht kannte. „Sie sehen in der Ikone ein Gebilde, das seine Bedeutung in der Abbildlichkeit hat. Diese wird mit der aristotelischen Kategorie der Beziehung beschrieben. Nichts an der Ikone selbst ist heilig, nur der Dargestellte."[9] Der Einschlag der aristotelischen „ratio" in die „auctoritas" des Johannes von Damaskus entfernt Thomas also, ohne daß er dies wissen konnte, von seinem Gewährsmann und bringt ihn in die Nähe anderer byzantinischer Bildertheologen.

Der Bereich der „sacra", der heiligen, heilsmächtigen und heilsnotwendigen Dinge ist in Thomas' Entwurf der Theologie identisch mit dem der „sacramenta", wie sie im Anschluß an die Christologie in der *Tertia Pars* der *Summa theologica* behandelt werden. Die Bilder werden nicht verhandelt, weil ihnen im „ordo salutis" eine notwendige Funktion zukäme, sondern weil ihr faktischer Gebrauch im Horizont der Erörterung der Gottesverehrung bestimmter

---

[7] Mansi XIII, 377C-380A; Denz. 302.

[8] Vgl. U. Eco, Zeichen. Einführung in seinen Begriff und seine Geschichte (1973), Frankfurt/M. 1977.

[9] H.G. Thümmel, Heidnische und christliche Bildtheorie, in: H. Nickel (Hg.), Byzantinischer Kunstexport (Wiss. Beiträge der Martin Luther Universität Halle / Wittenberg 13), Halle 1978, 283-288, 286; vgl. ders., Positionen im Bilderstreit, in: J. Irmscher / P. Nagel (Hg.), Positionen im Bilderstreit (Studia Byz. F. 2), Berlin 1973, 177-191.

Klärungen bedarf. Ob Thomas damit den faktischen Bildergebrauch seiner Zeit, wie man es von Johannes von Damaskus gewiß wird sagen können, wirklich theologisch erfaßt oder nur normativ zu restringieren versucht hat, ist eine andere Frage. Was Thomas als spezifisch heidnisches Bildverständnis ansieht und verwirft, daß den Bildwerken selbst eine numinose Qualität innewohnt, daß sie sprechen und Wunder wirken, eben das spielt ja in der mittelalterlichen Frömmigkeit de facto eine große Rolle. Der tatsächliche Gebrauch der Bilder im religiösen Gemeinwesen und deren Wertung durch die scholastische Theologie sind nicht einfachhin kongruent.[10]

Weder Thomas noch Johannes von Damaskus bringen bei ihrer Bildtheologie den Kunstcharakter der Bilder in Anschlag. Die künstlerische Faktur und Qualität ist für das semiotische Bildkonzept des einen wie für das energetische des anderen ohne Belang. Die wie immer den Bildern zu erweisende Ehre hat in keiner der beiden Theorien etwas mit der Kunst zu tun. So kann auch eine heutige Theologie der Kunst nicht geradewegs an das damals Gedachte anknüpfen. Sie wird sich auf die reale Geschichte der Kunst und die außerhalb der Theologie entwickelte Kunstwissenschaft einlassen müssen. Als theologische Theorie der Kunst wird sie sich aber nur erweisen können, wenn sie die in der Tradition entwickelten theologiespezifischen Fragestellungen in sich aufnimmt und weitertreibt, d. h. die Beziehung der Kunst zur Erkenntnis und Verehrung Gottes zwischen Bilderverbot und Idololatrie bedenkt.

---

[10] Vgl. W. Schöne, Die Bildgeschichte der christlichen Gottesgestalten in der abendländischen Kunst, in: Das Gottesbild im Abendland. Mit Beiträgen von W. Schöne, J. Kollwitz und H. von Campenhausen, Witten/Berlin 1959²; vgl. J. Kollwitz, Bild und Bildertheologie im Mittelalter, ebd. 109-138; H. Belting, Das Bild und sein Publikum im Mittelalter. Form und Funktion früher Bildtafeln der Passion, Berlin 1981; G. Binding/A. Speer (Hg.), Mittelalterliches Kunsterleben nach Quellen des 11.-13. Jahrhunderts, Stuttgart-Bad Cannstatt 1994.

IV. BILDER IN DER REFORMATIONSZEIT

1. DAS ANGEFOCHTENE OBJEKT

Bilder waren im Christentum nie eine ganz fraglose, unangefochtene Sache, da sie, anders als Wort und Sakrament, mit dem Ursprung des Christentums nicht konstitutiv verbunden, sondern eher mit dem Odium der Idololatrie behaftet waren. In bestimmten Phasen der Geschichte tritt dieses latente Bilderproblem an die Oberfläche öffentlicher Kontroverse. Den Reformatoren des 16. Jh., die die überkommene religiöse Lebensform angriffen, weil sie in ihren Augen dem Anspruch, christlich zu sein, nicht mehr genügte, ist die Bilderfrage gewiß nicht die Hauptsache; aber im Zuge eingreifender Gottesdienstreformen werden auch die Bilder in Mitleidenschaft gezogen. Bilderstreit wird ein reformatorisches Teilstück mit fühlbaren Konsequenzen.[1]

2. DIE ROLLE DER BILDER IN DER SPÄTMITTELALTERLICHEN FRÖMMIGKEIT

Daß die Bilder zum reformerisch-kämpferischen Kontroversthema werden, setzt die Intensität des Bildergebrauchs in der Welt des 15. und frühen 16. Jh. voraus. Kunstgeschichtlich gesehen handelt es sich fraglos um eine der herausragenden Epochen. Man braucht sich nur die wichtigsten Namen ins Gedächtnis zu rufen: in Italien Fra Angelico, Ghiberti, Donatello, Masaccio, Mantegna, Piero della Francesca, Botticelli und dann Leonardo, Michelangelo, Raffael, Bellini, Giorgione, Tizian; im Norden: Jan van Eyck, Stefan Lochner, Hugo von der Goes, Rogier van der Weyden, Veit Stoß, Martin Schongauer und dann Dürer, Grünewald, Lucas Cranach, Altdorfer, Bosch. Aber das sind nur die großen Namen, umgeben von Schulen, Werkstätten und vielen Meistern zweiten und dritten Ranges. Es ist eine äußerst kunstfreudige und kunstproduktive Epoche, in der die kreative und ökonomische Elite einen erheblichen Teil ihrer Energie in die Produktion von Bildwerken investiert. Ikonographisch und funktional hat der überwiegende Teil dieser Bildwerke eine christlich-religiöse

---

[1] Vgl. M. Stirm, Die Bilderfrage in der Reformation, Heidelberg 1977, S. Michalski, The Reformation and the visual arts. The Protestant image question in Western and Eastern Europe, London 1993.

Thematik. In einem Katalog, der 2033 im Zeitraum zwischen 1420 und 1539 produzierte italienische Bilder auflistet, haben 87 % ein religiöses Thema, davon befassen sich nur etwa 25 % mit Christus, 50 % mit der Jungfrau Maria und 23 % mit den Heiligen.[2] Interessent und Auftraggeber dieser Bilder ist nicht nur der Klerus (Bischöfe, Prälaten, Ordenskonvente etc.), sondern im großen Umfang auch Laien (der Adel, Kommunen, wohlhabende Stadtbürger, Kaufleute, Zünfte, Gilden und religiöse Bruderschaften). Im Interesse an den Bildern mischt sich die Frömmigkeit mit dem Prestige und dem Vergnügen an der Schönheit.

Die starke Bilderproduktion des 15. und frühen 16. Jh., die zu den aus der vorangegangenen Zeit bereits vorhandenen Bildwerken hinzukam, hatte eine hochgradige Ausbilderung der Kirchen zur Folge. Ein zeitgenössischer Bericht über die Ausräumung der Zürcher Kirchen in den Jahren 1524-1526 zählt in den Kirchen des engsten Stadtbereichs 96 Altäre, davon allein 12 im Großmünster.[3] „Hinzu kommt die immense Zahl der übrigen Andachts- und Heiligenbilder in und an Kirchen, Privathäusern und öffentlichen Bauten, sodann die Wegkreuze und Bildstöcke."[4]

Aber nicht nur der Anschauungsraum war mit einer hohen Quantität von Bildwerken besetzt, auch der zeitliche Handlungsspielraum wurde intensiv von Bildern in Anspruch genommen. Vor den Altarretabeln wurden täglich bzw. zu besonderen Anlässen Messen gelesen, private Andacht wurde vor Bildern verrichtet, Gnadenbildern wurden Votivgaben dargebracht, zu den Festtagen, den Herrenfesten wie den zahlreichen Marien- und Heiligenfesten – in Zürich gab es vorreformatorisch außer den Sonntagen 45 Feiertage, die im Jahre 1550 bis auf 6 Christusfeste allesamt abgeschafft wurden[5] – standen die einschlägigen Bilder im Zentrum der Aufmerksamkeit: das Krippenkind zu Weihnachten, der Palmeselchristus, das Heilige Grab, das Kreuz in den Kar- und Ostertagen, die Figur des Himmelfahrtschristus, die emporgezogen, die der Geisttaube, die herabgelassen wurde; die Bilder und Figuren der Madonna und der Heiligen, die an ihren Festtagen geschmückt, bedient, in Prozessionen umgetragen wurden. „Die Kultbilder also waren gleichsam die sinnfälligen Exponenten des jeweiligen Festes und damit Repräsentanten der damaligen Festkultur"[6], wobei die arbeitsfreien Festtage mit ihren angehängten weltlichen Ausschweifungen

---

[2] Vgl. P. Jezler/E. Jezler/Chr. Göttler, Warum ein Bilderstreit? Der Kampf gegen die „Götzen" in Zürich als Beispiel, in: H.-D. Altendorf / P. Jezler (Hg.), Bilderstreit. Kulturwandel in Zwinglis Reformation, Zürich 1984, 83-102.

[3] Vgl. ebd. 86.

[4] Ebd.

[5] Ebd. 94.

[6] Ebd.

wohl der Lust des Volkes, aber nicht unbedingt seiner Arbeitsproduktivität dienten. Die Bilder waren also in die Ordnung der religiösen Lebenswelt fest eingebunden. Sie waren ein integrales Element der Volksfrömmigkeit und Volkskultur, wobei dies hier nicht im Sinne der unteren, ungebildeten Schichten gemeint ist, sondern im Sinne von „Jedermannsfrömmigkeit". Natürlich verschlang diese Art von Volksfrömmigkeit auch Volksvermögen. Nicht nur die Herstellung und Aufstellung der Bilder, auch ihr Gebrauch, die Spenden und Festlichkeiten waren kostenintensiv.

Aus dieser kurzen Skizzierung der Rolle der Bilder in der Welt des späten Mittelalters ergibt sich, daß die Bilderfrage nicht nur eine Sache der *religion savante*", also ein Theorieproblem der theologischen Elite war, auch wenn es mit deren argumentativen Mitteln ausgefochten wurde.

3. POSITIONEN REFORMATORISCHER BILDERKRITIK

In diese florierende Bilderkultur greifen primär in den Ländern nördlich der Alpen seit dem Beginn des 16. Jh. kirchenreformerische Bewegungen ein. Alle sind sie bilderkritisch. Aber es ist kein Unisono. Die Optionen und Argumente differieren. Ich will versuchen, diese theologische Szene der Bilderkritik zu skizzieren – mit Hilfe von Bildern.

a. Aberglaube

Das erste Bild stellt einen Mann dar, der im Vorübergehen ein Christophorus-bild grüßt, er wendet seinen Blick dem Bild zu und hat dabei die Hände gefaltet. Im zweiten Bild knien zwei verschleierte Frauen vor einem Marienbild und stecken dort eine brennende Kerze auf.[7] Es handelt sich also in beiden Fällen um die Situation eines Bildes im Bilde samt dem Verhältnis dazu. Gezeigt werden Akte der Bilderverehrung. Aber mit welcher Absicht? Es handelt sich um Kupferstiche Caspar Merians nach Federzeichnungen Hans Holbeins d.J., die als Illustrationen zu Erasmus von Rotterdams Büchlein „Lob der Torheit" 1515 entstanden sind. Die Bilder illustrieren einen Text. In der Umgebung des Christophorusbildes ist die Rede von Leuten,

> „die sich mit Freuden einer törichten Einbildung überlassen und etwa überzeugt sind, sie könnten an einem Tag, an dem sie einen Blick auf eine Holzstatue oder ein Bild des Polyphem Christophorus geworfen haben, nicht sterben, oder sie würden

---

[7] Abb. mit Erläuterungen, in: Luther und die Folgen für die Kunst (Ausst. Kat. Hamburger Kunsthalle 1983/84), hg. von W. Hofmann, München 1983, 130f.

heil aus der Schlacht heimkehren, wenn sie die Statue der Barbara mit einer Gebets-
formel bedacht hätten, oder es würde einer schnell reich, wenn er sich an bestimmten Tagen mit den üblichen Wachslichtern und Anrufungen an den Erasmus wende.
Aus Georg haben sie sogar einen Herakles gemacht."[8]

Und im Kontext des Marienbildes heißt es:

„Wie viele weihen der Jungfrau und Gottesgebärerin ein Wachslicht und zwar um
die Mittagszeit, wenn es keinen Zweck erfüllt? Wie wenige geben sich dagegen
Mühe, es ihr im Leben an Keuschheit, Bescheidenheit und Liebe zu den geistlichen
Dingen gleichzutun? Dies ist ja erst die wahre Verehrung und bei den Himmlischen
am meisten begehrt."[9]

Im Kontext von Erasmus' Schrift werden die beiden harmlosen Bildchen zu
Schaubildern abergläubischer Torheit. Was den Humanisten an dieser essentiell
an Bilder geknüpften Heiligenfrömmigkeit töricht erscheint, ist die Einfalt
eines legendenbetrogenen Wunderglaubens, nutzlose Kultpraktiken statt
Nachfolge in der Tugend; dazu die mythologische Transformation der Heiligen
in heidnische Götter. Die Bilder zeigen, was der Autor des Buches lieber nicht
mehr sehen möchte.

b. Laszivität

In den Bildbeispielen, die Erasmus heranzieht, begegnen einige der beliebtesten
Heiligen des späten Mittelalters, neben der Madonna Antonius, Christophorus,
Barbara, Georg, Mauritius. Einige aus diesem Kreis haben auch noch unter
einem anderen Aspekt als dem der abergläubischen Verehrung den Unwillen
reformerisch gesonnener Theologen erregt. Exemplarisch für zahlreiche Zeugnisse, übrigens auch bei altgläubigen Theologen, ist ein Brief Zwinglis an
Compar aus dem Jahre 1525, wo die Rede ist „von der ‚hürisch' gemalten
Sünderin Maria Magdalena, vom Marienbild, das seine ‚brüst harfürgezogen
haben muß' und von den Heiligenfiguren eines Sebastian, Mauritius und Johannes des Täufers, deren junkerhaft-kupplerisches Aussehen die Gemüter der
Frauen so bewegte, daß sie ihre Gedanken später beichten mußten"[10].

Ärger erregt die Laszivität der Renaissancekunst, in der unter dem Deck-
mantel der Frömmigkeit erotische Augenlust befriedigt wird. Darin sind sich

---

[8] Erasmus von Rotterdam, Lob der Torheit, Das Lob der Torheit (Encomium Moriae), übers. u.
hg. von A.J. Gail, Stuttgart 1973, 51.

[9] Ebd. 60f.

[10] Chr. Göttler, Die Disziplinierung des Heiligenbildes durch altgläubige Theologen nach der
Reformation, in: B. Scribner (Hg.), Bilder und Bildersturm im Spätmittelalter und in der frühen
Neuzeit, Wiesbaden 1990, 263-295, 276.

mit Zwingli viele auch altgläubige Theologen einig: „Gayle, unverschämte bildtnüß solt man wol nicht in der kirchen brauchen.“[11] Die Kritik zielt hier nicht auf Bilder überhaupt, sondern auf eine besondere, verführerische Sorte. Diese Bilder sollen nicht abgetan werden, weil sie zu schwach sind, sondern weil sie zu stark sind, weil sie eine erregende Macht über die Phantasie der Menschen haben, aber eben in einer unerwünschten Richtung.[12]

c. Bilderstürme

Die Kritik bleibt jedoch nicht dabei, bestimmte wegen ihres Gebrauchs gefährliche abergläubische oder laszive Bilder aus dem kirchlichen Bilderhaushalt auszusortieren, sondern greift die Bilder als solche an.

Was sich da abspielte, zeigt ein Kupferstich von Franz Hogenberg, der im Jahre 1588 in Köln in M. Aitsingers Geschichtswerk „De leone belgico“ erschienen ist. Im Titulus wird der 20. August 1566 namhaft gemacht, der Tag des Bildersturms in Amsterdam. Im offenen Aufriß einer Kirche wird die nächtliche Szenerie einer Bilderzerstörung gezeigt. Heiligenfiguren werden mit Seilen von den Simsen gerissen, eine liegt bereits am Boden, Fenster werden zerschlagen; ein Altarretabel zerhackt, ein Säulenbild abgenommen; im Bildhintergrund wird das Altarkreuz abmontiert; in der Mitte ist eine Kirchenschatztruhe aufgebrochen; vorn links scheinen eine Frau und ein vermummter Mann Erbeutetes davonzutragen; rechts Menschen, die mit Sack und Pack aus dem Haus kommen. Das Ganze ist ein Szenarium, auf das von Personen im Bildvordergrund eigens hingewiesen wird. Ein Mann zeigt seiner Frau, was sich da abspielt. Diesen Zeigegestus übersetzt ein beigegebenes Gedicht in Worte:

> „Nach wenigh Predication / die calvinsche Religion / das bildensturmen fiengen an / Das nicht ein bildt davon blieb stan / Kap Monstranz, Kilch, auch die altar / Und weß dort sonst vor handen war / Zerbrochen all in kurtzer stundt / Gleich gar vil Leuten das ist kundt.“[13]

Der Kontext der Verse macht deutlich, daß hier etwas im Bild festgehalten wird, was als eine öffentliche Sache kürzlich vor den Augen der Welt passiert ist. Der niederländische Ikonoklasmus wird im Detail dokumentiert. Der Bildtitulus identifiziert, was hier zu sehen ist, als ein religionsgeschichtliches Ereignis, sieht also ab von allen politischen Implikationen des Kampfes der Niederlande

---

[11] J. Eck, Handbüchlein gemeiner Stell unnd Artickel der jetzt schwebenden Neuwen leeren, Augsburg 1533 (Fak. Sim. Münster/Westf. 1980), 52.

[12] Vgl. D. Freedberg, The Power of images. Studies in the History and Theory of Response, Chicago 1989.

[13] Abb. mit Erläuterung in: Luther und die Folgen für die Kunst, 146.

gegen die Fremdherrschaft der katholischen Spanier. Die Tätlichkeiten sind Folgeerscheinungen des reinen Worts, der calvinistischen Predigt.

Dem gleichen Thema ist ein um 1530 entstandener Holzschnitt gewidmet, der Erhard Schön zugeschrieben wird.[14] Eine Gruppe von Männern ist dabei, eine Kirche ihrer Skulpturen zu entledigen. Eine Marienstatue wird abtransportiert, ein Heiliger liegt am Boden, Petrus wird mit der Spitzhacke attackiert, ein Kreuz wird herausgetragen. Das Ziel der Aktion ist entweder der Abstellraum („unsichtige Winkel") oder das Feuer, in dessen Flammen schon zwei weibliche Heilige brennen, eine Paulusfigur wird gerade hineingeworfen.

Gezeigt wird etwas, was, ebenso wie die oben gezeigte Praxis des Bilderkultes, um 1530 bereits mancherorts Realität gewesen war: 1521/22 in Wittenberg unter Karlstadt, 1524 in Zürich, 1528 in Bern, 1525-29 in Basel, 1524-1530 in Straßburg und im Elsaß, 1532 in Münster, 1533 in Augsburg, 1534/35 in Genf u. ö. Der Holzschnitt ist also kein pures Phantasiegebilde, sondern verweist auf historische Realität. Aber er zeigt sie weniger als einen furiosen Sturm denn als eine geordnete, ruhige Aktion ehrbarer Männer, die unter Aufsicht des Magistrats – wenn man die Figur im hermelinbesetzten Mantel rechts oben so verstehen darf –, eine angeordnete Maßnahme durchführen. So gesehen, ist das Bild die Darstellung einer geordneten, durch Beschluß und Aufsicht der städtischen Obrigkeit legitimierte Ausräumung und Säuberung der Kirche von den alten Bildwerken, und damit wäre es ein Programmbild jener in den schweizerischen und oberdeutschen Städten von zwinglianisch orientierter Seite betriebenen Reformation, in der die städtischen Magistrate dem zügellosen Pöbel die Bilderbehandlung durch ein geordnetes Verfahren zu entziehen trachteten.

Diese Interpretation des Bildes wird initiiert durch ein kleines Detail bei jenem Notabeln im Hintergrund: ein konusförmiger Zapfen, der auf das Auge der Person zu- oder von ihm ausgeht. Es sinnbildet nach dem beigegebenen Kommentar die sprichwörtliche Bibelstelle Mt 7,3-5: „Was siehst du den Splitter in deines Bruders Auge, den Balken in deinem eigenen Auge siehst du nicht. Oder wie kannst du zu deinem Bruder sagen: Halt, ich will den Splitter aus deinem Auge ziehen; und siehe, in deinem Auge ist der Balken. Du Heuchler, ziehe zuerst den Balken aus deinem Auge, und dann magst du zusehen, daß du den Splitter aus deines Bruders Auge ziehst." So angeleitet, bemerkt man dann auch den dicken Geldsack, den voluminösen Weinkrug und die beiden losen Frauen im Rücken des Mannes. Ein beigegebenes Versgedicht verdeutlicht den Zusammenhang unter dem Titel „Klagrede der arm verfolgten Götzen und

---

[14] „Klagrede der armen verfolgten Götzen vnd Temelpilder", um 1530, Holzschnitt 12,9 x 35 cm, Abb. mit Erläuterung in: Luther und die Folgen für die Kunst, 126.

Tempelbilder . . .". Die angeblich nichts als toten Bildwerke erheben hier ihre
Stimme als Märtyrer, an denen sich *in effigie* wiederholt, was die einmal erlit-
ten, die sie darstellen. Sie führen Klage über das Unrecht, das ihnen angetan
wird. Von eben denjenigen, die sie überhaupt erst zu Götzen gemacht haben,
werden sie nun mit Gewalt bestraft. Und eben diese vorgeblichen Saubermän-
ner der Religion hängen selber einem viel unreineren Götzendienst an, Reichtum, Wohlleben und Unzucht. Diesen Balken in ihrem eigenen Auge sehen sie
nicht und betreiben, statt ihren Lebenswandel von Grund auf zu ändern, das
Splitterausziehen der Bilderentfernung. Statt, sein Kreuz tragend, Christus
nachzufolgen, schleppt ein Mann ein Kreuzbild aus der Kirche. Von dem
kleinen Detail des Balkens im Auge wendet sich das Bild also von einem
Programmbild zwinglianischer Kirchenreinigung zu einem eher lutherisch orientierten Bild der Kritik an einer Kirchenreform, die statt alles auf die Beke-
rung des Herzens und Lebenswandels zu setzen, bei den äußeren Kirchenein-
richtungen ansetzt.

d. Karlstadt

Angefangen hatte das Bilderstürmen 1522 in Wittenberg, initiert durch Karlstadts Schrift „Von Abtuhung der Bilder". Die propagierte Reform des Gottesdienstes betrifft nicht nur die Riten der Messe und der Sakramente, sondern
auch das Gotteshaus und seine Einrichtung. So heißt es dezidiert am Anfang
der Schrift: „Das wir bilder in Kirchen und gots heußern haben / ist unrecht /
und wider das erste gebot. Du sollst nicht frombde gotter haben."[15] Am
schlimmsten ist, daß die Bilder, die durchgängig „Ölgötzen" heißen, auf den
Altären stehen, denn: „die altahr seind deshalb erfunden / das man uff yhn
gottis nahme soll anruffen / yhme uff yhn allein opffer / un ehere geben soll."[16]
Die pure Stellung der Bilder an solchen Orten macht sie bereits greulich.

    Das aber bedeutet nicht, daß es vielleicht andere Orte und Funktionsstellen
in der Kirche gäbe, wo Bilder tolerabel oder gar nützlich wären. Karlstadt geht
frontal auch die tausend Jahre alte abendländische Bildermaxime Papst Gregors
des Großen an, dergemäß die Bilder „der leyen bucher seind"[17]. Nein, die
Bilder sind keine Lehrbücher des christlichen Glaubens für die leseunkundigen
Laien. Bilder sind stumm und taub, „konden weder sehen noch horen, weder
lerne oder leren. Un deute / auff nichts anders dan uff lauter und blos fleisch das

---

[15] A. Karlstadt, Von Abtuhung der Bilder und das keyn Bedtler vndther den Christen seyn
sollen, 1522, hg. von H. Lutzmann, Bonn 1911, 4.
[16] Ebd. 8.
[17] Ebd. 9.

nicht nutz ist"[18]. Weil nur das Wort Gottes geistlich und darum allein den Gläubigen nütze ist, muß man die bilddidaktische Maxime Gregors als päpstliche List durchschauen, die Laien von der freimachenden Erkenntnis der Wahrheit abzuhalten. „Sye haben vermerckt / wan sie die Schefflin / yn die bucher furtten / yhr grempell marckt wurd nichst tzunehmen."[19]

Nein, Gott will keine Bilder, überhaupt nicht, weder als Ehr- noch als Lehrbilder. Karlstadt will eine reine weiße Kirche. Es ist das Pathos des einen, bildlosen Gottes, dem man im geistigen Wort allein die Ehre erweist. Und weil dies so gotteserst ist, dürfen die Bilder da auch nicht länger in Gottes Haus bleiben. Das Verbot, nicht bloß Bilder zu verehren, sondern sie überhaupt im Gotteshaus zu haben, hat denselben Rang wie die übrigen zehn Gebote: „Ich sage dir das got bilder nit weniger / noch mit kleynerem fleyß verbotten hat / dann todschlahen / stelen / raube / ehebrechen / und der gleichen."[20] Es ist höchste Zeit, daß sie abgetan werden. Und wenn die dazu durch Gottes Gesetz verpflichtete Obrigkeit nicht unverzüglich bereit ist, dürfen und müssen es die wahren Christen übernehmen. „Darumb ists gut / notlich / loblich / das wir sie abthun / un ire recht und urteil der schrifft gebe".[21]

Karlstadt ist ein Radikaler im öffentlichen Gottesdienst. Das Bilderverbot duldet kein Ausweichen in funktionale Differenzierungen. Bilder sind heidnischer Krempel.

e. Luther

Luther ist gegen das Unwetter dieses Bildersturms eingeschritten. Was hatte er theologisch dagegen zu halten?[22] In seiner Schrift „Wider die himmlischen Propheten, von den Bildern und Sakrament" hat er sich eingehend mit Karlstadts Argumenten befaßt. Es läuft, kurz genommen, auf vier Argumente hinaus.

Die beiden ersten sind von prinzipieller Art. Leidenschaftlich wendet Luther sich gegen den hier aufbrechenden rottisch-schwärmerischen Geist. Wenn etwas zu reformieren ist, und das gilt auch für die Bilder, dann hat das durch die ordentliche Obrigkeit zu erfolgen und nicht durch den Tumult des Pöbels. Das zweite Argument betrifft die Rolle, die im Abtun der Bilder dem äußeren Werk

---

[18] Ebd.
[19] Ebd.
[20] Ebd. 22.
[21] Ebd. 4
[22] Zu Luthers Bildtheologie vgl. H. von Campenhausen, Die Bilderfrage in der Reformation, in: ZKG 68 (1957), 86-128; ders., Zwingli und Luther zur Bilderfrage, in: W. Schöne u. a., Das Gottesbild im Abendland, Witten 1959[2], 139-172.

zugesprochen ist. Wenn das Abtun der Bilder zum gebotenen Gesetz gemacht wird, das Stehenlassen also zur Sünde deklariert wird, dann ist das eine Werkgerechtigkeit, die sich vom papistischen Bilderkult letztlich nicht unterscheidet. Für Luther kommt alles darauf an, im Sinne des 1. Gebots die Götzen aus dem Herzen zu reißen. Dann werden die, die dem rechten Gott mit ihrem Herzen anhangen, von selbst die Bilder fahren lassen, oder wenn sie bleiben, können sie nicht schaden; der Schlange ist das Gift entzogen.

Die beiden anderen Argumente Luthers zielen auf eine Differenzierung im Bildergebrauch gegen Karlstadts pauschale Verbannung der Bilder aus der Kirche. Luther unterscheidet zunächst mit alttestamentlichen Exempeln zwischen Anbeten und Gedenken. Mit dem Bilderverbot gemeint ist das Anbeten von Bildern.[23] Aber Bildwerke, die zum Zeugnis oder Gedächtnis errichtet wurden, sind nicht nur nicht verboten, sondern sogar sinnvoll. Und was für Malsteine und Altäre im Alten Testament gilt, das gilt ihm auch für die christlichen Bilder. „Denn die gedenck bilder oder zeugen bilder, wie die crucifix und heyligen bilder sind", sind „wol zu dulden ... und nicht alleyne zu dulden, sondern weyl das gedechtnis und zeuge dran weret, auch löblich und ehrlich".[24] Luther nimmt hier die alte bildtheologische Kategorie der „memoria/anamnesis" auf, versteht sie aber doch wohl anders als die ältere, neuplatonische Bildtheologie, für die der Akt der Bilderverehrung selbst ein Akt der Anamnese ist, des anamnetischen Aufstiegs vom sinnlichen Bild zum geistigen Urbild. Luther, der Gedenken ja gerade vom Verehren unterscheiden möchte, denkt dabei eher an die Zeitüberbrückungsleistung, die etwas, was als vergangenes aus dem Gedächtnis zu schwinden droht, präsent hält. Wo solcherart Gedenkcharakter bei Bildern hoffnungslos überlagert ist vom Bilderkult, wie an den Wallfahrtsorten, hält er eine Abtuung der Bilder – freilich unter obrigkeitlicher Aufsicht – für dringend geboten.

Das vierte Argument geht auf Karlstadts Ablehnung der Bilder als der Laien Bücher ein. Luther nimmt die Erörterung mit einem *argumentum ad hominem* auf. Er habe festgestellt, daß nicht wenige der Schwärmer seine, Luthers, neue Bibelübersetzung gebrauchten; die aber sei mit Bildern Gottes und von Engeln, Menschen, Tieren wohlbestückt. Warum aber sollte man solche Bilder nicht auch an die Wände malen, wo sie doch so wenig schaden wie in den Büchern? Ja, ist es nicht besser, biblische Geschichten an die Wände zu malen, als irgendwelche unverschämte irdische Sachen? Und wäre solche in- und auswendige Bemalung der Häuser nicht ein christliches Werk? Luther dehnt hier also den

---

[23] M. Luther, Wider die himmlischen Propheten, von den Bildern und Sakrament, 1525 (WA 18, 62-214).
[24] Ebd. 74.

Bereich der Lektüre von den Büchern und ihren Illustrationen auf die Wände aus. Und dann faßt er den Vorgang der Lektüre selbst ins Auge. Der Vorgang des Lesens ruft Imaginationen hervor: „Soll ich aber horen odder gedencken, so ist myrs unmüglich, das ich nicht ynn meyn hertzen sollt bilde davon machen, denn ich wolle, odder wolle nicht, wenn ich Christum hore, so entwirfft sich ynn meym hertzen eyns mans bilde, das am Creutze hanget."[25] Wenn aber nun das Herz als das eigentliche Glaubensorgan selbst Bilder hervorbringt, warum sollte es dann Sünde sein, wenn man das innere Bild auch äußerlich vor Augen hat? Zwischen Imagination und Illustration ist kein glaubensrelevanter Unterschied.

Überblickt man Luthers Überlegungen, so hat es den Anschein, daß erst der Wittenberger Bildersturm Luther, der ja zur Sprache und Musik ein viel ursprünglicheres theologisches Verhältnis hatte als zur Kunst, dazu gebracht hat, seine bildtheologischen Ansichten zu differenzieren, und d. h. für die Folgezeit, auch von den Tendenzen der schweizerischen und oberdeutschen Reformation sichtbar abzusetzen.

Die Differenz zum papistischen Bilderdienst hält ein Holzschnitt Lucas Cranachs des Jüngeren aus dem Jahre 1546 mit dem Titel „Unterscheid zwischen der waren Religion Christi und falschen Abgöttischen lehr des Antichrists in den fürnehmsten stücken" fest.[26] Wenn man dieses Merkbild auf das Bilderthema hin ansieht, so ist die linke Seite der wahren Religion keineswegs ohne Bilder. In der Fluglinie des Predigtworts, die vom Finger Luthers zu Gott hingeht, bilden sich im Schriftband selbst Imaginationen: das Lamm, der Schmerzensmann Christus. Und über dem Altar des Sakraments steht hoch das Kruzifix. Der würdigen Ordnung des wahren Gottesdienstes steht rechts das chaotische Sammelsurium katholischer Kultpraktiken gegenüber, in dem auch Bilder vorkommen. Der für sich die Winkelmesse zelebrierende Priester trägt das Kreuz als Applikation auf seiner kostbaren Kasel; eine Wallfahrtsprozession führt eine Marienfahne um die Kirche. Und oben in der himmlischen Region erscheint links der Hl. Franziskus in der typischen Figur der Stigmatisation; aber die hochverehrte Ersatzfigur des gekreuzigten Christus kann dem himmlischen Donnerwetter nicht Einhalt gebieten; es gewittert auf die Katholiken.

f. Folgeerscheinungen

Die katholische Kirche hat sich im Trienter Konzil offiziell gegen die reformatorische Bilderkritik und für die überkommene Bilderverehrung entschieden.

---

[25] Ebd. 83.
[26] Abb. mit Erläuterung in: Luther und die Folgen für die Kunst, 194.

Im nachtridentinischen Katholizismus bleibt aus den reformatorischen Bildkontroversen vor allem die kirchliche Supervision über die Bilder und ihre
Herstellung. Laszivität soll verhindert oder korrigiert werden (z. B. durch
Übermalung von Renaissancenuditäten), Auswahl und Ausführung der Bilder-
sujets sind sowohl auf ihre Schriftgemäßheit wie ihre dogmatische Orthodoxie
kirchlich zu kontrollieren. Auch hier zeigt sich also eine Tendenz zur Vermin-
derung der Bildautonomie zugunsten einer erneuerten Emphase für den Vorrang des geschriebenen Wortes, der Texte, der Lehre, was nicht heißt, daß die
Künstler in der Praxis den kirchlichen Reglementierungsversuchen dabei immer gefolgt sind.

Im konkreten Bildergebrauch zeitigt das in den sich ausbildenden Konfessionen aber sehr unterschiedliche Tendenzen. Im Luthertum werden mittelalterliche Ausmalungen beibehalten und auch durch neue Bildwerke an Kanzeln und
Altären ergänzt, alles auf streng biblischer Grundlage und im Sinne lutherischer
Theologie (z. B. der Thematik „Gesetz und Evangelium", des Abendmahls
unter beiderlei Gestalt) perspektiviert.[27] Vor allem der Heiligenkult ist ausge-
schieden; ob die Epitaphien wohllöblicher Gemeindemitglieder und die Bilder
und Büsten Luthers und anderer Reformatoren eine reduzierte Fortsetzung des
alten Heiligenbilderkultes unter neuem theologischen Rechtstitel ist, wäre zu
fragen.

Die reformierten Kirchen schweizerischer und oberdeutscher Provenienz
haben (mit regelrechten Bilderstürmen dann auch in Frankreich und in den
Niederlanden)[28] die Kirchen bilderleer gemacht, zu Sälen, in denen nichts von
der Verkündigung des reinen Wortes ablenkt. Sehr anschaulich ist diese Tendenz in jener berühmten Aktion des Jahres 1526 in Zürich, wo man nach
Abräumung der Retabeln alle Altäre der Stadt abbricht und aus den Altarstei-
nen einen großen Kanzellettner baut, und auf dem Altarstein der Predigerkir-
che steht dann am Kirchweihfest des Jahres 1526 der Prediger Zwingli zur
Verkündigung des reinen Wortes.[29] Daß solch massive Abschaffung des alten
Götzendienstes durch Inthronisierung des Predigers in den Augen von Altgläubigen als sakrilegische Einführung eines neuen erscheinen konnte, legt die
provokative Inszenierung nahe.

Die Dominanz des Wortes behauptet sich in reformierten Kirchen nicht nur
im Rang der Kanzel, sondern auch darin, daß die Schrift selbst zum Bild wird in

---

[27] Vgl. H.C. von Haebler, Das Bild in der evangelischen Kirche, Berlin 1957.
[28] Vgl. S. Michalski. Das Phänomen Bildersturm. Versuch einer Übersicht, in: B. Scribner (Hg.),
Bilder und Bildersturm im Spätmittelalter und in der frühen Neuzeit, 69-124.
[29] D. Gutscher/M. Senn, Zwinglis Kanzel im Zürcher Großmünster – Reformation und künstlerischer Neubeginn, in: H.-D. Altendorf/P. Jezler (Hg.), Bilderstreit, 109-116.

Form von an den Wänden geschriebenen Bibelsprüchen. Für die Kommemoration dieser Bibelverse läßt der reformierte Gemeindegottesdienst noch Zeit, nicht für irgendeine Art des abschweifenden Bildergebrauchs. Reformiert werden die Kirchen zu reinen Vortrags- und Versammlungsräumen, in denen es darüber hinaus nicht viel zu sehen und zu tun gibt und die deshalb auch außerhalb der gemeindlichen Gottesdienstzeiten sinnvollerweise geschlossen bleiben.

Lucas Cranach der Jüngere. Unterscheid zwischen der waren Religion Christi vnd falschen Abgöttischen lehr des Antichrists in den fürnehmsten stücken, Holzschnitt, 1546

Nach wenigh Predicatiō   Das bildent sturmen fiengen an   Kap Monstrantz, kelch, auch die altar   Zerbrochen all in kurtzer stunde
Die Caluinsche Religion   Das nicht ein bilde dauon bleib sfan   Vnd weß sonst dort vor handen war   Gleich gar vil leuten das ist kundt.
                                        Anno Dñj.   M. D. LXVI.   XX   Augusti

Franz Hogenberg, Der calvinistische Bildersturm vom 20. August 1566, Kupferstich, 1588

Erhard Schön zugeschrieben, ‚Klagrede der armen verfolgten Götzen vnd Tempelpilder ...‘ Holzschnitt, um 1530

Hans Holbein d.J., Anbetung eines Christophorus-Bildes, Kupferstich, Basel 1676

Hans Holbein d.J., Verehrung einer Marienstatue, Kupferstich, Basel 1676

V. KÖLNER BILDERSTREIT 1543

1. HISTORISCHER KONTEXT

Im Jahre 1993 wurde in der Stadt Köln ein eigentümliches Jubiläum begangen, das eines „Reformationsversuchs", der 450 Jahre zuvor im Erzstift Köln unternommen worden war.[1] Initiator war der Erzbischof selbst, Hermann von Wied (1515-1547). Die Programmschrift der geplanten Neuordnung der kirchlichen Verhältnisse verfaßte auf erzbischöfliche Veranlassung der in zahlreichen Religionsgesprächen bereits bewährte oberdeutsche Reformtheologe Martin Bucer. Sie erschien im Jahre 1543 unter dem Titel „Von Gottes genaden unser Hermans Ertzbischoffs zu Cöln und Churfürsten etc. einfaltigs bedencken, worauf eine Christliche, in dem Wort Gottes gegrünte Reformation ... anzurichten seye".[2] Zu eben dieser neuen Kirchenordnung erschien im darauffolgenden Jahr unter dem Titel „Christliche und catholische gegenberichtung eyns Erwirdigen Dhomcapittels zu Coellen wider das Buch gnanter Reformation" eine Gegenschrift des Kölner Domkapitels.[3] Ihr Verfasser war eines seiner Mitglieder, der Jurist und Theologe Johannes Gropper, wie Bucer in den Religionsgesprächen der vorangegangenen Jahre viel gefragt und mit jenem sogar freundschaftlich verbunden. Über den Kölner Reformationsversuch aber gehen sie auseinander, im Widerspiel der beiden Schriften tritt der Grenzverlauf ihrer theologischen Positionen zutage.

Die folgenden Überlegungen haben sich in einem Winkel dieser historischen Kontroverse angesiedelt. Sie interessieren sich einzig und allein für die Bilderfrage, die im Corpus beider Schriften, in jeweils einem Kapitel behandelt, eher eine Randfrage ist. Der kirchengeschichtliche Kontext des Kölner Reformationsversuchs und der an ihm Beteiligten bleibt außer Betracht.[4] Das Augen-

---

[1] Dokumentation der Forschung: Ausstellungskatalog. 450 Jahre Kölner Reformationsversuch, hg. von H.-G. Link u. a., Köln 1993.

[2] Die Zitate sind der 1544 erschienenen Ausgabe entnommen; vgl. Hermann von Wied, Einfältiges Bedenken, übers. u. hg. von H. Gerhards/W. Borth, Düsseldorf 1972.

[3] Zugrundegelegt ist die 1544 in Köln bei Iaspar Gennepaeus erschienene Ausgabe.

[4] Vgl. dazu vor allem M. Wichelhaus, Die erzbischöfliche Denkschrift und der Gegenbericht des Domkapitels zur Kölnischen Reformation 1543, in: Jahrbuch des Kölnischen Geschichtsvereins 64 (1993), 61-74; ders., Kölnische Reformation 1543, in: H. Faulenbach (Hg.), Standfester Glaube (Festschrift für J.F.G. Goeters), Köln 1991, 63-78.

merk ist allein auf die Gesichtspunkte und Argumente gerichtet, die zum Bilderthema vorgebracht werden, und zielt auf den Versuch, das in die kirchen-offiziellen Schriften des Erzbischofs und des Domkapitels eingegangene bild-theologische Profil zweier Theologen herauszuarbeiten. Der historische Zu-griff folgt der systematischen Absicht, das Tableau bildtheologischer Positio-nen zu differenzieren.

2. MARTIN BUCER

Bucers Bildtheologie wird im praktisch-theologischen Zusammenhang eines kirchlichen Reformprogramms entwickelt. Die einzelnen Argumente fassen bestimmte Verlaufsbahnen des Bildergebrauchs ins Auge, in deren Zusammen-hang das Profil einer theologischen Bildpragmatik erkennbar wird.

A. DIE ARGUMENTE

1. HUMANISTISCH

Als erste Regel wird eingeführt, daß man im christlichen Bildergebrauch nur Bilder haben soll, „die wahrhaffte thaten für bilden"[5], und daß man sich dieser wahrhaftigen Begebenheiten durch die Bilder zur Besserung des Glaubens an Christus erinnere. Die erste Sünde besteht somit darin, daß man Bilder aufstellt, „die falsche und abergleubische ding für bilden"[6]. Aus den angeführten Beispie-len geht hervor, was gemeint ist: Heiligenfiguren, die auf unhistorischen Heili-genlegenden basieren und mit falschen Heilsversprechungen versehen werden. Hinzu kommt das moralische Bedenken gegen Tendenzen der zeitgenössischen Kunst, die Heiligen, die doch alle weltliche Üppigkeit verachteten, „mit gantz uppigem weltlichem pracht"[7] darzustellen. So wenig man dem einfachen Volk falsche und verführerische Bücher in die Hand gibt, so wenig darf man ihnen falsche und verführerische Bilder vor Augen stellen, „die doch der Leyen Bibel und bücher heyssen"[8] wollen. Von solchen Bildern müssen die Kirchen gerei-

---

[5] Einfaltiges bedencken, fol. 44v.
[6] Ebd.
[7] Ebd.
[8] Ebd.

nigt werden, denn sie sind der Raum, in dem Christus klar gepredigt und bezeugt und die Leute zum wahren Glauben gefördert werden sollen.

2. MONOTHEISTISCH

Erst an zweiter Stelle wird das biblische Bilderverbot ins Auge gefaßt.[9] Der Kern des Mißbrauchs ist, daß man Bilder anbetet. Daß das einfache Volk dies wirklich tut, ist aus den praktischen Verhaltensweisen gegenüber Bildern abzulesen: niederknien, niederfallen, Augen und Hände zu ihnen erheben, Lichter und andere Dinge opfern, kleiden und schmücken, ihnen singen und räuchern, ihnen Kräfte zusprechen, zu ihnen wallfahren. Das alles ist – religionsphänomenologisch – genau das, was die Heiden gegenüber ihren Bildern tun. Und eben dies ist der Götzendienst, der vom zweiten Gebot des Dekalogs ebenso wie von den Schriften des Neuen Testaments verboten ist. In dieser Argumentation spielt es keine Rolle, wer oder was im Bild dargestellt wird – Christus und die Heiligen oder heidnische Gottheiten. Entscheidend sind allein die Modalitäten des Verhaltens gegenüber den Bildern.

3. BILDUNGSÖKONOMISCH

Das dritte Argument richtet sich gegen die „unnutze kosten"[10], die darauf verschwendet werden, die Kirchen mit Bildern auszuschmücken. Statt „aus lust zu den bildern"[11] ihr Vermögen in die Kirchenkunst zu investieren, sollen die Leute „mehr ihre Biblen kauffen unnd darin fleyssig lesen"[12]. Und im übrigen sich durch die Werke Gottes, die man in der Schöpfung ständig und kostenlos vor Augen hat, an seine Güte und Macht erinnern lassen. Sie sollen zu den gemeinsamen Gottesdiensten (Predigten, Sakramente, gemeinsame Gebete) kommen und dadurch Gedächtnis, Glaube und Liebe zu Gott stärken lassen.

---

[9] Vgl. ebd. fol. 45r.
[10] Ebd.
[11] Ebd.
[12] Ebd. fol. 45v.

4. HEILSÖKONOMISCH

Gegen die sinnliche Äußerlichkeit, die im Bilderdienst so äußerlich hervor-
sticht, wird an den Grundsatz christlicher Gottesverehrung erinnert, daß „wir
Gott im Geist und in der Warheit anbetten und ehren müssen"[13]. Da dies sich
aber nun leicht gegen jedwede kirchliche Vermittlung des Gottesdienstes richten könnte, wird gleich hinzugefügt, daß dazu eben „die mittel unnd instru-
ment"[14] zu gebrauchen sind, die uns im Wort verordnet sind: die Schrift und
ihre Erklärung in der Predigt, die Hl. Sakramente, das Gebet in der Gemeinde
und eben die Anschauung und Betrachtung der Schöpfung. Bilder hingegen
spielen in der biblisch begründeten Ökonomie der Heilsmittel keine Rolle.

5. SOZIALETHISCH-KARITATIV

In diesem Argument kommt der ökonomische Gesichtspunkt nochmals zur
Geltung und zwar in Richtung auf den Vorrang der karitativen Hilfe gegenüber
den bedürftigen Nächsten. Die von Gott verliehenen zeitlichen Güter und
teuren Gottesgaben sollen nicht „an die unbefindtlichen bilder, an holtz und
stein"[15] gehängt werden, also nicht an die toten, sondern an die lebendigen
Bilder Gottes, unsere Nächsten. Das Jüngste Gericht wird vor Augen gestellt,
wo wir danach gerichtet werden, was wir Christus in seinem bedürftigen
Nächsten getan haben. Der dem karitativen Dienst entzogene Aufwand für die
religiöse Bildkunst wird im Gericht gegen uns sprechen.

B. DIE POSITION

Die Bilderfrage erscheint bei Bucer als Moment einer die gesamte gottesdienstliche Lebensform, die Messe, die Sakramente, das Gebet, die Feier- und Festtage usw. betreffenden Reform. Eine religiöse Lebensform als ganze soll umge-
staltet werden, weil sie dem Anspruch, christlich zu sein, nicht mehr genügt.
Und die Bilder erscheinen darin als ein unverzichtbares Teilstück.
    Wenn man nicht gleich auf das theologische Zentralargument des Bilderver-
bots zuschießt, ergibt sich zunächst das Programm einer ökonomischen Umschichtung im kulturellen Haushalt. Bucer plädiert für eine Verlagerung von

---

[13] Ebd.
[14] Ebd.
[15] Ebd. fol. 46r.

Lust und Kosten: weg von der Bilderbeschäftigung, hin zum Kauf und zur Lektüre der Hl. Schrift bzw. der kostenlosen Betrachtung der Schöpfung Gottes; weg von der religiösen Privatfrömmigkeit des Bilderkultes, hin zum gemeinsamen Gemeindegottesdienst (Predigt, Sakrament, gemeinsames Gebet); weg von der sinnlichen Äußerlichkeit des Bilderdienstes, hin zur Anbetung im Geist und in der Wahrheit, die freilich ganz ohne kirchliche Heilsmittel (Wort und Sakrament) nicht auskommt; weg von der luxuriösen Verschwendung der Bilderkultur, hin zur karitativen Sorge für den Nächsten. In der hier verlangten Umschichtung des Interesses und der Ausgaben zeichnet sich eine Umstrukturierung der christlichen Lebenswelt ab. Ihre Bezugspunkte sind Bibellektüre, Gemeindegottesdienst und Armenfürsorge. Das mutet an wie eine vernünftige, ernsthaft erwachsene, sozialethisch verantwortungsvolle Durchforstung des spätmittelalterlichen Frömmigkeitsdschungels, Konzentration auf die heilsnotwendigen Hauptstücke des christlichen Glaubens: Wort, Sakrament und christliche Caritas. In einem Artikel zur Zürcher Kirchenreform wird der dortige Vorgang bezeichnet als Übergang vom herrschenden Luxus der spätmittelalterlichen Festkultur zum Ernst des protestantischen Arbeitsethos, das nicht nur die Arbeit zum sittlichen Wert erhöhte (und ihm z. B. mit der Reduzierung der vielen Feiertage zusätzliche Zeit verschaffte), sondern auch die Ausübung der Frömmigkeit zwar nicht als lohnbezogene Leistung, aber doch als ernste Pflicht eines Christenmenschen ansah.[16]

Solche heilsökonomische Umstrukturierung der christlichen Lebenswelt scheint nicht zwangsläufig eine Ausrottung aller Bilder zur Folge zu haben. Denkbar wäre ja eine Tolerierung der Bildwerke dort, wo sie sich den genannten Hauptstücken füglich unterordnen, das Wort Gottes anschaulich illustrieren (z. B. die wahre Lehre von der Rechtfertigung des Sünders), den Sinn der Sakramente (z. B. im Abendmahlsbild) vor Augen stellen, zur Caritas animieren würde. Das scheint ja, wenigstens nach den Wittenberger Unruhen um Karlstadts Bildersturm, Luthers Position gewesen zu sein.

Wie steht es damit bei Bucer? Der erste Punkt des „Einfältigen Bedenkens" zur Bilderfrage scheint eher eine Zensurierung als eine völlige Entfernung der Bilder im Auge zu haben. Die Kriterien der Bilderzensur haben einen humanistisch-erasmianischen Akzent. Bilder werden daran gemessen, ob sie wahre Vorbilder des christlichen Glaubens sind. Diese Aufgabe können sie erstlich verfehlen, indem sie falsche und abergläubische Dinge vor Augen stellen, also Dinge, die keinen tatsächlichen historischen Anhalt haben, und diese mit fal-

---

[16] Vgl. P. Jezler/E. Jezler/Chr. Göttler, Warum ein Bilderstreit? Der Kampf gegen die „Götzen" in Zürich als Beispiel, in: H.-D. Altendorf/P. Jezler (Hg.), Bilderstreit. Kulturwandel in Zwinglis Reformation, Zürich 1984, 83-102.

schen und abergläubischen Heilsversprechungen versehen. Nur Bilder, die als
bildliche Nachahmung wahrhaftiger Begebenheiten an diese erinnern und dadurch den Glauben an Christus bessern, sind zulässig. Nicht nur der abergläubischen Illusionsbildung, sondern der Erfindung künstlerischer Phantasie
überhaupt wird hier ein Riegel vorgeschoben. Der Wert der Bilder kann nur in
der Referenz auf wahrhaftige christliche Realitäten liegen.

Das zweite Kriterium betrifft speziell die zeitgenössische Spätgotik und
Renaissance, zu deren herrschenden Geschmackswerten auch der Reichtum,
die Fülle und Pracht der bildlichen Darstellung zählten. Eben dieses künstlerische Interesse führt jedoch gerade bei den heiligen Gestalten in den Wider-
spruch von Darstellung und Dargestelltem. In der Kunst üppiger weltlicher
Pracht werden Menschen dargestellt, die in ihrer außerbildlichen, vor-bildli-
chen Realität gerade jene Üppigkeit und Pracht verschmähten. Auch hier wird
also die Bildwelt nicht als die Kreation eines eigenen Sinnkosmos verstanden,
sondern als getreue Abbildung einer vorauszusetzenden Lebensrealität. Und
wenn diese gerade in der Verachtung weltlicher Schönheit und Pracht besteht,
ist es Betrug, sie in bildlicher Üppigkeit vor Augen zu stellen.

Die alte Maxime, daß die Bilder die Bücher der schriftunkundigen Laien
seien, ist dahingehend transformiert, daß sie generell wie Bücher anzusehen
sind. Und sowenig man dem Volk falsche und laszive Bücher in die Hand geben
darf, so wenig darf man ihnen falsche und laszive Bilder vor Augen stellen in
den Kirchen, die Ort der wahren Predigt des Glaubens und der Sitte sind. Die
kirchliche Zensur betrifft beides, die Bücher wie die Bilder. Mit diesem Maßstab wird der Prediger als Aufsichtsbehörde über die Bilderwelt der Kirchen
eingesetzt.

Die hier verlangte Reinigung des Bilderhaushalts geht von einem doktrinell-
volkspädagogischen Funktionssinn der Bilder aus. Die auf diesem Feld mögli-
che falsche und verführerische Irrlehre ist aber noch nicht das eigentliche
Ärgernis für den Reformator Bucer. Dies ist erst der über das lektüreähnliche
Verhalten hinausgehende Bilderkult. Daß die Leute die Bilder nicht nur lesen,
sondern sie schmücken und ehren, Lichter vor ihnen anzünden, vor ihnen
singen und räuchern, zu ihnen wallfahren, ihnen thaumaturgische Kräfte und
Gnadenwirkungen zuschreiben, eben dies ist der eigentliche Mißbrauch. Dies
ist im eigentlichen Sinne Götzendienst, derselbe Götzendienst, der im Dekalog
als Abfall von dem einen, wahren Gott verboten ist. Und zwar nistet das Übel
in eben diesen Verhaltensweisen als solchen. Es scheint völlig gleichgültig zu
sein, ob diese Akte der Verehrung Apoll und Aphrodite oder Christus und
Maria gelten. Wer in der geschilderten Weise sich vor einem Bildwerk verhält,
erkürt es ipso facto zu einem Götzenbild, macht es dazu. Nur mit der vollkom-
menen Abstellung dieser körperlichen Verhaltensformen kann die Verehrung
Gottes im Geist und in der Wahrheit gewahrt werden.

Diese durch das eindringliche Wort der Prediger zu betreibende Abschaffung
eines bestimmten Bildergebrauchs betrifft an sich nur die Praxis der Leute,
nicht die Bilder selbst. Wenn der Götzendienst allein durch bestimmte Verhaltensweisen des Volkes konstituiert wird, so könnte er eigentlich ebenso durch
deren Abstellung beendet werden; die Bilder könnten als pures Menschenwerk,
nach den oben genannten ikonographischen Regeln gereinigt, stehen bleiben.
Die Ausführung des „Einfältigen Bedenkens" gehen nicht weiter zu der Forderung, alle Bilder, vor denen solche Verhaltungen möglich sind, wären aus den
Kirchen zu entfernen.

Das ist in einem zwanzig Jahre älteren Text Martin Bucers, der sich auf die
Reform in Straßburg bezieht, ganz anders.[17] Bucer erwägt dort zwar auch die
Möglichkeit, daß man da, wo rechter Glaube sei, ruhig Bildwerke haben könne
wie einst im Jerusalemer Tempel die Rinder am ehernen Meer. Aber solche
Freiheit des Glaubens ist nach Bucers Ansicht Sache des „kleinen Häufleins der
Erwählten"; „der groß hauff müß heütigs tags als wol zun zeiten Mose durchs
gesatz und schwerdt regiert werden."[18] Der Schwachen sind viele, und bei
ihnen ist der Bilderdienst tief eingewurzelt; deshalb genügt die reine Predigt
nicht. Es geht darum, den Götzendienst „fürnemlich durchs wort auß den
hertzen (zu reißen) und darnach auch thetlich auß den augen umb der schwachen und einfeltigen willen, wölche, man sag und predig wie hefftig man wöll,
noch immer ein abergläubische achtung auff die götzen haben"[19]. Das Wort
reicht nicht aus, den Bilderdienst zu beenden, die Bilder haben eine zu große
Macht über das Verhalten der Menschen, sie selber müssen weg; erst, wenn sie
dem Volk aus den Augen sind, sind sie ihm auch aus dem Sinn. Solange sie da
sind, ziehen sie magisch das alte Verhalten auf sich. Die tätliche Entfernung der
Bilder freilich ist nicht Aufgabe des Predigers und darf schon gar nicht dem
freien Lauf eines Bildersturms überlassen bleiben. Sie ist allein Recht und
Pflicht der zuständigen Obrigkeit.

In dem, was Bucer hier für Straßburg (und auch für das weitere Elsaß, in dem
er reformiert hat) festhält, zeigt sich eher die schweizerisch-südwestdeutsche
als die lutherische Linie der Bildeinschätzung. Diese Unausweichlichkeit tätlichen Vorgehens ist in das „Einfältige Bedenken" für Köln nicht so deutlich

---

[17] M. Bucer, Grund und ursach auß gotlicher schrifft der neüwerungen an dem nachtmal des
herren, so man die Mess nennet, Tauff, Feyrtagen, bildern und gesang in der gemein Christi, wann
sie zusamen kompt, durch und auff das wort gottes zu Straßburg fürgenommen, bearbeitet von R.
Stupperich, in: Martin Bucers Deutsche Schriften Bd. 1. Frühschriften 1520-1524, hg. von R.
Stupperich, Gütersloh 1960, 185-280.
[18] Ebd. 272.
[19] Ebd. 270.

hineingeschrieben worden. Vermutlich ließen das die politischen Bedingungen einer Kirchenreform im Kölner Erzstift nicht geraten sein.

3. JOHANNES GROPPER

Auch der im Auftrag des Kölner Domkapitels von Johannes Gropper verfaßte Gegenbericht zu M. Bucers „Einfältigem Bedenken" trägt in dem einschlägigen Kapitel eine Reihe von einzelnen Argumenten vor, die sich zu einem bildtheologischen Profil zusammenfügen, das sich von dem Bucers deutlich unterscheidet.

A. ARGUMENTE

1. ÖKUMENISCH

Gropper beruft sich auf den allgemeinen Brauch der christlichen Kirche von den apostolischen Anfängen an, auf dem ganzen Erdkreis. Als Zeugen nennt er die Väter sowohl der orientalischen wie der okzidentalischen Kirchen.[20] In dieser Linie einer allgemeinen ost- und westkirchlichen Tradition ist die maßgebende Berufungsinstanz der Argumentation im einzelnen das 7. ökumenische Konzil, also das II. Konzil von Nizäa. Wer den christlichen Bildergebrauch verwirft, erscheint von daher als einer von der allgemeinen christlichen Überlieferung sich absondernder Ketzer, der Neuerungen einführt.

2. CHRISTOLOGISCH

Als erste und gleichsam originäre Bildergegner erscheinen ihm Manichäer, Markioniten und alle jene Ketzer, die die wahre menschliche Natur Christi bestreiten und demnach nicht durch Bilder überzeugt werden wollen, daß „der Herr Christus eyn warer emphindtlicher mensch uns nach dem fleisch un glidmassen gleich gewesen"[21] sei. Die Ablehnung der Bilder tangiert also den Glauben an die wahre menschliche Natur Jesu Christi.

---

[20] Christliche und Chatolische gegenberichtung fol. 39r.
[21] Ebd. fol. 39r.

3. RELIGIONSGESCHICHTLICH

Wenn man das alttestamentliche Bilderverbot heranzieht, so ist doch gleichfalls zu bedenken, daß es im Alten Testament durchaus Bilder gegeben hat, außerhalb und innerhalb des Tempels, und daß diese Bilder von den Juden „gottseligklich"[22] gebraucht worden sind. Das Bilderverbot verbannt also nicht grundsätzlich die Bilder aus dem Raum der Gottesverehrung, sondern reguliert nur ihren Gebrauch.

4. SEMIOTISCH

Im Unterschied zu den heidnischen Götzen sind die christlichen Bilder (und sollten nur sein) „zeig und gedenck zeichen"[23], bei denen man sich des Lebens und der Person Christi und der Heiligen erinnert, ihrer eingedenk ist und durch die Anschauung in der Liebe zu den dargestellten Personen entzündet wird. Die Ehre, die den Bildern erwiesen wird (Verneigen, Küssen, Kerzen, Räucherwerk) gilt nicht dem Holz und den bloßen Bildern für sich oder an sich selber, sondern dem Prototyp, dem Vorbild, zu dessen Gedächtnis das Bild erstellt ist. Das Kreuz aus Holz ist nur ein „signet oder pytschier"[24], ein Siegelzeichen des Herrenleidens. Man ehrt es so, wie man den abwesenden Kaiser und nicht Wachs oder Blei ehrt, wenn man beim Empfang seines Briefes das Siegel küßt, oder beim Küssen des Evangelienbuches die Worte, die darin geschrieben stehen, und nicht Pergament und Tinte.

5. HAGIOLOGISCH

Im gesamten Gang der Erörterung werden die Bilder Christi, Marias und der Heiligen in hierarchischer Folge, aber in einem untrennbaren Zusammenhang genannt. Die Bilderverehrung richtet sich auf diese gestufte himmlische *communio sanctorum*. Weil es sich um eine *communio* handelt, gibt es keine Konkurrenz zwischen den Bildern der Heiligen und den Bildern Christi. Die Heiligen sind nicht Götter in Abkehr von dem einen wahren Gott, sondern sie sind „die getrauwen dienern Gottes Jn denen Got seine gnad reichlich gewirckt un erweist hat und so bey Got gegenwertig vor uns treulich bitten".[25] Als solchen

---

22 Ebd.
23 Ebd.
24 Ebd. fol. 40r.
25 Ebd.

kommt ihnen die gebührende Ehre zu. „Dan der den Martyrer ehret, der ehret Got den er bekant hatt. Der die Mutter ehret, ehret dadurch den Sun. Der den Apostel ehret, ehret denjenen der den Apostel gesant hatt."[26] Das Bekenntnis zum einen und dreifaltigen Gott wird dadurch nicht gemindert, sondern vermittelt und gefördert.

6. PASTORAL

Väterzeugnisse werden herangezogen zum Beleg, daß von altersher die Bilder in den Kirchen vor allem denen zur Erinnerung und Erweckung dienten, die nicht lesen konnten. Beiläufig ist auch von Bilderwundern die Rede, aber dabei wird gleich hinzugefügt, dies sei nicht gesagt, „das man sich emsig bekommeren soll umb solche Bildtnissen, die grosses auffwenden oder vil arbeidts kosten[27].

B. DIE POSITION

Gropper ist grundsätzlich ein Anwalt der christlichen Rechtmäßigkeit des Gebrauchs und der Verehrung der Bilder. Dieser Umgang mit Bildern als Element der christlichen Frömmigkeit legitimiert sich durch eine umfassende ökumenische Tradition, die für ihn zeitlich von der apostolischen Zeit über die Zeugnisse vieler Väter und das II. Konzil von Nizäa bis in die Gegenwart reicht, räumlich West- und Ostkirche miteinander verbindet. Auf diesem Hintergrund erscheint ihm Bucers Reformansinnen als eine von einem universalen kirchlichen Konsensus abweichende häretische Neuerung.
  Der ökumenische Konsens in der Bilderfrage hat für Gropper seinen dogmatischen Grund in der Inkarnation. Die Bilder, die den leibhaftigen Menschen Jesus Christus zeigen, bezeugen die wahre Menschwerdung Gottes. Die Bilderfeinde sind christologische Häretiker, weil sie implizit bestreiten, daß Jesus Christus einen wahren und darum auch abbildbaren menschlichen Leib hatte wie wir.
  Nicht dem „Einfältigen Bedenken", wohl aber der früheren Straßburger Schrift ist zu entnehmen, daß Bucer dieses inkarnationstheologische Argument der Bilderfreunde kennt, aber nicht gelten läßt:

---

[26] Ebd. fol. 40v.
[27] Ebd. fol. 42r.

„So wir nun ein gott haben, der unsichtbar ist und nie kein mensch gesehen hat, auch nur ein Christum, der wol ein mensch hat aber sein menschlich und leyplich gegewertigkeit, als uns unnütz, auß den augen thon, so sollen wir gott im geist und in der worheit dienen".[28]

Hier zeichnet sich vielleicht doch eine tiefgreifendere theologische Differenz zwischen einer katholisch- inkarnationstheologischen und einer zwinglianisch-geisttheologischen Christologie ab. Für Bucer scheint mit Tod, Auferstehung und Himmelfahrt Christi ein Zustand der unsichtbaren Geistigkeit Gottes wieder herbeigeführt, der sich von der des Alten Testaments nicht unterscheidet, so daß das eben mit der Geistigkeit Gottes begründete Bilderverbot weiter in Geltung steht, während in der katholischen Position Gott selbst durch seine Menschwerdung eine neue Rechtslage hinsichtlich des Bilderverbotes geschaffen hat.

Daß dies keine Rückkehr oder gar einen Rückfall in heidnische Idololatrie bedeutet, sucht Gropper in einer längeren zeichentheoretischen Passage aufzuzeigen; sie schließt sich an das klassische Axiom an, daß die dem Bild entgegengebrachte Verehrung nicht der Materie des Bildes, sondern dem Prototyp, der in ihm dargestellt ist, gilt. Bilder sind für ihn keine materialmagischen Objekte, sondern Gedenkzeichen, durch die die Erinnerung sich zum Urbild hinbewegt. Zwischen dem sichtbaren Bild und dem unsichtbaren Urbildgrund des Bildes entsteht eine Bahn, die man mit sinnlichen Akten der Verehrung vor dem Bild so betreten kann, daß man bis zum Urbild hingelangt. Für Bucer hingegen verbleiben das Bild und die ihm zugewandten Akte der Verehrung ganz im Sinnlich-Materiellen, können also überhaupt nicht in die Sphäre des unsichtbaren Gottes gelangen, so daß jene Akte, die so tun, als könnten sie es, zu purem Götzendienst entarten.

Im Feld der spätmittelalterlichen Frömmigkeit und der darauf eingehenden reformatorischen Kritik spielt die Heiligenverehrung mit ihrer Fülle von Bildern und Bildkulten eine so große Rolle, daß Gropper in seinem Bericht eigens darauf eingeht. Dabei hebt er zur Rechtfertigung der Heiligenbilderverehrung zwei hagiologische Gedanken hervor, die Lebendigkeit der lieben Heiligen und ihre Zuordnung zu Gott. Dem Einwand, daß man statt den toten Bildern besser den lebendigen Bildern Gottes, den Nächsten, dienen solle, wird entgegengehalten, daß man doch, wenn man den Bildern der Heiligen Ehre erweise, nicht bei den bloßen Bildern kleben bleibe, sondern auf die lebendigen Heiligen bei Gott sehe. In der Bilderverehrung treten also die irdischen mit den himmlischen Gliedern der *communio sanctorum* in lebendigen Kontakt. Die Heiligen-

---

[28] Ebd. fol. 40r.

verehrung ist auch in der Polymorphie ihrer Gestalten keine polytheistische Abweichung vom Glauben an den einen Gott und den einen Herrn Jesus Christus. Da die Heiligen keine autonome Heiligkeit besitzen, sondern nur als Zeugen und Diener Gottes, ehrt auch die ihnen erwiesene Ehre immer Gott und kommt auch die von ihnen erbetene Hilfe von ihm; sie helfen nicht aus sich, sondern durch Fürbitte und Vorbild. Was Gropper hier vorlegt, ist genau das, was zwanzig Jahre später vom Trienter Konzil als verbindliche Lehre der katholischen Kirche fixiert wird.

Die Reformatoren haben wohl schärfer gesehen, daß der faktische Heiligenkult die einzelnen Heiligen in ihrer besonderen Zuständigkeit und an bestimmte Bilder und Reliquien gebundenen, thaumaturgischen Kraft in Anspruch nahm. Sie haben in der Polymorphie schärfer das polytheistische Erbe gesehen und haben versucht, es radikal auszurotten. Die katholisch-theologische Idee der *communio sanctorum* erscheint dagegen eher als eine Kompatibilitätsformel, die die faktische Polymorphie der Volksfrömmigkeit in den Glauben an den einen wahren Gott zu integrieren versucht.

Die pastorale Tendenz geht bei Gropper nicht dahin, den Bilderkult besonders zu forcieren, sondern als legitime Ausübung der christlichen Religion zu tolerieren, also deutlich zu machen, daß der alte Gebrauch der Bilder nicht zu verwerfen sei und daß es nicht angehe, Dinge, die geweiht und geheiligt seien, „alß gemeiner weltliger dinge"[29] zu gebrauchen.

Unter der Voraussetzung, daß der Bildergebrauch als solcher christlich tolerabel ist, sind Reformen im einzelnen durchaus angebracht. Gropper stimmt mit Bucer darin überein, daß nur „wahrhafftige gottseelige geschichten und historien"[30] zur Darstellung kommen sollen und nicht „nach weltlicher üppigkeit und leichtfertigkeit"[31] auszumalen sei. Wenn auch möglicherweise Differenzen darüber bestanden, was unter „wahrhafftigen und gottseeligen Geschichten" im einzelnen zu verstehen sei und wo die Grenzen der Schicklichkeit liegen, so ist doch bei Gropper wie bei Bucer die Tendenz erkennbar, die dann auch vom Trienter Konzil besiegelt wird, daß die Bilder nicht anders als die Bücher der kirchlichen Aufsicht in bezug auf Lehre und Sitte zu unterwerfen sind.

---

[29] Ebd. fol. 43r.
[30] Ebd. fol. 40v.
[31] Ebd. fol. 41r.

4. NACHGEDANKEN

A. Erst in den reformierten Kirchen ist M. Bucers Absicht, die Lust und die ökonomische Investitionsneigung von den Bildern möglichst abzuziehen, folgenreich deutlich geworden. Ob die dadurch freiwerdenden Mittel dann immer und geradewegs, wie es seine christliche Absicht war, der Armenfürsorge zufließen, ist freilich nicht ausgemacht. Denkbar und belegbar sind auch zwei andere Investitionsmöglichkeiten: die Investition nicht in den Konsum der Armen, sondern in die betriebliche Produktion der Arbeitsamen mit den von Max Weber beschriebenen Folgen und die Investition in die Kultur, nun nicht mehr zugunsten religiöser Bilder in den Kirchen, sondern weltlicher Bilder in den Bürgerhäusern und Palästen. Die im reformierten Holland aufblühende säkulare Kunst des 17. Jh. zeigt das deutlich. Die vom Evangelium her naheliegende und von M. Bucer unter eindringlichem Verweis auf das Jüngste Gericht geforderte Verlagerung der christlichen Investitionsneigung vom Kultur- auf den Sozialetat ist offenbar nicht so einfach zu bewerkstelligen.

B. Was Johannes Gropper eigentlich nur gegen reformatorische Geringschätzung legitimieren, nicht aber forcieren wollte, wird in der Barockkultur des gegenreformatorischen Katholizismus zum pastoralen Programm im Entwurf von Bildwelten, die die Gläubigen vom wahren Glauben auch visuell überzeugen sollten. Gerade der von den Reformatoren inkriminierte Marien- und Heiligenbilderkult wird mit großem Erfolg gefördert und gesteigert. Die katholische Kirche hat hier nicht nur faktisch, sondern strategisch auf die Bilder gesetzt und mit Gewinn in die visuelle Kultur investiert.

C. Daß wir im 20. Jh. wie im Spätmittelalter in einer hochgradig visuellen Kultur leben, ist nicht zu übersehen. Manche Kulturpropheten haben das schon als das Ende der Gutenberg-Galaxie annonciert. Ist Bucers streng theologisches Insistieren auf Wort und Schrift somit einfach zivilisationsgeschichtlich überholt worden? Oder gibt es da, *opportune importune*, gelegen oder ungelegen, ein bleibendes theologisches Potential für einen protestantischen Widerwillen gegen den visuellen Paganismus?

D. Sähe Köln anders aus, wenn des Erzbischofs Hermann von Wied und seines Theologen Martin Bucers Reformationsversuch erfolgreich gewesen wäre? Müßte es anders aussehen, wenn man heutigentags seine Maßstäbe anlegte? Natürlich. Wenn man all die legendarischen Heiligenbilder oder ein bißchen zuviel Üppigkeit hier und da einmal unberücksichtigt läßt, die Madonnenbilder, die Statuen des Judas Thaddäus und Antonius von Padua mit ihren Kerzeneggen und Opferstöcken und Betbänken müßten doch eigentlich entfernt werden. Warum insistiert kein Protestant mehr darauf? Hat Martin Bucer mit seinem ja nicht leicht zu nehmenden Vorwurf der Abgötterei schlicht geirrt? Hatte Gropper doch im Grunde Recht? Oder hat Martin Bucer sich heimlich durchgesetzt, zwar nicht in der tätlichen Entfernung der Bilder, aber doch so, daß der große Haufe, welcher Konfession auch immer, mittlerweile so aufgeklärt ist, daß er den Bildern jenen als abgöttisch inkriminierten Dienst längst versagt und sie nur noch auf andere, unverdächtige Weise anschaut? Aber was ist mit jener Minorität, die in christlichen Kirchen solch abgöttischen Bilderkult weiter betreibt? Tolerieren die aufgeklärten Christen hüben wie drüben dies, wie man einen kannibalistischen Eingeborenenstamm mit ethnologischer Neugier toleriert, solange man nicht selber aufgefressen wird oder auffressen soll? Werden sie mit herablassender Nachsicht als folkloristischer Rest vormoderner Zeiten angesehen? – Gewiß, das sind auf der Tagesordnung des ökumenischen Dialogs nicht gerade vordringliche Fragen. Aber ist umgekehrt jener theologische Aufwand, der auf den Feinschliff von interkonfessionellen Konsensformeln verwandt wird, nicht auch erst dann von Belang, wenn für die praktische Ausübung der Religion daraus etwas folgt? Die so marginale Sache der Bilderfrage kann daran erinnern, daß es in der Reformation primär um die Frage der praktischen Lebensform des Christentums ging, und erst in Verbindung damit um Lehrdifferenzen.

VI. ENDE DES BILDERVERBOTS?

1. Durch Bilder lernen und von der Botschaft emotional bewegt werden, ist sensu stricto kein Sachverhalt, der unter das biblische Bilderverbot fällt. Darin war Luther sich mit seinen römischen Kontrahenten einig. Man muß sie nur richtig gebrauchen, dann können sie nicht schaden, im Gegenteil. Die reformatorischen Bilderstürmer hingegen trauten den Bildwerken mehr zu als die großzügigen Bilderfreunde. Sie argwöhnten eine den Bilder selbst inhärente Macht, die dem freien Gebrauch nicht so fügsam untertan war, wie das der Herzensmensch Luther meinte. Die ihnen eigene Bannkraft selbst riß doch die Leute über den Bezirk der anschaulichen Unterweisung hinaus in die dubiosen Regionen der Idololatrie und der dinglichen Heilsmagie. Nicht der richtige Brauch durch freie Christenmenschen, sondern nur die Entfernung und Zerstörung der Ölgötzen konnte ihre faszinierende Macht brechen, man mußte sie dem Volk aus den Augen schaffen, damit es nicht in Versuchung geführt würde.

2. Die unterstellte Bildgefahr, die im 16. Jahrhundert noch ungezählte Bildwerke zwischen Zürich und Antwerpen den Garaus gemacht hatte, scheint im Horizont von Hegels Ästhetik[1] als längst abgetaner Atavismus: „Mögen wir die griechischen Götterbilder noch so vortrefflich finden und Gottvater, Christus, Maria noch so würdig und vollendet dargestellt sehen – es hilft nichts, unsere Knie beugen wir doch nicht mehr"[2]; „wir sind darüber hinaus, Werke der Kunst göttlich verehren und sie anbeten zu können. Der Eindruck, den sie machen, ist besonderer Art, und was durch sie in uns erzeugt wird, bedarf noch eines höheren Prüfsteins und anderweitiger Bewährung. Der Gedanke und die Reflexion hat die schöne Kunst überflügelt"[3]; – endlich kann Entwarnung gegeben werden bezüglich jenes uralten Bilderverbots. Ikonodulie und Ikonoklasmus sind, wo noch vorhanden, Nachzügler in der Fortschrittsgeschichte des Geistes. Wo jedes Goldene Kalb apriori von der Reflexion überflügelt ist, braucht man weder geflügelte Cheruben im Allerheiligsten noch ein Gebot, die Stelle der Leere zu wahren. Die Reflexion bricht die Unmittelbarkeit der magischen Präsenz und hebt sie auf in den Vermittlungsprozeß des Gedankens.

---

[1] Vgl. dazu F. Gniffke, Kein Ende der Kunst – nach ihrem Ende, in: V. Gerhardt (Hg.), Sehen und Denken, Münster 1990, 45-67.

[2] G.W.F. Hegel, Vorlesungen über die Ästhetik, 1. Teil (Theorie – Werkausgabe, hg. von E. Moldenhauer / K.M. Michel, Bd. 13), Frankfurt/M. 1970, 142.

[3] Ebd. 24.

Wenn es bei Hegel heißt: „Die Kunst lädt uns zu bedenkender Betrachtung ein"[4], so mag dies im Erbe der Bildandacht stehen. Aber die Alterität hat hier keinen Bestand. Der denkende Geist „hat es in den Kunstprodukten nur mit dem Seinigen zu tun"[5]. „Seine Macht liegt darin, sich dort in seiner Entäußerung zur Empfindung und Sinnlichkeit wiederzuerkennen, sich in seinem Anderen zu begreifen, in dem er das Entfremdete zu Gedanken verwandelt und so zu sich selbst zurückführt."[6] So erhält die Kunst „in der Wissenschaft erst ihre echte Bewährung"[7]. Die denkende Betrachtung vollstreckt das Bilderverbot so, daß sie die Fremdheit der Bildwerke als Entfremdung durchschaut und, in Gedanken verwandelt, zu sich zurückführt. Indem der Geist das fremde Bild als rückstandslos sein eigen begreift, bricht er dessen idolatrischen Bann und raubt ihm zugleich jene Faszination, die das Bilderverbot dem Bild attestierte, indem es gegen sie anging.

3. In dem vergleichsweise naiven Weihnachtslied „Ich steh an deiner Krippen hier", das Paul Gerhardt im 17. Jh. gedichtet und J.S. Bach im 18. Jh. vertont hat, heißt es in der 4. Strophe: „Ich sehe dich mit Freuden an / und kann mich nicht sattsehen; / und weil ich nun nichts weiter kann, / bleib ich anbetend stehen. O, daß mein Sinn ein Abgrund wär / und meine Seel ein weites Meer, / daß ich dich möchte fassen!"[8] – Die Strophe singt von der Fassungskraft des Blicks angesichts eines Bildes. Das Bild, das den freudigen Anblick gewährt, zieht den Blick auf sich und immerzu weiter in sich hinein, weil es den Hunger zu stillen verspricht. Der Blick nährt sich im Bild, nimmt es freudig in sich auf, zehrt von seinem Sinn zur belebenden Stärkung und Steigerung des eigenen Seins. Aber der Blick vermag sich nicht zu sättigen. Nicht, weil dieser Anblick für den Hunger des Blicks nicht ausreicht, weil sein Nährstoff sich erschöpfte und aller Sinn angeeignet, aufgezehrt wäre, sondern weil die Lust des Blicks vor dem unvereinnahmbar Anderen anhält: „Bleib ich anbetend stehen". In der Anbetung verhält der Betrachter vor dem Unfaßlichen, das die Begierde des Blicks übertrifft, und findet, auf sich rückblickend, die Grenze der eigenen Fassungskraft: „Ach, daß mein Sinn ein Abgrund wär . . . daß ich dich könnte fassen!" *Abyssus abyssum invocat*, nämlich der in der Epiphanie des Bildes gesichtete Abgrund ruft den Abgrund von Sinn und Seele an. Die Mystik der Bildandacht, die diese Strophe birgt, reißt das intime Tête-à-tête der Devotion hinein in ein abgründiges *Vis-à-vis*.

---

[4] Ebd. 26.
[5] Ebd.
[6] Ebd. 28.
[7] Ebd.
[8] Evangelisches Kirchengesangbuch, Neukirchen-Vluyn o.J., Nr. 28

VII. KATHOLISCHES KUNSTGESPRÄCH IN DER MODERNE? STATIONEN DER ERSTEN JAHRHUNDERTHÄLFTE

1. ZERFALL MIT DER MODERNE

Wann beginnt die Moderne? Um 1800? Um 1900? Wann beginnt die Moderne für die Kirche?, müßte man in unserem Zusammenhang genauer fragen; d. h. wann beginnen Kirche und Theologie die Modernität von Kunst als ein besonderes Phänomen und Problem wahrzunehmen? Soweit ich sehe, geschieht das in Deutschland in den letzten Jahrzehnten des 19. Jh.

In einem 1885 in der einflußreichen Jesuitenzeitschrift „Stimmen aus Maria Laach" erschienenen Artikel von P. Stephan Beissel SJ heißt es: „Bis in die letzten Zeiten hinein haben fast alle großen Künstler durch ein Jahrtausend sich des Schutzes und der Hilfe der Kirche erfreut."[1] „Unsere heutigen Künstler aber sind fast ausnahmslos der Kirche entfremdet."[2] Eine Epoche geht demnach zu Ende. Es ist die Epoche der abendländisch- christlichen Kunst, die mit der fränkischen Kunst tausend Jahre zuvor begonnen hatte. In all jenen Jahrhunderten war die kirchliche Kunst selbstverständlich immer die jeweils zeitgenössische gewesen; in Romanik, Gotik, Renaissance, Barock, ja bis in die nazarenische Kunst der 1. Hälfte des 19. Jh. war der jeweilige Zeitstil von selbst der der Kirche. Nun auf einmal ist dieser Bund der Kirche mit der Kunst, der ja nicht eigentlich geschlossen worden war, sondern natürlicherweise bestanden hatte, gebrochen, in einer tiefgreifenden kultur- und religionsgeschichtlichen Zäsur. Gebrochen worden ist er, nach Ansicht der Kirchenleute, von seiten der Kunst. Sie hat die tausendjährige Symbiose mit der Kirche aufgekündigt. „Mit größerer Entschiedenheit als je arbeitet die Kunst dahin, sich von jedem Einflusse der Kirche, und des Uebernatürlichen, und des Himmlischen vollständig freizumachen; und nie wurde ihre Trennung in zwei als unvereinbar geltende Gebiete, in eine Kunst nämlich für das Leben, und in eine Kunst für die Kirche, so principiell von den Gegnern der christlichen Richtung gefordert, als gerade jetzt"[3],

---

[1] St. Beissel, Moderne Kunst in katholischen Kirchen, in: StML 74 (1908), 19-29, 25.

[2] Ders., Rez. Revue de l'art chrétien, in: StML 29 (1885), 339-340, 340.

[3] G. Jakob, Die Kunst im Dienste der Kirchen. Ein Handbuch für Freunde der christlichen Kunst (1857), Landshut 1880[3], 13.

heißt es in einem Handbuch für Freunde der christlichen Kunst des Regensbur-
ger Prälaten G. Jakob, das von 1857 an in vielen Auflagen erschien. Was ist
geschehen? Um welche neue Kunst handelt es sich hier?

Als die neue, der katholischen Kirche erstmals grundsätzlich entfremdete
Kunst erscheint den Kirchenleuten das, was sie „Naturalismus" nennen. Er
setzt, in Beissels Sicht, damit ein, daß Akademieschüler von Schadow in Düsseldorf (C.F. Lessing u. a.) und von Cornelius in München (W. von Kaulbach
u. a.) sich vom Idealismus der kirchlich integrierten Nazarenerschule absetzen
und einer realistischen Historienmalerei zuwenden. Das bedeutet zunächst eine
Abkehr von der durch die Nazarener noch hochgehaltenen Gattungshierar-
chie, dergemäß die Kunst ihre Höhe und Vollendung in der Darstellung religiöser Sujets erreicht. Sujets der nationalen (nicht zuletzt preußisch-protestanti-
schen) Geschichte, aber auch Landschaften, Tierstücke, Genrebilder, Porträts
laufen den religiösen den Rang ab. Nicht mehr die vorbildliche Idealität der
religiösen Gestalten und Szenen zieht das Hauptinteresse auf sich, sondern die
abbildliche Realität von Geschichte, Natur und gesellschaftlichem Leben. Im
Horizont der traditionellen Erwartungen an die Kunst wird diese Hinwendung
zur Realität schon als Etablierung einer naturalistisch-materialistischen Weltanschauung verstanden: „Wenn die Religion nicht die Führung übernimmt, ver-
sinken die Künstler in Materialismus und Sinnlichkeit."[4] „Sinnlichkeit", verstanden als lüsterne Darstellung von Nuditäten, ist in Beissels Ausstellungsbe-
sprechungen ein zentraler und permanenter Kritikpunkt. In dem beanstandeten
„Cult des Nackten"[5] bekundet sich die den Materialismus begleitende, wachsende Unsittlichkeit der Gesellschaft.

Der von der naturalistischen Kunst intendierte Sinnenreiz hat sein maleri-
sches Mittel im Reiz der Farben. Der Colorismus der neuen Kunst tritt in
Gegensatz zum Linearismus und der klaren Lokalfarbigkeit der Nazarener;
hier „männliche Auffassung, ernste Linien, kräftige Farben", dort alles „weich,
sanft und vor allem weiblich, oft lüstern"[6]. Während die Nazarener wegen
„ihres idealen, aber durch das Dogma festbestimmten Fluges auf die klare
Zeichnung den Nachdruck legen mußten, verschwindet jetzt, entsprechend den
verschwommenen Theorien des Unglaubens, der zuletzt immer in den
Schlamm der Materie führen muß, die Composition mehr und mehr in der Far-
be"[7].

---

[4] St. Beissel, Die zweite Münchener Jahres-Ausstellung von Kunstwerken aller Nationen, in:
StML 39 (1890), 521-536, 532.

[5] Ebd. 529.

[6] Ders., Von der kunsthistorischen Ausstellung des Jahres 1888 zu Brüssel, in: StML 46-60, 49.

[7] Ders., Der Entwicklungsgang der neueren religiösen Malerei in Deutschland, in: StML 42
(1892), 51-67; 158-172, 168.

Daß der realistische Stil von seinen weltanschaulichen Implikationen kaum zu trennen ist, zeigt sich für Beissel besonders dort, wo religiöse Sujets realistisch dargestellt werden. Bilder dieser Malart verletzen entweder die Sittlichkeit, sofern die biblische Szene als Vorwand zur Darstellung von „Nuditäten" fungiert, oder sie verletzen, wie in den bibelrealistischen Bildern von E. von Gebhardt, F.v. Uhde, L. Corinth u. a. das Dogma: „Während man früher den Heiland als Idealgestalt behandelte, als Gottmenschen, wird er in der modernen Kunst zum geistreichen Rabbi, auf dessen Antlitz schwere Seelenkämpfe ihre Spuren hinterließen. Während die Madonna bis dahin das Ideal des reinsten, heiligsten Weibes war, welches die unversehrte Schönheit der Jungfrau mit der Hoheit der Mutter verbindet und in übernatürliche Sphären hineinragt, wird sie jetzt zur Frau des Zimmermanns, zur Mutter des Rabbi von Nazareth, der sich Gottes Sohn nannte. Hatten die religiösen Maler früher den Nachdruck darauf gelegt, daß die Apostel Auserwählte und Heilige seien, deren niedrige Herkunft sie höchstens andeuteten, so soll jetzt die Betonung dieser Herkunft aus niedrigen Volksklassen bei der Darstellung des Herrn, seiner Mutter und seiner Jünger eine Hauptsache werden."[8] Die Idealität der Figuren war für Beissel die bildliche Erscheinungsform der Göttlichkeit, Übernatürlichkeit und Heiligkeit der dargestellten Personen gewesen. In der naturalistischen Kunst ist diese Supranaturalität nicht mehr darstellbar. Ihre Auffassung der biblischen Geschichten entspricht der liberalen protestantischen Bibelkritik, „welche mit Renan, Bauer und zahlreichen anderen rationalistischen Theologen in Christus nichts mehr als einen begeisterten, persönlich ganz achthenswerten Rabbi sehen"[9]. Aber „Katholiken glauben noch an Christi Gottheit, müssen darum verlangen, ein Strahl göttlichen Lichtes und göttlicher Würde solle Jesu Angesicht, seine Gestalt und sein Benehmen über das rein Menschliche emporheben und verklären"[10].

Aber es ist nicht nur der aus dem christologischen Dogma abgeleitete Einwand gegen die Reduzierung auf das bloß Menschliche. Es ist darüber hinaus, vor allem gegenüber F.v. Uhde, das Befremden darüber, daß die ideale Hoheit gegen proletarische Niedrigkeit ausgewechselt wurde. An dieser Stelle tritt ein Gesichtspunkt zutage, der von Beissel auch bei nicht-religiösen Genrebildern mancher Naturalisten in Anschlag gebracht wird: sie stellen das soziale Elend noch häßlicher dar, als es in Wirklichkeit ist und versenken so die Menschen in Trostlosigkeit, statt sie, wie es die Aufgabe der Kunst wäre, zu erheben.

---

[8] Ebd. 165.
[9] Ebd. 166.
[10] Ders., Ideales Streben auf der Internationalen Kunstausstellung zu Düsseldorf, in: StML 67 (1904), 59-72, 70.

Nach den Prinzipien von Beissels Moralkanon sind dies die beiden sittlichen
Hauptvergehen des Naturalismus: „Sinnliche Lüsternheit und trostlose Darstellung des modernen Elends".[11] Politisch signalisiert sich darin „die wachsende Unsittlichkeit und die nahende sociale Gefahr."[12] Der politische Hintergrund ist in Beissels weltanschaulich-moralischer Kunstkritik allgegenwärtig.
Der Realismus/Naturalismus repräsentiert in der bildenden Kunst die herrschende, nicht mehr katholische Kultur. „Die erfolgreichen Kriege gegen
Österreich und Frankreich, der Milliardensegen und das damit zusammenhän-
gende Jagen nach materiellen Zielen, der so viele ideale Anschauungen tief
verletzenden Kulturkampf und die nüchterne Realpolitik drängte die Künstler
hinweg von religiösen und erhabenen Stoffen."[13] An die Stelle der Kirche als
Adressat und Auftraggeber der Kunst treten die „reichen Kunstfreunde, nur zu
oft Leute, für welche Kunstwerke nur eines der Mittel zur Befriedigung raffi-
niertesten sinnlichen Genusses sind"[14]. Die neue Kunst ist Kunst nach dem
Geschmack des liberalen Bürgertums, für das sie sich auf dem Kunstmarkt mit
seinem umfänglichen Ausstellungswesen präsentiert. Das Milieu ist protestan-
tisch-liberal: „Der christliche Glaube verliert sich mehr und mehr in den sogenannten gebildeten Kreisen."[15] In diesem vom liberalen Bürgertum inauguri-
ten Naturalismus treten dann auch, als naturgetreues Bild der Gesellschaft, die
Zustände des Proletariats zutage. Zur Berliner Ausstellung von 1886 konsta-
tiert Beissel: „Bei allen Nationen fallen die düsteren Schatten der socialdemo-
kratischen Bewegung breit und schwer in die Bilder dieser Ausstellung hinein."[16] Und zu Radierungen von K. Kollwitz, die 1902 in Düsseldorf ausgestellt
sind, heißt es: „Sie sind von grauenerregendem Gifte anarchistischen Ingrimms
durchtränkt und erinnern an die Furien der Revolution, die Paris mit Entsetzen
erfüllt hat."[17]

Der Naturalismus – verstanden als deutscher Realismus wie als französische
„Freilichtmalerei", wie man den Impressionsmus damals nannte, – ist nach
Ansicht des Jesuiten Beissel, aber auch anderer katholischer Theologen der
Zeit, der erste Stil der Kunstgeschichte, der sich entschieden außerhalb der
Kirche, ja gegen sie formiert. Für ihn zeigt sich hier ein Kunststil, der nicht nur

---

[11] Ders., Die Jubiläumsausstellung der Kgl. Akademie der Künste zu Berlin 1886, in: StML 32
(1887), 175-192; 319-336, 185.

[12] Ebd. 336.

[13] Ders., Der Entwicklungsgang, 163.

[14] Ebd. 164.

[15] Ebd. 167.

[16] Ders., Die Jubiläumsausstellung, 333.

[17] Ders., Die Kunstausstellung in Düsseldorf, in: StML 63 (1902), 11-37; 204-217; 324-337,
208.

außerstande ist, der Übernatürlichkeit der christlichen Glaubensgegenstände und der Idealität ihrer Moral zu genügen, sondern beiden gegenüber feindlich gesonnen ist.

Diese scharfe Aversion gegen die zeitgenössische Kunst ist ohne den kirchenpolitischen Gesamtzusammenhang schwer verständlich. Für die weltanschauliche Orientierung des Katholizismus in der zweiten Hälfte des 19. Jh. waren zwei Ereignisse von folgenreicher Wirkung: das I. Vatikanische Konzil mit der Dogmatisierung der Unfehlbarkeit und des Jurisdiktionsprimats des Papstes (1869/70) und, schon 1864, der „Syllabus errorum", eine Zusammenstellung von achtzig Irrtümern der Zeit, zu denen neben Pantheismus, Liberalismus, Sozialismus auch der „Naturalismus" gehört; als letztes wird dort verworfen, daß sich der Papst mit dem Fortschritt und der modernen Zivilisation aussöhnen solle.

Syllabus und I. Vaticanum werden in liberalen Kreisen als Kriegserklärung an die moderne Zivilisation empfunden und führen in Deutschland von 1871 an zu einem zehnjährigen Kulturkampf, der die Differenz zwischen preußisch-protestantisch-liberal-kulturfortschrittlich auf der einen, katholisch-ultramontan-theologisch wie kulturell vormodern- mittelalterlich auf der anderen Seite tief in die deutschen politischen Verhältnisse einschneidet und die Ausbildung einer in sich fest geschlossenen und durchorganisierten katholischen Subkultur beschleunigt. Im Jahre 1927 schreibt rückblickend ein katholischer Kulturdiagnostiker: „Die belagerte Stadt versinnbildet den kulturellen Zustand der Katholiken in Deutschland, wie er um die Mitte des 19. Jahrhunderts besiegelt schien."[18] Die erfolgreiche, moderne Kunst der Zeit, der Naturalismus, aber gehört nicht zum Milieu dieser befestigten Stadt, sondern zu ihrem feindlichen Umfeld.

Was bedeutet das für das Verhältnis der Kirche zu der ehedem mit ihr so eng verbundenen Kunst? – „Was bleibt da übrig, als diese ‚Kunst' - wenn auch zu unserem Bedauern - eine Zeit lang ihre Wege freilaufen zu lassen, bis sich die Früchte zeigen werden, welches das Ende solcher Freiheit sein müsse? Einer Kunst, die das ‚non serviam!' so ungescheut als Losungswort nimmt, wird die Kirche sich auch nicht bedienen können"[19], heißt es im Handbuch des Prälaten Jakob. Das klingt noch souverän: Wie soll man das gebrauchen, was sich par tout nicht gebrauchen lassen will. Man kann es nur laufen lassen, bis sich von selber zeigt, was es damit auf sich hat. Ganz so freizügig klingt es natürlich

---

[18] F. Fuchs, Die deutschen Katholiken und die deutsche Kultur im 19. Jahrhundert, in: M. Ettlinger / Ph. Funk / F. Fuchs (Hg.), Wiederbegegnung von Kirche und Kultur. Eine Gabe für C. Muth, München 1927, 9-57, 9.

[19] G. Jakob, Die Kunst, 543.

nicht überall. Die moderne Kunst wird eben auch als Bedrohung der katholischen Weltanschauung empfunden, gegen die man sich zu wehren hat.

Ihr gegenüber bleibt die grundsätzlich abwehrende Haltung auch bestehen, als die zeitgenössische Kunst selbst über den Naturalismus/Realismus hinausgeht. Expressionismus und Symbolismus, Konstruktivismus und Dadaismus werden gleichermaßen abgelehnt, auch wenn dazu dann Zusatzargumente („krankhafte Entartung", „Pseudomystik" etc.) beigezogen werden.

Und wie ist es mit der Kunst in der Kirche? Sie spielt weiter eine starke, im florierenden Kirchbau bis zum 1. Weltkrieg sogar forcierte Rolle. Aber da die zeitgenössische Kunst erstmals der Kirche nichts mehr zu bieten hat, bleibt nur die Orientierung an der Vergangenheit, in der das Verhältnis von Kunst und Kirche noch ungebrochen war. Das geschieht zum einen im Festhalten am Nazarenismus, der mit der Jahrhundertmitte seine ursprüngliche künstlerische Kraft schon verloren hatte. Es geschieht dann vor allem in der rheinischen Neogotik als Rückorientierung an der mittelalterlichen Gotik, dann auch neoromanisch an der Romanik, neobyzantinisch an der altkirchlichen Kunst. Die restaurative Orientierung ist die unvermeidliche Kehrseite des Zerfallenseins mit der modernen Kunst, sofern man daran festhalten will, daß Kunst und Kirche zusammengehören. Und das will der Katholizismus dieser Periode ganz entschieden.

2. KATHOLISCHE SELBSTBESINNUNG

„Es ist schwer, unter Katholiken über die neue Kunst in einer Sprache zu reden, die die gegenwärtigen Kunstprobleme und die ganze katholische und geschichtliche Weite zugleich erfaßt; denn wir Katholiken haben in künstlerischen Dingen keine eigene Sprache mehr."[20] – Sätze, geschrieben im Jahre 1914. Sie stammen von Konrad Weiß. Der eher durch seine Dichtung bekannte K. Weiß war von 1905 bis 1920 Sekretär des „Hochland". Carl Muth hatte ihn für seine 1903 gegründete Zeitschrift gewonnen, eine Zeitschrift, die das Ziel verfolgte, die kulturelle Isolierung des deutschen Katholizismus zu durchbrechen. C. Muths eigene Interessen lagen primär bei der Literatur. „Steht die katholische Belletristik auf der Höhe der Zeit?" lautete der Titel jener Schrift, mit der er um die Jahrhundertwende (Mainz 1898) den sogenannten „Literaturstreit" im deutschen und österreichischen Katholizismus auslöste. Das dort geäußerte Interesse an der Öffnung des Katholizismus für die moderne Kultur

---

[20] K. Weiß, Zum geschichtlichen Gethsemane, Mainz 1919, 154.

war die programmatische Grundlinie des „Hochland". Und Konrad Weiß beschäftigte darin vor allem das Verhältnis zur Kunst.

„ ... denn wir Katholiken haben in künstlerischen Dingen keine eigene Sprache mehr", so endet der Satz, mit dem ich eingesetzt habe, und es geht dann weiter: „unsere Gedanken befinden sich innerhalb der allgemeinen liberalen Bildungskonventionen in einer Diaspora, und wir können einander nur schwer verstehen, weil unsere Sprache nicht die übliche sein kann; ja es hat oft den Anschein, als wollten wir einander nicht verstehen, weil wir instinktiv fühlen, daß die Dinge viel schwerer werden, wenn wir sie in eine eigene Sprache und katholische Denkweise aufnehmen wollen, während wir sie scheinbar mit den Mitteln der liberalen Denkweise leicht beherrschen und so einen ausreichenden Kulturanschluß zu gewinnen glauben ... Die Kunst ist heute in der Öffentlichkeit eine linksliberale und radikale Sache und es wird dort viel ehrliche Arbeit geleistet. Diese Arbeit ist aber nicht unsere Arbeit, und jene Ehrlichkeit ist für uns nicht Wahrheit."[21] – Von der Notwendigkeit, die – im Jahre 1914 – gegenwärtigen Kunstprobleme in eine spezifisch katholische Denkweise und Sprache aufzunehmen und darin zu verhandeln, ist hier die Rede und zugleich von den großen Schwierigkeiten eines solchen Versuchs. Die Katholiken erscheinen als eine kulturelle Minorität, die im herrschenden liberalen Bildungsmilieu nur schwer zu einer eigenen Verhandlungsweise der Dinge findet und doch offenbar davon nicht zu dispensieren ist. Das polemische Ressentiment der Kulturkampfära scheint überwunden, die ehrliche Arbeit des liberalen Kunstdenkens wird durchaus respektiert. Aber es ist nicht das, was die Katholiken zu leisten hätten, und ein reibungsloser Anschluß an die herrschende Denkweise erscheint als zu leichte Befriedigung des erwünschten Kulturanschlusses. Der Auszug aus dem kulturellen Ghetto in das offene Feld der Gesamtkultur soll nicht zur schlichten Assimilation an die geltenden Bildungskonventionen geraten, in denen alles schon im Plausibilitätsrahmen der herrschenden liberalen Bildungsschicht verhandelt wird, sondern zur eigenständigen Inangriffnahme dessen, was hier zur Verhandlung steht, ausgebildet werden, aufgenommen werden in eine „eigene Sprache und katholische Denkweise". Und eben dies erscheint als ebenso schwierig, wie es notwendig ist.

Aber die zitierten Sätze sind nicht der Einsatz einer Jeremiade über die schlechten Verhältnisse, sie beschreiben vielmehr nur die Ausgangslage, von der aus man es doch zu versuchen hat. Ein Stichwort ist in den zitierten Sätzen schon gefallen, das für Weiß die Notwendigkeit einer eigenen katholischen Befassung mit der Kunst markiert: „Wahrheit". Es geht für ihn in der Kunst,

---

[21] Ebd., 154.

und auch in der Kunst seiner Gegenwart um die Wahrheit. Das wird dann noch deutlicher formuliert als die Überzeugung, „daß Kunst doch viel mehr sei als ein schönes seelisches Interesse oder ein sittliches Ideal. Sie ist das höchste Bewußtsein des Weltzusammenhangs"[22]. Der Sinn der Kunst erschöpft sich nicht im schöngeistigen Vergnügen oder der moralischen Auferbauung und findet darin nicht ihren genuinen Maßstab. Die Kunst ist in ihrer Bildform Ort der Welterkenntnis, Offenbarung der Welt in ihrem universalen Zusammenhang.

In dieser Erhebung der Kunst über einen rein ästhetischen bzw. ethischen Wahrnehmungs- und Bewertungsrahmen scheint eine erste Differenz zu den Bildungskonventionen des liberalen Bürgertums aufgemacht. Aber unausgesprochen ist hier auch eine innerkatholisch virulente Einstellung zum Kunstgeschehen im Visier. Wenn man sich die zeitgenössische katholische Kunstkritik, wie sie damals z. B. in den „Stimmen der Zeit" von den Jesuiten Stephan Beissel und Joseph Kreitmaier betrieben wurde, vor Augen führt, so ist sie in der Hauptlinie moralische Kritik an der die sittliche Volksgesundheit verderbenden Dekadenz der modernen Kunst.[23] Der Topos von der „entarteten Kunst" ist Jahrzehnte, bevor ihn die Nazis auf den Schild hoben, in dieser katholischen Kunstkritik gang und gäbe. Die moralische Auferbauung des Volkes erscheint als Leitlinie kirchlicher Kunsttätigkeit. Von solcher moralpädagogischen Funktionalisierung der Kunst sucht sich Konrad Weiß nun ebenso zu distanzieren wie von ihrer schöngeistigen Ästhetisierung. Er stellt ihren Erkenntnis- und Wahrheitswert ins Zentrum. Die Verhandlung der Kunstfragen in einer spezifisch katholischen Denkweise bedeutet für Weiß den wie immer auslaufenden Versuch, die Kunst auf die Wahrheit und d. h. auf die Offenbarung Gottes zu beziehen, und eben dies ist eine Hinsicht, mit der man sich in den herrschenden Bildungskonventionen in einer Diaspora befindet.

3. DESIDERIUS LENZ

Die bisher zitierten Sätze von Konrad Weiß stehen in einem „Offenen Brief", den er im Jahre 1914 an P. Desiderius Lenz, den damals bereits 82-jährigen Begründer der Beuroner Schule richtete. „Ich will Sie ehren", heißt es dort," als den Schöpfer einer katholischen Kunstform und den Ergründer einer katholischen Denkweise, die im heutigen katholischen Kulturbereich ihresgleichen

---

[22] Ebd., 155.
[23] Vgl. A. Stock, Zwischen Tempel und Museum. Theologische Kunstkritik. Positionen der Moderne, Paderborn 1991, 21-35.

nicht hat. Niemand hatte so wie Sie in seiner Zeit mit einem katholischen Kunstwillen wirklich Ernst gemacht."[24] Nicht Zustimmung zur Ideenwelt des Begründers der Beuroner Schule signalisiert diese Ehrenbezeugung, sondern die Hervorhebung eines Kunst-Denkens und Kunst-Schaffens, das die Ebene angibt, auf der das katholische Kulturgespräch nach Weiß' Überzeugung erstlich zu führen wäre.

Ich möchte versuchen, die Differenz zwischen Lenz und Weiß in der gebotenen Kürze zu skizzieren, damit konkreter erkennbar wird, was Weiß im Sinn hat, wenn er davon spricht, die gegenwärtigen Kunstfragen wären in eine katholische Denkweise und Sprache aufzunehmen.

Peter Lenz, ein an der Münchner Akademie ausgebildeter Künstler, der dann als preußischer Stipendiat in Rom studierte, hatte sich 1872 dem 1863 neu gegründeten Benediktinerkloster Beuron als Kunstoblate angeschlossen und war dort schließlich als Pater Desiderius eingetreten. Er ist ein seltsam origineller Kopf, der in dieser insgesamt restaurativen Periode des Katholizismus nach der Mitte des 19. Jh. im Innenbereich der katholischen Glaubens- und Lebenswelt selbst zu neuen Entdeckungen auf dem Gebiet der Kunst vorgestoßen ist. Im Unterschied zu vielen kirchlichen Kunstbemühungen vor ihm und nach ihm ging es ihm nicht um die Rückversicherung der zeitgenössischen kirchlichen Kunst in einer als klassisch-normativ unterstellten Epoche der christlichen Vorzeit. Die Nazarener hatten sich am Anfang des 19. Jahrhunderts an der Frührenaissance orientiert, an Raffael, Perugino, die neugotische Bewegung hatte auf das hohe Mittelalter geblickt, die benediktinisch-liturgische Bewegung orientierte sich dann an der romanischen und altkirchlichen Ära. Im Wechsel solcher historischen Patronagen spiegeln sich unterschiedliche programmatische Formationen, die sich freilich allesamt im Feld einer insgesamt traditionalistischen Ausrichtung bewegen. Die stilistische und zugleich ikonographische Orientierung der jeweils gegenwärtigen Kirchenkunstproduktion an einer als normativ anvisierten Epoche der Vergangenheit diente der Identitäts- und Kontinuitätswahrung in einer als gefährlich empfundenen Entwicklung der Gesamtkultur. Der Entwicklung der Moderne sollte eine aus den Quellen der Vorzeit zu gewinnende kirchliche Eigenkunst entgegengestellt werden, die aus den Ressourcen der unbezweifelbar christlichen Epochen gespeiste Imagerie einer eigenständigen katholischen Subkultur.

Auch Desiderius Lenz denkt im Klima dieser durch den Kulturkampf noch forcierten Bewußtseinslage. Schon 1866 notierte er in Rom: „Die Welt hat gelernt, ihre Kraft zu verhundertfachen; und die Macht ob ihrer Herrschaft über die entdekten Naturkräfte ist ihr in den Kopf gestiegen; die moralische

---

[24] K. Weiß, a.a.O., 151.

Kraft der hl. Kirche erscheint ihr veraltet und abgelebt. Aber eine Macht steht der
hl. Kirche noch zu Gebote, wenn ihre Zeit gekommen ist. Das ist die Gewalt der
Kunst im Gewande des hohen Stils; sie ist es, die der hl. Kirche einen Nimbus
geben wird, daß alles andere wie gemeines Bettelzeug daneben stehen wird."[25] In
demselben Jahr 1866 notiert er in seinem Tagebuch: „Es wird die Zeit kommen
der despotischen Hierarchie. Die Despotie wird eine geistige sein, in der Art, daß
die Kirche ihre Lehren und erhabenen Wahrheiten in einer Gewalt und unab-
weisbaren Wahrheit predigen wird, wie nie dagewesen. Sie werden erscheinen
und heraustreten in einem Gewande der Herrlichkeit und der Kraft und An-
muth, daß viele sein werden wie ‚Träumende‘. Und dieses wird eintreten, wenn
die hl. Kirche die Kunst klaßischen Stils und Kritik heiligen und in ihren Dienst
aufnehmen wird."[26] Lenz' Hoffnung auf die überwältigende Macht der Kunst
hat an solchen Stellen die geradezu eschatologische Tönung, daß die Völker zum
Haus des Herrn kommen und die Herrlichkeit des Herrn sehen. So utopisch
hochfliegend hat wahrscheinlich niemand in der katholischen Kirche der neueren
Zeit von der religiösen Macht der Kunst gedacht.

Worauf basierte solche Erwartung und was meinte er mit der Kunst „klassischen Stils"? Es war eben nicht das Vorbild eines bestimmten Stils der christlichen Kunstvergangenheit. Ihm war vielmehr über dem Studium der ägyptischen Kunst das wahre Wesen der religiösen Kunst aufgegangen, über der
ägyptischen, die ihm aller heidnischen Figurationen zum Trotz, der Uroffenba-
rung Gottes am nächsten zu sein schien, und zwar in einer doppelten Hinsicht.
Zunächst in der Einsicht, daß das Religiöse an der Kunst primär nicht als eine
Sache der Ikonographie, sondern als eine bestimmte Qualität der Bilderscheinung anzusehen war. Das Göttliche an den Bild- und Bauwerken der Ägypter
war nicht etwas, was den unruhigen Menschen nochmals bewegte, sondern das
Monumentale, Statische, was der unklaren und unsicheren Tribulation der
Weltwirklichkeit gegenübertrat, was den Menschen stellte und zum Stillstand
brachte, indem es ihn in die Sphäre einer überwältigenden Klarheit und Ruhe
emporhob.

Dies darzustellen, gelang den Ägyptern, weil sie das Gesetz des Ebenmaßes,
der Harmonie der Größen in der Natur gefunden und angewandt hatten. „Die
Gesetze des Schönen, d. i. des Göttlichen sind in den Werken Gottes in der
Natur geheimnisvoll verborgen wirkend ... Sie sind aber nicht die Erscheinung
der Natur selber."[27] Die wahrhaft religiöse Kunst kann nicht ein die Erschei-

---

[25] D. Lenz, Aphor. 60, zit. nach H. Siebenmorgen, Die Anfänge der „Beuroner Kunstschule",
Peter Lenz und Jakob Wüger, 1850-1875, Sigmaringen 1983, 273.

[26] Ebd.

[27] D. Lenz OSB, Zur Ästhetik der Beuroner Schule, Wien 1898, 15.

nung der sichtbaren Natur mimetisch nachahmender „Affe der Natur"[28] sein,
sondern nur die Sichtbarmachung der an ihr selbst unsichtbaren Gesetze. So
findet die religiöse Kunst ihr Instrumentarium in einer „ästhetischen Geometrie". Dies nimmt Ideen vorweg, die später z. B. im Umkreis des Bauhauses eine
wichtige Rolle spielten. Aber Lenz' eigene christliche Kunst ist dann doch
keine abstrakte, sondern eine Durcharbeitung jenes anschaulichen Glaubensge-
bäudes, (und seiner Marien-, Herz- Jesu- und Sakramentsfrömmigkeit), wie es
der Katholizismus in der 2. Hälfte des 19. Jh. ausgebildet hatte.

In Lenz' Offenbarungstheologie der Kunst verbinden sich zwei Theologu-
mena miteinander, der Satz aus der Genesis: „Gott schuf den Menschen nach
seinem Bilde, als Mann und Weib erschuf er sie" und der andere aus dem Buch
der Weisheit stammende Satz: „Gott schuf alles nach Maß, Zahl und Gewicht."
Die Erscheinung des Menschen als Mann und Frau und diese in der schönsten
Proportionalität nach den Gesetzen der ästhetischen Geometrie zur Darstellung gebracht, macht den Schöpfer in der Welt sichtbar. Von Adam und Eva
gelangt Lenz so zur neutestamentlichen Offenbarungsgestalt der Pietà, in der
diese Doppelgestalt von Mann und Frau in Christus und Maria ihre äußerste
Figuration findet. Eine nach den Gesetzen der ästhetischen Geometrie geschaf-
fene Pietà wird konsequenterweise die finale Figuration der Ideal-Kirche an
deren Konzeption Lenz lebenslang gearbeitet hat, ohne sie realisieren zu können. Die erhaltenen Notizen und Pläne überliefern das Modell eines vielräumi-
gen, bis ins Detail der Maße und Einrichtung durchgebildeten Tempels, ein
veritables Gesamtkunstwerk des katholischen Glaubens, der das im jüdischen
und heidnischen Tempel religionsgeschichtlich Vorgebildete in eminenter
Weise vollenden sollte: das Haus Gottes in der Gegenwart. Daran knüpfte er
seine großen Erwartungen für die Macht der religiösen Kunst in den weltanschaulichen Auseinandersetzungen der Zeit. Dieses (natürlich die Liturgie ein-
schließende) Gesamtkunstwerk wurde nicht realisiert, den Beuroner Äbten
und Klostergenossen erschien es als abwegige Spekulation eines Laientheolo-
gen. Und als 1983 Harald Szeemann in einer großen Ausstellung der Düssel-
dorfer Kunsthalle den europäischen Hang zum Gesamtkunstwerk von Richard
Wagner bis Joseph Beuys ausgiebig präsentierte, war es vollkommen vergessen
und nicht einmal der leisesten Erwähnung wert.

---

[28] Ebd., 25.

4. KONRAD WEISS

Für Konrad Weiß freilich war es Desiderius Lenz, der wie kein anderer in seiner Zeit mit einem katholischen Kunstwillen wirklich Ernst gemacht hatte. Aber auf der Ebene dieses Ernstes sieht Weiß dann seine eigene Position als entschiedene *contrepartie* zu der des Beuroner Benediktiners. In dem katholischen Kulturkonflikt, den Weiß mit Lenz auszutragen sich unterfängt, geht es um die Offenbarung Gottes in der Welt. Lenz sucht sie an einem Ort der absoluten Ruhe, des Stillstands der Geschichte. Er sucht im Medium der Kunst das Paradies vor dem und jenseits des Sündenfalls der Geschichte, aber es ist ihm nicht – wie manchem seiner weltlichen Zeitgenossen, Gauguin z. B. – der Ort eines präzivilisatorischen freien Lebens in der Natur. Sein Paradies ist nicht das noch primitive Leben einer Südseeinsel, sondern die vollkommene Ordnung und granitene Majestät eines Tempels. Sein Paradies erscheint älter als das Organische. Die Überführung der Tribulation der Geschichte in einen Zustand anorganischer Ruhe scheint ihm der einzige Weg, in die Nähe des ewigen Gottes zu gelangen.

Bei Konrad Weiß ist der Ort der Offenbarung der Kunst der Ort der Erlösung nicht aus, sondern in der Geschichte. Für Weiß ist das zentrale Symbol der Offenbarung in der Geschichte nicht, wie üblicherweise in der christlichen Kultur, die Inkarnation oder der Kreuzestod Christi, sondern „Gethsemane". „Zum geschichtlichen Gethsemane" ist der Titel, unter dem seine wichtigsten kunsttheologischen Aufsätze gesammelt sind. Daß gerade „Gethsemane" für Weiß' Kunsttheologie zur Urszene der Offenbarung wird, ist nur aus einer besonderen Gegenwartserfahrung erklärlich. Es ist die Erfahrung der Kunst van Goghs und genauerhin das Schlüsselbild des „Olivengartens", zu dem van Gogh in einem Brief schreibt, „daß man die Impression des Angstgefühls auch geben kann, ohne geraden Wegs auf das historische Gethsemane loszusteuern"[29]. Die psychische Landschaft eines Ölbergs behauptet die Stelle, die vordem die Szene Jesu mit seinen Jüngern im Garten Gethsemane innehatte. Daß van Goghs subjektive seelische Erfahrung „von dem Blick in die Natur bis zur Ahnung von Gethsemane reicht", aber mit seinem seelischen Kampf an die Natur und ihre Formantwort allein gebunden bleibt und den geschichtlichen Komplex ausgeschaltet haben wollte, der mit dem Wort Gethsemane die geschichtliche Gebundenheit des abendländischen und christlichen Kulturganzen ausdrückt"[30], eben dies bringt für Weiß den Offenbarungskern der Kunst mit-

---

[29] Zit. bei K. Weiß, *Das gegenwärtige Problem der Gotik*, Augsburg 1927, 17.
[30] Ebd.

samt dem gegenwärtigen Stand seiner Entfaltung zum Vorschein. Der Offenbarungskern hat seine szenische Verankerung im geschichtlichen Gethsemane. Die Stellung der Kunst dazu, z. B. daß es nur noch als Landschaft darstellbar ist, zeigt den Stand der Offenbarungsgeschichte an. Die „Verspannung zwischen Gott und Erde"[31], „der Zwiespalt zwischen Natur und Übernatur, ... der Schlund zwischen Gott und der Seele"[32], der am Ölberg vom Fleisch gewordenen Wort aufs äußerste erfahren und erfüllt wurde, offenbart die christliche Welt- und Geschichtsform, die den „Sinn aller Formen im Hergang der Menschheit"[33] erschließt. Die „formscheidende Kraft des Christentums"[34] bewährt sich darin, daß sie alle jeweils geschichtlich erscheinenden Kunstwerke ins Verhältnis zu diesem Offenbarungskern setzt und damit „zu einem inneren Plan der Geschichte, dem wir unterworfen sind und dem die Kunst eine stetige zeugenhafte Verkörperung geben will"[35]. Solcher Versuch, Kunst als Offenbarung durch die Geschichte zu verstehen, unterscheidet sich von hegelianischer Geschichtsphilosophie dadurch, daß er den geschichtlichen Fortgang der Kunst nicht insgesamt als Kontinuum eines notwendigen Fortschritts begreift, sondern die jeweilige geschichtliche Kunstform in ihrer Nähe oder Ferne zu jenem Offenbarungskern und so ihren Stand im Plan der Geschichte zu begreifen versucht. Der Titel „Zum geschichtlichen Gethsemane" gibt die diagnostisch-kriteriologische Richtung an, in der die von K. Weiß gesuchte, sich von der liberalen Kunstgeschichte abnabelnde, genuin katholische Kunstkritik ihre Fundierung finden soll.

In einem Vortrag von Weiß aus dem Jahre 1927 findet sich der knappe Satz: „Im Thema Gotik ist der katholische Kulturkonflikt verborgen."[36] Dies meint aber nun nicht mehr die frühere Debatte, ob der neogotische Stil der katholische Stil par excellence sei. Der Konflikt ist mehr als ein stilistischer. Für Desiderius Lenz ist „Gotik" der Inbegriff des germanisch-protestantisch-romantischen Subjektivismus, dem die weltweite Wahrheit und Objektivität einer klassisch-katholischen Kunst konträr gegenübersteht. Für Weiß ist „Gotik" in ihrer geschichtlich-subjektiven Eindringlichkeit gerade die intensivste Annäherung an den Offenbarungskern von „Gethsemane".

---

31 Ebd., 23.
32 K. Weiß, Zum geschichtlichen Gethsemane, 4.
33 Ebd., 28.
34 Ebd.
35 K. Weiß, Das gegenwärtige Problem der Gotik, 15.
36 Ebd., 10.

5. ILDEFONS HERWEGEN

Vom Thema „Gotik" aus lassen sich auch zwei weitere Positionen des katholischen Kunstgesprächs noch charakterisieren, die von Ildefons Herwegen und Romano Guardini. Eine der einflußreichsten Leitfiguren des deutschen Katholizismus der Zwischenkriegszeit war der Laacher Abt Ildefons Herwegen, einer der führenden Theologen und Propagatoren der liturgischen Bewegung. Die Fragen der Kunst beschäftigten ihn, anders als Weiß und auch Lenz, ganz im Kontext der Liturgie. Es geht um die Wiedergeburt der „Gemeinschaftsliturgie", aus der eine wahre „Gemeinschaftskunst" hervorgeht: „Das kirchliche Leben muß sich wieder zur Geschlossenheit der liturgischen Gemeinschaft zusammenfinden, damit aus ihm eine wahre Gemeinschaftskunst geboren werden kann."[37] Die geforderte „Gemeinschaftsliturgie" ist aber nicht eine Neuschöpfung, sondern die Wiederentdeckung der klassischen römischen Liturgie, die im 5./6. Jh. bereits ihre vollendete Gestalt gefunden hatte; es ist die Liturgie des ersten, eben benediktinischen Jahrtausends.

Die Rückkehr zu dieser Liturgie bedeutet die Abkehr vom „Irrweg"[38] der Gotik. Mit der Gotik ist frömmigkeits- und kunstgeschichtlich ein Individualismus zur Herrschaft gelangt, „in dem das Einzelwesen immer stärker aus der Gemeinschaft und deren objektiven Bindungen heraustritt"[39]. Mit der Gotik hat ein gotisch-germanischer, subjektivistischer Ausdruckswille das kirchliche Leben und den Gottesdienst zu durchsetzen begonnen, der bis in die Gegenwart anhält, in der Kirche wie in der Kunst. Der Expressionismus erscheint Herwegen als letzte Ausgeburt dieses „Gotischen".

Gegen diese gotisch-germanische Einseitigkeit setzt der Laacher Abt seine programmatische Formel „Germanentum und Antike!" „Wir Deutsche darben dieses Gemeinschaftsgeistes so bitter."[40] Und eben dies vermag die katholische Kirche zu heilen: „Zwei unvergleichliche Werte haben die Katholiken unseren Volksgenossen zu bieten: Objektivität gegenüber dem auflösenden Subjektivismus und Gemeinschaft gegenüber dem atomisierenden Sozialismus. Eine unübertreffliche Schule, in der wir diese Lebensgüter ausbilden, ist die Liturgie."[41] Die liturgische Bewegung – das ist hier nicht zu übersehen – zielt nicht nur auf die Erneuerung eines binnenkirchlichen Teilbereichs, sondern von der Liturgie aus auf die des nationalen Lebens insgesamt. In diesem weitgesteckten Rahmen

---

[37] I. Herwegen OSB, Lumen Christi (Gesammelte Aufsätze), München 1924, 89.
[38] Ebd., 73.
[39] I. Herwegen, Christliche Kunst und Mysterium, Münster 1929, 30.
[40] I. Herwegen, Lumen Christi, 90.
[41] Ebd., 91.

interessiert Herwegen die Kunst, die sich, der Gemeinschaftsliturgie entsprechend, als Gemeinschaftskunst in Stil und Ikonographie nur an der Kunst des
ersten Jahrtausends orientieren kann, wenn es insgesamt darum geht, den go-
tisch-germanischen Subjektivismus zu überwinden. Die freie Kunst der Moderne und ihr subjektiver Gebrauch spielt hier keine Rolle. Im Interesse dieser
Kunsttheologie liegt nur die Gemeinschaftskunst im Heiligtum; und in der
Nation: „Wie die wahre kirchliche Kunst so wird auch die echte nationale
Kunst aus dieser innersten seelischen Lebensgemeinschaft erwachsen."[42]

6. ROMANO GUARDINI

„Im Thema Gotik ist der katholische Kulturkonflikt verborgen."[43] In die Folie
des Themas „Gotik" schreibt sich auch noch die Kunstanschauung des zweiten
großen Theologen der liturgischen Bewegung ein. Im Jahre 1939 erscheint
Romano Guardinis kleine Schrift „Kultbild und Andachtsbild". Der gegenwärtige Wunsch nach dem Kultbild, heißt es dort, „steht im Zusammenhang mit
jener Bewegung, die wir die liturgische nennen; dem Verlangen also, aus dem
neuzeitlichen Subjektivismus heraus in ein seinsmäßiges, vom Werden der
neuen Schöpfung bestimmtes christliches Leben zu kommen"[44]. Das „Kultbild" meint die objektive Präsenz des Heiligen und entspricht so der objektiven
Liturgie. Das „Andachtsbild" hingegen geht vom „Innenleben des gläubigen
Einzelnen" aus und „meint Gott und sein Walten als Inhalt menschlicher
Frömmigkeit"[45]. „Es steht im Zusammenhang mit dem persönlichen christlichen Leben . . . Es fügt sich in den Unterricht ein und vermittelt Belehrung. Es
gehört zur Seelsorge, bringt Erbauung und Trost. Es dient der religiösen Erziehung."[46] Aus der religiösen Erfahrung des Einzelnen kommend und auf sie
hinwirkend hat das Andachtsbild seinen genuinen Ort in der menschlichen
Wohnung, und in der Kirche nur per accidens und am Rande, inoweit diese
auch als „Ort religiösen Erfahrens, Stätte der Erbauung"[47] verstanden und
eingerichtet wird. Ihrem eigentlichen Wesen nach ist die Kirche aber die „offizi-
elle Stätte"[48] der gemeinschaftlichen Liturgie und ihr entspricht das Kultbild. In

---

[42] Ebd.

[43] Vgl. Anm. 36.

[44] R. Guardini, Kultbild und Andachtsbild. Brief an einen Kunsthistoriker, Würzburg (1939),
1952², 22f.

[45] Ebd., 9.

[46] Ebd., 11.

[47] Ebd., 16.

[48] Ebd.

Guardinis Sicht ist die Neuzeit von der Grundform des „Andachtsbildes"
beherrscht, während das „Kultbild" seine große Zeit in der Kunst der Mosaiken und Fresken des ersten Jahrtausends hatte. Guardini selbst stellt sich, was
die gegenwärtige und künftige Rolle des religiösen Bildes anlangt, aber nun
nicht entschieden auf den Standpunkt der zum Durchbruch gelangten neuzeitlichen Subjektivität, um im Durchgang durch sie – wie es bei Konrad Weiß der
Fall ist – den Stand der Geschichte der Offenbarung zu erkennen. Im Gegenteil,
er bekennt ausdrücklich, daß seine „besondere Verehrung und Liebe" dem
„Kultbild" gehöre und sein Wunsch dahin gehe, „daß unser kirchlich-künstle-
risches Leben ... wieder stärker"[49] davon bestimmt werde. In Guardinis ge-
schichtstheologischer Perspektive stellt sich die Neuzeit als eine zu Ende ge-
hende Epoche dar. Er erhofft gegenwendig zum Individualismus der Neuzeit
den Aufgang einer neuen Zeit, einer Frühzeit mithin. Das Movens dieser Epo-
chenwende ist die Gemeinschaftsliturgie. Freilich weiß er, daß, wenn man dem
Banne der Subjektivität entrinnen will, ein neues „Kultbild" nicht einfach zu
„machen" , auch nicht im modernisierenden Rückgriff auf die alten Bildformeln der byzantinischen und romanischen Epochen einfach zu restaurieren ist.
Man kann es nur, als neue Epiphanie, erwarten.

Hier aber wird die dringende Erwartung des Jahres 1939 in der Folgezeit
zunehmend zurückgenommen. In seinem Beitrag zur Ausstellung „Arte liturgica in Germania 1945/55" spricht Guardini von jener Stelle des heiligen
Raums, für die er die Epiphanie eines neuen „Kultbildes" erhofft hatte. Und
seine theologische Zuneigung gilt nun dem Schweigen der leeren Fläche, in der
die geheimnisvolle Anwesenheit des Heiligen erscheint. Nicht mehr ein gegen-
ständliches Kultbild sondern die leere Fläche selbst erweist sich als die eigentliche Erfüllung jenes Wunsches nach numinoser Präsenz. Epochaldiagnostisch
scheint dies aber dann doch zu bedeuten, daß die Neuzeit nicht in der neuen
Wendung zu einem objektiven, gemeinschaftlichen Kultbild abgelöst erscheint,
sondern in der Mystik von Leere und Licht sich in ihren eigenen Grund vertieft
und nur darin ein gemeinschaftlich verbindliches Bild des göttlichen Geheim-
nisses zu erlangen vermag. Dem korrespondiert die Bautheorie und Bautätig-
keit von Guardinis Freund Rudolf Schwarz.

Die liturgische Bewegung forciert also unter dem Thema „Gotik" die Differenz zwischen objektiver, sakraler, kirchlicher Kunst und subjektiver, religiöser Kunst. Den alles auf die objektive Liturgie setzenden Benediktinerabt Herwegen interessiert das zweite eigentlich nicht. Bei Guardini gehört es in die
Sphäre des Andachtsbildes, das seinen genuinen Raum im Privatleben hat. Die
von Maria Laach ausgehende Kunst nimmt Bildmuster der altkirchlichen, by-

---

[49] Ebd., 18.

zantinischen, romanischen Kunst auf. Unter Guardinis Ägide sind die Räume tendenziell bilderleer; alles ist auf die innenarchitektonische Einrichtung des Raumes und die Gestaltung der Gerätschaften konzentriert. Eine Perspektive, die dann auch für die Liturgiereform des II. Vaticanums die bestimmende wird. Die Frage der theologischen Bedeutung der modernen Kunstentwicklung außerhalb der Kirche interessiert unter der Dominanz dieser liturgischen Perspektive eigentlich nicht sonderlich.

7. L'ART SACRE IN FRANKREICH

Ein neuartiges Modell, Kirche und autonome Kunst miteinander in Konnex zu bringen, entwickelt sich nach dem 2. Weltkrieg in Frankreich. Inspirierender Kopf dieser *l'art-sacré*-Bewegung ist der Dominikanerpater Marie-Alain Couturier (1897-1954). Er stand in freundschaftlichen Beziehungen zu den großen französischen Künstlern seiner Zeit, zu Rouault, Bazaine, Léger, Le Corbusier, Chagall, Miro, Picasso, Braque, und vor allem Matisse; woraus wiederum seine Tätigkeit als Anreger und Ratgeber bei den herausragenden Exempeln des neuen französischen Kirchbaus, den Kirchen von Assy, Audincourt, Vence, Ronchamp resultiert. Sein Konzept ist auf die Kirche als Raum bezogen. Darum ist auch der *„lieu sacré"* in der konkreten Gestalt bestimmter Kirchen, ihres Baus und ihrer Innengestaltung der reale Fluchtpunkt der Sondierung der Moderne. Die Suche gilt nicht einem irgendwie Religiösen, das sich an bestimmten Motiven oder Stilproprietäten festhält, sondern dem Heiligen, jener eigentümlichen Qualität von Dingen und Werken, die sie zum Dienst am Ort der Zusammenkunft von Gott und Menschen geeignet macht. Das ist ein strenger, gleichwohl wegen seiner Klarheit den Kontakt zu den großen Künstlern keineswegs einengender, sondern befreiender und beflügelnder Standpunkt.

P. Couturier denkt *„le sacré"* nicht auf der Ebene einer religionswissenschaftlichen Indifferenz, sondern aus dem Geist des Evangeliums: „Es gibt ein Klima des Evangeliums, welches das Wesen Gottes offenbar macht."[50] „Es gibt ein bestimmtes christliches Klima, ein bestimmtes Klima des christlichen Menschenlebens – gleichsam eine Art natürliches Klima der Gnade. Es ist schwer zu beschreiben, aber man spürt es genau im Evangelium, und es scheint mir, daß die Atmosphäre der Seligpreisungen das Gefühl dafür gibt."[51] Es ist der Geist

---

[50] M.-A. Couturier, Das Religiöse und die moderne Kunst. Gespräche eines Mönchs mit Braque, Matisse, Picasso u. a. Tagebuch 1947-1950, Zürich 1981, 24.

[51] Ebd. 11.

(„*esprit*"), also eine bestimmte Art die Dinge der Welt zu sehen und zu empfinden, worin Gottes Wesen offenbar wird. Es ist der Geist der Seligpreisungen
des Evangeliums: „*la pauvreté spirituelle*" und „*la pureté du coeur*", und, mit
solcher Armut des Geistes und Reinheit des Herzens verbunden, die Atmosphäre des Friedens, der Zartheit und Freundlichkeit, der Freiheit der Kinder
Gottes, des Hungerns und Dürstens nach dem Absoluten.

Dieses schwer beschreibbare, aber genau spürbare „christliche Klima" ist
auch das Grunderfordernis der Kirche als Bau und Raum. Erst in dieser Atmosphäre ist die Kirche ein „*lieu sacré*" im christlichen Sinne. Für die, „die ohne es
recht zu wissen, noch dorthin kommen, um zu suchen, was ihnen diese bittere
Welt niemals geben kann, in ihren Häusern, in ihren Fabriken, ihren Kaser-
nen"[52], sind in den Kirchen vom Ursprung her „Orte des Entzückens, der
Poesie und der Befreiung" zu schaffen.

Die Diskussion ist aber auch in Frankreich nicht ohne Konflikte. Ablesbar ist
das an Differenzen zwischen Père Couturier und seinem Ordensbruder Pie
Régamey, der mit ihm zusammen die Zeitschrift „L'art sacré" redigierte. Vor
allem durch Régameys Buch „Kunst und Kirche im XX. Jahrhundert", 1954 in
Deutschland erschienen, wurde die französische Diskussion hierzulande bekannt.

P. Régameys Werk hat drei Teile, die für ihn zugleich die „drei Wege"
markieren, die „breit und wie selbstverständlich zusammenlaufen" müßten, um
ohne Leichtfertigkeit von einer „Wiedergeburt der sakralen Kunst" sprechen
zu können: „die Forderungen und Wünsche des Sakralen im Sinne Christi, die
Forderungen und Möglichkeiten der lebendigen Kunst und die Bedürfnisse des
gläubigen Volkes, *so wie es ist.*"[53] Der dritte dieser Wege ist ihm aber keine
tertiäre Zusatzbestimmung, sondern völlig gleichwertige Kondition: „Ich habe
nicht den Eindruck, daß man gewöhnlich genügenden Nachdruck darauf legt,
daß Aufgabe der Kunstwerke in der Kirche ist, zur Einigkeit der Gläubigen
beizutragen ... Keine Religion kann zugeben, daß die Kunstwerke für die
Gläubigen äußere Objekte bleiben, vor welchen diese wie ein Publikum, in
einer Haltung des Lobes oder Tadels stehen ... Im Christentum ist die Forderung nach Einmütigkeit womöglich noch größer, weil die Ordnung der Inkarnation die Transzendenz zum inneren Anliegen eines jeden Gläubigen macht
und weil der brüderliche Charakter das eigentliche Gefüge des Christentums

---

[52] Ders., Art sacré. Textes choisis par Dominique de Mercil et Pie Duployé, Houston 1983, 105
(Übers. A.S.).
[53] P. Régamey, Kirche und Kunst in XX. Jahrhundert, eingel. von Abt. H. Lang OSB (Paris
1953), Graz 1954, 333.

ausmacht . . . Es ist die besondere Aufgabe der Kunstwerke in der Kirche, die Gläubigen zu einer solchen Vereinigung vorzubereiten."[54]

Wenn die Einigkeit und Einmütigkeit auch und gerade im Hinblick auf die Werke der „art sacré" ekklesiologisch so hoch anzusetzen ist, wird die faktische Einstellung des Kirchenvolks zur letzten Instanz für das Schicksal der modernen Kunst in der Kirche: „Wenn es im 20. Jahrhundert für die sakrale Kunst einfach und schlicht um Sein oder Nicht-Sein geht, so gehört dazu, was wir hier gleichsam als letzten Punkt berühren: Wie ist eine sakrale Kunst möglich, wenn die Mehrzahl der Gläubigen zu jenem Publikum gehört, das die Kunst nur als Befriedigungskunst begreift?"[55]

Régamey gibt sich keiner Illusion hin; für die überwältigende Mehrheit von Klerus und Gläubigen gilt: „Im Grunde ist Kitsch oder ‚St.-Sulpice-Kunst' mit dem ‚Guten Geschmack' wesensgleich. In beiden Fällen handelt es sich um Befriedigungskunst!"[56] Diese kirchensoziologische Diagnose von 1950 bringt für die Kunst fatale Bedingungen zutage: „Tatsächlich vermehren sich zwei Typen von Christen: einerseits diejenigen, die nicht mehr recht wissen, was sie glauben und ‚sich von jeder windigen Lehre hin und her schaukeln und treiben lassen' (Eph 4,14), andererseits die, welche die Erlasse der Autorität in seelenlose Marschrouten verwandeln und eine seltsame Angriffslust dareinsetzen, alles, was lebt und Geltung hat, zu verdammmen. Zwischen beiden stehen Christen, die sich im Tatchristentum verschwenden. Es kann in der Tat keine ärgeren Bedingen für eine sakrale Kunst geben. Weder die dogmatische Ungewißheit, noch der abstrakte negative Dogmatismus, noch die äußere Geschäftigkeit schenken ihr die Inspiration, deren sie bedarf, oder schaffen ihr ein passendes Klima. In der Ungewißheit über Glaubensdinge werden die Neuerer zu Irrenden; unter dem Sektierertum blüht die Mittelmäßigkeit, und was sich von ihr entfernt, ist verdächtig; das bloße Tatchristentum ist geistig genau so mittelmäßig und öffnet sich wohl nur der Sentimentalität".[57] So endet sein umfangreiches Werk keineswegs im Ton einer Aufbruchstimmung. „Es gibt heute keine andere Wahl als die zwischen Verzweiflung und einem ‚tragischen Optimismus'."[58]

Couturiers Diagnose der faktischen Kirchenverhältnisse ist nicht optimistischer als die Régameys, eher noch härter und trockener. Wenn dies bei Couturier dann aber doch nicht jenen Ton „hoffnungsvoller Verzagtheit" annimmt,

---

[54] Ebd. 335.
[55] Ebd. 341.
[56] Ebd.
[57] Ebd. 349.
[58] Ebd. 403.

der am Ende bei Régamey die Oberhand gewinnt, so is das wohl auch im Geist jener „modestie" begründet, die aus guten Gründen sich erst gar keine allgemeine Wiedergeburt der sakralen Kunst erträumt. Er vertraut auf die „*radioactivité des oeuvres pures*"[59], auf die stille und langsame Ausstrahlungskraft der Werke selbst, die, einmal da, auf die Dauer ihren Einfluß auf die Gläubigen nicht verfehlen wird. Was den Konsens des Kirchenvolkes anlangt, zitiert er zustimmend einen Satz von Georges Braque: „Wenn man die sakrale Kunst (*l'art sacré*) absenkt, um sie auf das Niveau der Leute zu bringen, so ist das nicht ein Akt des Glaubens, es ist Propaganda . . ."[60]; Propaganda degradiert aber nicht nur die Kunst, sondern auch die, für die sie dasein soll. Auf der Ebene des Werks kann es für Couturier überhaupt keine Konzession oder Anpassung an den Konsens der Leute geben. Grundlage für die damit gegebenen Zumutungen kann nur das Vertrauen geben, „der evidente Wert des Zeugen und des Zeugnisses"[61]. Darin trifft er sich im übrigen mit Desiderius Lenz, der ähnliche Forderungen in seiner Zeit entgegenhielt, die religiöse Kunst habe nicht zum Volk herabzusteigen, sondern es zu erheben.

An der angedeuteten Differenz zwischen Régamey und Couturier wird ein Dilemma sichtbar, das tiefer geht, als daß es durch bloßen kirchlichen Modernisierungswillen behebbar wäre. Couturier beruft sich einmal auf eine ununterbrochene Tradition: „Von Jahrhundert zu Jahrhundert, so verschieden und revolutionär sie gewesen sein mögen, haben die großen Meister der westlichen Kunst immer Päpste, Bischöfe, Äbte gefunden, um ihnen und häufig gegen Wind und Wellen, die größten Monumente der Christenheit anzuvertrauen".[62] Wenn man an diese große, nach Couturiers Ansicht erst seit dem 19. Jahrhundert unterbrochene Tradition anknüpfen will, ist in Rechnung zu stellen, daß jene Kirchenführer bis zum Ende des Ancien régime nicht nur selbst zur kulturellen Elite gehörten, sondern auch als Feudalherren nach der Zustimmung des Volkes nicht zu fragen brauchten. Mit dem Volkschristentum der neueren Zeit verhält es sich auch da anders. Und wenn gerade die avancierteste Theologie die *communio* und den *consensus fidelium* im Kirchenverständnis ganz oben ansetzt, dann entsteht nicht mehr bloß aus früheren geschichtlichen Verhältnissen, sondern aus der fortschrittlichsten ekklesiologischen Programmatik selbst die Gefahr, sofern es zutrifft, was Régamey wie Couturier meinen, daß der Versuch gemeindlicher Konsensfindung in Sachen Kunst nur deren Tod bedeuten kann. An der ekklesiologischen Unlösbarkeit dieses Konflikts

---

[59] Couturier, Art sacré, 105.
[60] Ders., Das Religiöse, 116.
[61] Ders., Art sacré, 106.
[62] Ebd. 34.

leidet Régamey. Couturier scheint sich daraus zu lösen, indem er wie in der Kunst auf das Genie, so in der Kirche auf die Spiritualität und Inspirationskraft des Geistlichen setzt, der den Geist des Evangeliums kreativ zu vertreten und den Gläubigen als glaubwürdiger Zeuge voranzugehen hat. Für die offene Annnahme der Kunst scheint so das monastische Ideal des geistlichen Führers besser zu disponieren als das des Gemeindeleiters, der den Konsens der brüderlichen Gemeinde zu koordinieren sucht. Der Mönch erscheint als Pendant des Genies und als der, freilich arme, Erbe der kulturfreudigen Kirchenführer der Feudalepoche.

8. RESÜMEE

„Es ist schwer, unter Katholiken über die neue Kunst in einer Sprache zu reden, die die gegenwärtigen Kunstprobleme und die ganze katholische und geschichtliche Weite zugleich erfaßt."[63] Es ist trotzdem der Versuch dazu gemacht worden. Ich habe wenige Stimmen in Erinnerung gebracht. Es sind nicht die einzigen. Andere wären hinzuzuziehen: Otto Mauer und Hans Sedlmayer, Lothar Schreyer und Theodor Bogler, Anton Henze, Walter Warnach und andere mehr.[64] Es gibt, wenn auch halb vergessen, eine Geschichte der Versuche, die Fragen der Kunst in eine spezifisch katholische Sprache und Denkweise aufzunehmen, und darin kommt in unterschiedlichen Varianten zum Vorschein, was offenbar der katholische Kulturkonflikt im 20. Jh. ist. Dies in Erinnerung zu bringen, ist notwendig, wenn man, was in der gegenwärtigen Situation ist und nicht ist, besser verstehen will.

Der Rückblick auf die Geschichte erzeugt vor allem Fragen. Gibt es das noch: Ein katholisches Kulturgespräch, den Versuch, die Fragen der gegenwärtigen Kunst (Kultur überhaupt) in eine spezifisch katholische Sprache und Denkweise aufzunehmen? Gibt es das noch: Einen innerkatholischen Kulturkonflikt, und worin wäre er zu suchen? Ist er noch im Thema „Gotik" verborgen?

Am Anfang der siebziger Jahre sind das „Hochland" und „Wort und Wahrheit" eingestellt worden, Zeitschriften, die über Jahrzehnte das Forum eines kulturellen Katholizismus waren, der sich am Anfang des Jahrhunderts unter C. Muths Ägide gegen die Vorherrschaft eines primär politischen und sozial-pastoralen Katholizismus aufgerichtet hatte. Kann man das Verschwinden dieser Organe als Indiz einer weiterreichenden Interessensverschiebung ver-

---

[63] Vgl. Anm. 20.
[64] Vgl. A. Stock, Zwischen Tempel und Museum, passim.

stehen in Richtung auf eine neue Phase des politischen Katholizismus, für den die sozialen und die ethischen Fragen, Verfassungs- und Moralkonflikte den Fokus des Interesses bilden, und zwar nicht nur links unten, sondern auch rechts oben?

Von einem katholischen Kulturkonflikt könnte man vielleicht noch am ehesten im Zusammenhang mit der Liturgiereform sprechen, die ja von oben her gravierend in die kulturelle Lebensform der Katholiken einschnitt. Aber wurde er wirklich ausgetragen oder nicht im Vollzugsverfahren zu rasch erledigt? Hätte dieser Konflikt um die Liturgie, also doch um die Form katholischer Gottesverehrung am Ende des 2. Jahrtausends, seinen Kern immer noch in der „Gotik", also in der Verhältnisbestimmung von objektivem Kult und jener Subjektivierung der Religion, die von der Gotik her das Stigma der Neuzeit wurde? Geht solche Subjektivierung am Ende über die Objektivität eines jeden kirchlichen Kultes hinweg in jene synkretistische Weltreligion, deren liberale Kathedrale das Museum ist, die berühmte Berliner Katholikentagsausstellung „Zeugnis des Glaubens – Geist der Avantgarde" sozusagen als das prospektive Gegenmodell zur Strenge jenes Tempels der katholischen Wahrheit, der dem P. Desiderius Lenz einst vorschwebte? Kann unter den pluralen Weltanschauungsbedingungen einer alexandrinischen Weltkultur Konrad Weiß' Frage nach der Wahrheit überhaupt noch gestellt werden, ohne daß man den labilen Religionsfrieden gefährdet? – Ich habe zum Schluß nur Fragen, nichts als Fragen für ein vielleicht doch nicht abgeschlossenes katholisches Kulturgespräch.

VIII. DIE BILDERFRAGE NACH DEM II. VATICANUM

Reformbewegungen scheinen nicht bilderfreundlich zu sein. Revolutionen zielen offenbar immer auch auf die herrschende Bilderwelt. Die französische Revolution stürzte die Bilder, die ihr als Repräsentanten des Ancien régime galten. Die russische Revolution stürzte gleichermaßen Zarenbilder und Ikonen. Die kulturelle Machtergreifung der Nazis zerstörte oder vertrieb das, was ihr als die entartete Kunst der dekadenten Bourgeoisie galt. Die soziale und politische Revolution greift immer auch die Bilder an, insofern sich in ihnen das herrschende System materialisiert und die Weltanschauung der Untertanen prägt. Die Bilderwelt ist die zur zweiten Natur gewordene Inneneinrichtung jener Lebenswelt, die umgestürzt werden soll. Der offenkundige Ikonoklasmus revolutionärer Bewegungen hat es dabei aber doch schließlich nicht auf Bilderlosigkeit abgesehen, sondern intendiert durch die Abräumung der alten Bilderwelt hindurch die Einrichtung einer neuen: klassizistische Heroen statt der Könige und Heiligen, Agitprop statt der Ikonen, nordische Helden statt expressionistischer Gebrochenheit.

Wie steht es mit diesem, wie es scheint, allgemeinen kulturgeschichtlichen Phänomen innerhalb der Religionsgeschichte, näherhin der jüdisch-christlichen? Auf dem Felde der Religion ist Kulturrevolution im Kern Kultreform.

Die erste durchgreifende Liturgiereform, von der uns die Bibel berichtet, ist die des Königs Josia in den letzten Jahrzehnten des 7. Jh. v. Chr. Sie ist nach dem Bericht im 2. Buch der Könige (Kp. 22 und 23) ein einziger Bildersturm. Die Altäre und Bilder der Astarte, des Baal, der Sonnenwagen des Sonnengottes und die Malsteine im Tempel und in den Höhenheiligtümern des Landes werden entfernt und zerstört, damit an der so gereinigten heiligen Stätte der wahre Gottesdienst im Sinne des wiederentdeckten Bundesbuches statthaben kann.

Was der Paulus der Apostelgeschichte in seiner Areopagrede der götterbilderreichen Stadt Athen unterbreitet, lautet, ausgehend von einem bilderlos dem unbekannten Gott geweihten Altar: Gott, der Schöpfer der Welt, wohnt nicht in Tempeln und hat mit Kunstwerken von Menschenhand nichts im Sinn. Zum realen Bildersturm reicht die Kraft des jüdischen Wanderpredigers Paulus nicht; aber angebracht wäre er, denn er war „aufgebracht im Geiste, als er die Stadt ganz voll Götzenbilder sah" (Apg. 17,16).

Wo im Mittelalter Reformbewegungen die Kirche zur apostolischen Einfachheit und zur Verkündigung des Evangeliums zurückbringen wollen, taucht konstant die Kritik am kirchlichen Bildergebrauch auf.

In den ersten Jahrzehnten des 16. Jh. sammeln und steigern sich jene mittelalterlichen Reforminitiativen zur konfessionsbildenden Reformation, die nicht zuletzt Gottesdienstreform ist unter Berufung auf das Evangelium. Und wieder stehen die Bilder im Visier der Kritik. Alle genannten reformerischen und reformatorischen Bewegungen der Christentumsgeschichte wollen die Rolle der Bilder im Christentum verringern, keine will sie etwa verstärken.

Wie steht es damit nun bei der letzten großen Liturgiereform der Kirchengeschichte, der des II. Vaticanums? Nicht wenige ihrer Neuerungen können ja angesehen werden als späte Einlösung jener Postulate, die die Gottesdienstreform des 16. Jh. vorgetragen hatte: die Landessprache, die Betonung von Wort und Predigt, die Konturierung des Mahlcharakters, die Kelchkommunion. Wie steht es da mit den Bildern?

Die Frage der Bilder ist sicher kein Thema, das die Konzilsväter besonders interessiert hat. Das mag angesichts der Tatsache, daß wir in einer ausgesprochen visuellen Zivilisation leben, verwundern, aber es ist so. Die Konzilstexte befassen sich an zwei Stellen relativ kurz mit der Bilderfrage, in der „Pastoralkonstitution über die Kirche in der Welt von heute"[1] und in der „Liturgiekonstitution"[2]; das Dekret über die sozialen Kommunikationsmittel berührt einmal beiläufig die Frage der „Freiheit der Kunst" und betont dabei den Vorrang der ethischen vor den ästhetischen Werten.[3]

Die Pastoralkonstitution kommt in Art. 62 auf das Thema der bildenden Künste zu sprechen. Es wird dort in einem Atemzug mit der Literatur verhandelt (auffallenderweise nicht mit der Musik). Das Interesse ist auf das Literatur und bildender Kunst Gemeinsame gerichtet, nicht auf die jeweiligen medialen Besonderheiten, also nicht auf Sprache und sprachliche Form einerseits, Visualität und bildnerische Gestaltung andererseits. Das ihnen Gemeinsame ist das Interesse am Menschen.

„Auf ihre Weise sind auch Literatur und Kunst für das Leben der Kirche von großer Bedeutung. Denn sie bemühen sich um das Verständnis des eigentümlichen Wesens des Menschen, seiner Probleme und seiner Erfahrung bei dem Versuch, sich selbst und die Welt zu erkennen und zu vollenden; sie gehen darauf aus, die Situation des Menschen in Geschichte und Universum zu erhel-

---

[1] Pastorale Konstitution über die Kirche in der Welt von heute, Art. 62, zit. nach: Das zweite Vatikanische Konzil. Dokumente und Kommentare III (²LThK Erg. Bd.), Freiburg/Brsg. 1968, 476-484.

[2] Konstitution über die Heilige Liturgie, Art. 122-130, zit. nach: Das zweite Vatikanische Konzil. Dokumente und Kommentare I (²LThK Erg. Bd.), Freiburg/Brsg. 1966, 101-130.

[3] Dekret über die sozialen Kommunikationsmittel, Art. 6, zit. nach: Das zweite Vatikanische Konzil. Dokumente und Kommentare I, 123.

len, sein Elend und seine Freude, seine Not und seine Kraft zu schildern und ein besseres Los des Menschen vorausahnen zu lassen. So dienen sie der Erhebung des Menschen in seinem Leben in vielfältigen Formen je nach Zeit und Land, das sie darstellen."[4]

Die Grundabsicht der Kunst (wie der Literatur) wird als anthropologische Entdeckungsleistung definiert. Die lateinischen Begriffe *ediscere, detegere, illustrare, adumbrare* weisen auf dieses Moment einer kognitiven Intention hin. Der Mensch in seiner konkreten geschichtlichen und kosmischen Stellung und in seiner zwiespältigen Verfassung (Elend und Freude, Not und Kraft) kommt in Kunst und Literatur zur Darstellung. Es geht aber nicht nur um eine Bestandsaufnahme der *conditio humana*. Die Darstellung ist auf die Vorstellung eines Fortschritts des Menschen und der Menschlichkeit ausgerichtet. Nicht nur die faktische Lage wird aufgedeckt, ein besseres Los wird umrissen. So vermag die Kunst (wie die Literatur) das menschliche Leben zu erheben ("*vitam humanam ... elevare valent*"). Die Bestimmung der Kunstabsicht ist also nicht nur anthropologisch, sondern auch humanistisch im Sinne einer Humanisierung des menschlichen Lebens.

Wesensbestimmungen sind nun immer an dem zu prüfen, was sie als Realität erfassen sollen. Wenn man die hier vorgetragene Bestimmung auf das anwendet, was der bildenden Kunst üblicherweise zugerechnet wird, so ergeben sich einige Beobachtungen. Zunächst kann man, wenn man die realen Absichten derer, die Bilder machen und Bilder gebrauchen, in Anschlag bringt, von einer solchen anthropologisch-humanistischen Intention wohl doch erst seit der Renaissance sprechen. Die mittelalterliche Bilderproduktion oder die der ostkirchlichen Ikonen kann natürlich unter dieser Hinsicht gelesen werden, verfolgt selbst jedoch zunächst andere Absichten. Aber vielleicht hat die Pastoralkonstitution, wenn sie von "der Kunst" spricht, hier sowieso nicht jene ältere Kunst, sondern die zeitgenössische im Auge. Auch in dieser Beziehung kann man sich, wenn man die unterschiedlichen Tendenzen der Kunst der Moderne in den Blick nimmt, natürlich fragen, wieweit eine solche anthropozentrische Finalisierung die faktischen Absichten und Formen der Kunsttätigkeit erfaßt. Abstrakte und nichtgegenständliche Kunst, Op und Pop Art, Kandinsky und Nam Yune Paik: das alles ist zwar, weil von Menschen für Menschen gemacht, irgendwie auf jene Bestimmung zu beziehen, aber das erwartete Menschenbild liegt doch in den Quadraten von Malevitch und Albers, den gegenstandslosen Farbflächen von Rothko und Graubner, der land art von Richard Long und den Filzstapeln von Joseph Beuys nicht so direkt zutage, jedenfalls bedarf es einiger interpretatorischer Arbeit, es aus ihnen zu erheben.

---

[4] A.a.O. 481.

Es hat den Anschein, daß, weil Literatur und Kunst in diesem Abschnitt ja in
einem Zug verhandelt werden, die anthropologisch-humanistische Ausrichtung primär von der Literatur her entwickelt ist, möglicherweise einer existenz-
philosophisch orientierten, wie sie bei Sartre und Camus, Gide und Bernanos,
Böll und Graham Greene vorliegt. Auf sie ist sie jedenfalls viel umstandsloser
anzuwenden als auf die moderne Kunstszene. Das Interesse ist primär ein
inhaltlich-weltanschauliches. Die Dimension der Materialität, Gestalt und
Form eines Kunstwerks, der sinnlichen Energie, die von ihm ausgeht, der
Augenlust, die es hervorruft, kommt dabei nicht zur Sprache. Wenn von Erhebung (*elevare*) die Rede ist, so ist eben daran gedacht, daß die Vision eines
besseren Lebens entworfen wird, nicht aber daran, daß der einzelne Betrachter
angesichts eines bestimmten Bildes, also durch seine Anschauungsgestalt angeregt, entzückt, hingerissen, überwältigt, also in diesem Sinne erhoben, über sich
hinausgehoben wird.

Das in der Pastoralkonstitution formulierte anthropologische Inhaltsinteres-
se zielt auf etwas, was der bildenden Kunst mit der Literatur, in gewisser Weise
dann auch mit Philosophie und Humanwissenschaften gemeinsam ist. Es handelt sich also nicht um eine spezifisch kunsttheoretische Bestimmung. Aber
vielleicht ist es auch ganz abwegig, so etwas an dieser Stelle zu erwarten. Der
Zusammenhang ist kein kunsttheologischer, sondern ein pastoral-kulturpoliti-
scher. Es geht um die Verbesserung der Beziehungen zwischen katholischer
Kirche und moderner Kultur. „*De humano civilique culto cum christiana insti-
tutione rite componenda*" ist die Titelüberschrift dieses Kapitels 62. Und im
Anschluß an den zitierten Abschnitt heißt es: „Von daher ist darauf hinzuarbei-
ten, daß die Künstler in ihrem Schaffen sich von der Kirche anerkannt fühlen
und im Genuß einer geordneten Freiheit zu einem leichteren Austausch mit der
christlichen Gemeinde gelangen".[5] Von den „*faciliora commercia*" ist hier die
Rede, von erleichterten Handelsbeziehungen zwischen Kirche und Kunst.
Dazu bedarf es vor allem der Anerkennung des anderen und seiner Freiheit und
zugleich eines gemeinsamen Interessenfeldes, auf dem ein Austausch sich als
sinnvoll erweist. Die Äußerung ist also zunächst als Willensbekundung der
„*institutio christiana*" zu lesen, in der die Autonomie der weltlichen Kultur
ausdrücklich anerkannt wird. Die Kirche revidiert hier faktisch eine ältere
Ansicht, die die Kunst insgesamt als Dienerin des Glaubens ansah und dementsprechend die dazu nicht bereite moderne Kunst verwarf. Die novellierte Auffassung lautet: Die Kunst ist heute autonom, aber gleichwohl für die Kirche
interessant. Als gemeinsames Interesse wird die *conditio humana* namhaft gemacht.

---

[5] Ebd.

Welches Interesse hat die Kirche an dieser Belebung der Beziehungen? Zwei Gesichtspunkte kommen zur Sprache:

1. Die Botschaft des Evangeliums wird auf diese Weise dem menschlichen Verstand durchsichtiger und in die Lebensbedingungen der Menschen inkulturiert.

2. Die Gläubigen erlangen auf diese Weise einen Glauben, der nicht in einem Ghetto sich absondert, sondern den kulturellen Stand der eigenen Zeit voll in den christlichen Glauben integriert.

In diesem Sinne möchte die Pastoralkonstitution entschieden einen auf dem kulturellen Niveau der Zeit gebildeten Klerus.

Aus dem, was hier als Reformprogramm entwickelt wird, kann man so etwas wie Bilderfeindschaft mitnichten ableiten. Es wird ganz im Gegenteil fast renaissance-humanistisch für eine Aufgeschlossenheit gegenüber der zeitgenössischen Kultur, inclusive bildender Kunst, plädiert. Aber wir sind ja möglicherweise am neuralgischen Punkt der ganzen Angelegenheit noch nicht angekommen. Wir haben in der Besprechung des Kp. 62 der Pastoralkonstitution einen Satz überschlagen, der im Gedankengang des Textes wie ein eingesetzter Bremssatz fungiert: „In das Heiligtum aber sollen sie (gemeint sind die neuen „Formen der Kunst") aufgenommen werden, wenn sie durch eine angemessene und den Erfordernissen der Liturgie entsprechende Aussageweise den Geist zu Gott erheben."[6]

Was bisher gesagt wurde, bezog sich auf den Bereich der christlichen Bildung und theologischen Ausbildung; jetzt geht es um den Kirchenraum, der hier als Heiligtum, als heilige Stätte („*sacrarium*") eingeführt wird. Das *sacrarium* ist etwas anderes als die offene Bildungsstätte der Humanität, es ist der abgegrenzte Ort der Erhebung des Geistes zu Gott. Und da gelten für die Kunst noch andere Maßstäbe. Die Ausdrucksweise muß der Heiligkeit des Ortes entsprechen und den Anforderungen der Liturgie konform gehen. Nur Kunst, die dem Gottesdienst dient, hat hier Platz. Dessen Ziel ist nicht mehr bloß die Hebung der Humanität, sondern die Erhebung des Geistes zu Gott. Als die dafür maßgebende Form erscheint die Liturgie.

Der hier nach Art einer Kautele eingefügte Satz verweist somit auf jenen Text des Konzils, in dem die Rolle der Kunst im Raum der Liturgie verhandelt wird, also das 7. Kp. der Liturgiekonstitution „Über die sakrale Kunst und liturgisches Gerät und Gewand" (Art. 122-130).

Gleich der erste Satz des Art. 122 lobt dort die Kunst in höchsten Tönen als eine der vornehmsten Betätigungen des menschlichen Geistes. Ihre Bedeutung

---

[6] Ebd.

wird jedoch anders bestimmt als in der Pastoralkonstitution. Nicht vom Inhalt
– Ausdruck der *conditio humana* –, sondern von der Form her: sie bringt in
begrenzten menschlichen Werken die unbegrenzte göttliche Schönheit zum
Ausdruck. Diese Bestimmung ist einerseits kunstpezifischer als die der Pastoralkonstitution, insofern sie an Form und Gestalt, nicht am literarischen Gehalt
orientiert ist. Andererseits ist diese ästhetische Qualität des menschlichen
Werks gleich in einen metaphysischen Deutungsrahmen eingefügt. In seiner
augenfälligen Werkgestalt ist es Ausdruck der göttlichen Schönheit. Und weil
dies so verstanden wird, ergibt sich eine hierarchische Staffelung von der Kunst
überhaupt über die religiöse Kunst zur sakralen Kunst, die als Gipfel jeglicher
Kunstausübung angesehen wird, insofern sie nicht nur faktisch, wie alle Kunst,
Ausdruck göttlicher Schönheit ist, sondern dies selbst nochmal zum Ausdruck
bringt, indem sie auf nichts anderes gerichtet ist, als den Sinn der Menschen in
Verehrung auf Gott, den Grund der Kunst, hinzulenken. Diese „*ars sacra*" ist
die Vollendung der „*ars religiosa*", womit man hier wohl eine Kunst mit religiö-
sem Sujet verstehen muß, die also im Unterschied zur weltlichen Kunst bereits
durch ihr Thema auf den Ursprung der Kunst verweist, auch wenn sie nicht
ausschließlich der Gottesverehrung dient. Diese Hierarchie stuft die Kunst also
nicht nach ihrem rein künstlerischen Rang, so daß das Meisterwerk eben das
mit der höchsten ästhetischen Qualität wäre, wie es z. B. die genieästhetische
Kunstbetrachtung tut, sondern danach, wie explizit sich ein Kunstwerk auf
seinen göttlichen Ursprung zurückbezieht.

Diese metaphysische Wertung ist zugleich eine ekklesiale, insofern sie den
Rang der Kunst von der Liturgie her bestimmt, die eben der eigentliche Ort der
Gottesverehrung ist, der Ort, an dem die Welt und auch ihre Kunst am reinsten
auf Gott rückbezogen wird. Die „Freundin der schönen Künste", als die sich
die Kirche hier präsentiert, sucht also in allem, was menschliche Kunsttätigkeit
hervorbringt, vor allem das, was dazu dient, daß die zum Kult gehörenden
Dinge wirklich würdig, ansehnlich und schön sind, und beurteilt das Kunstan-
gebot nach diesem Kriterium.

Das eingangs aufgestellte metaphysische Prinzip verschmilzt hier also mit
einem funktionalen und entwickelt daraus einige konkrete Bewertungsge-
sichtspunkte:

1. Für die katholische Kirche ist der Stil kein Kriterium. Darin unterscheidet sie sich von der orthodoxen Kirche, die die Sakralität unlöslich mit dem
bestimmten Stil der Ikonen verbunden hat, distanziert sich aber auch von
bestimmten Tendenzen im eigenen Haus, die z. B. im 19. Jh. und bis in den
Anfang unseres Jahrhunderts die mittelalterlichen Stile, vor allem die Gotik,
als *den* kirchlichen Stil propagierten. Die Kunst aller Völker und Zeiten soll
in der Kirche „Freiheit der Ausübung" haben, auch die moderne Kunst.

2. Während die ältere Kunst gewohnheitsrechtlich gesichert ist, muß die zeitgenössische erst geprüft werden.

Der erste Gesichtspunkt, der dabei ins Spiel kommt, ist ein typisch römischer, aus dem Traditionsverständnis römischer *religio* herkommender. Das durchaus konzedierte Neue darf nichts Revolutionäres sein, es muß sich an das, was sich durch Jahrhunderte an heiliger Stätte als angemesssen bewährt hat, anschließen und – auch das ist typisch römisch – die den heiligen Riten gebührende Ehrfurcht und Ehrerbietung („*reverentia et honor*") wahren. Das Gewicht einer ehrwürdigen Tradition kann nur moderate Neuerungen tolerieren. Wenn man in Anschlag bringt, daß das Prinzip der modernen Kunstentwicklung gerade die beschleunigte Innovation, die Revolution von Sehgewohnheiten ist, so ist die konziliäre Position zwar nicht auf traditionalistische Abwehr der Moderne eingestellt, aber doch auf Rezeptionsretardierung.

So werden die Bischöfe als kultische Aufsichtsbehörde angewiesen, darauf zu achten, daß „von den Gotteshäusern und anderen heiligen Orten streng solche Werke von Künstlern ferngehalten werden, die dem Glauben, den Sitten und der christlichen Frömmigkeit widersprechen und die das echte religiöse Empfinden verletzen"[7]. Diese Einschärfung greift deutlich zurück auf das, was das Trienter Konzil und nachtridentinische Theologen in Kunstdingen proklamiert hatten: die Bilder unterstehen wie die Bücher der kirchlichen Zensur, die über die Reinheit des Glaubens und der Sitte wacht. Zur Zeit des Trienter Konzils war das unmittelbar gegen bestimmte Tendenzen der Renaissancekunst gerichtet, das II. Vaticanum novelliert es im Blick auf die Gegenwart. Es akzentuiert dabei etwas, dem man vielleicht nicht unmittelbar einen Verstoß gegen Glauben und Sitte nachweisen kann, wohl aber eine „Verletzung des echten religiösen Empfindens" (des „*sensus vere religiosus*").

Das kann auf zweierlei Weise geschehen: *1.* durch die „*deprivatio formarum*", „Verunstaltung der Formen", *2.* durch künstlerische Minderwertigkeit. In beiden Fällen wird das religiöse Empfinden also durch formale Eigenschaften der Bildwerke gestört, woraus sich jedenfalls ergibt, daß der „*sensus vere religiosus*" nicht nur als spiritueller, sondern auch als sensueller zu verstehen ist. Daß nicht nur der Geschmack, sondern die Religion selbt durch mediokre und kitschige Machwerke in Mitleidenschaft gezogen wird, also umgekehrt durch große Kunst wirklich gefördert werden kann, ist ein Gesichtspunkt, den jeder Liebhaber der Kunst nur begrüßen kann. Schwieriger ist der erste Aspekt, wenn mit der „Verunstaltung der Formen" das Verdikt über Tendenzen der Moderne gemeint sein sollte, die vom klassischen Formkanon abweichen. Hier

---

[7] Art. 124, a.a.O. 103.

könnte sich zeigen, daß jener „*sensus religiosus*" eben kein „*pure religiosus*" ist, sondern mit undurchschauten kulturellen Voreingenommenheiten operiert, die die Kirche dann doch stilistisch festlegen, was ja gerade ausdrücklich ausgeschlossen werden sollte.

Man sieht, im Umfeld der modernen Kunstproduktion macht sich das Konzil nicht die seit Mitte des 19. Jh. kirchlich übliche antimodernistische Abwehrstellung zueigen, aber es legt, was die Verwaltung des Heiligtums anlangt, doch die noble Zurückhaltung römischer Senatoren an den Tag, die die *rerum novarum cupidi* in die erforderlichen Schranken verweist. Das ist keine Reserviertheit oder gar Feindschaft gegen Bilder überhaupt.

Es könnte im übrigen auch gelten, wenn es gar keine Liturgiereform gegeben hätte. Aber es hat sie gegeben, und es ist nun zu fragen, ob diese von der Kirche selbst betriebene Kultreform auch die Rolle der Bilder tangiert. Ob es also neben der ihr von außen durch die moderne Kunstentwicklung aufgedrängten Bilderfrage eine gibt, die sie sich selbst im Vollzug der Liturgiereform zugezogen hat. Im Kp. 124 der Liturgiekonstitution stößt man auf den simplen Satz: „Beim Bau von Kirchen ist sorgfältig darauf zu achten, daß sie für die liturgische Feier und für die tätige Teilnahme der Gläubigen geeignet sind."[8] Primär ist hier wohl an den Neubau von Kirchen gedacht, aber, wie die nachkonziliären Ausführungsbestimmungen zeigen, gilt diese Regel auch für die Neueinrichtung bereits bestehender Kirchen.[9] Primärer Sinn der Kirchenräume ist die Feier der Liturgie. Diese aber wird im Zuge des Konzils reformiert. In welcher Weise berührt das die Bilder?

Der Artikel 125 der Liturgiekonstitution setzt ein: „Der Brauch, in den Kirchen den Gläubigen heilige Bilder zur Verehrung darzubieten, werde nicht angetastet."[10] „*Firma maneat praxis*", heißt es im lateinischen Text, als wäre sie ins Schwanken geraten. J.A. Jungmann weist in seinem Kommentar der Stelle darauf hin, daß dieser Artikel auf Forderungen der Konzilsaula zurückgehe: „Mehrere Väter hatten sich gegen den ‚Bildersturm' gewandt, der in manchen Ländern eingesetzt habe. Selbst für die heiligsten Personen sei oft ‚kein Platz mehr in der Herberge'."[11]

Hier fällt also, und zwar als Zitat aus der Konzilsaula, das Wort „Bildersturm". Das Konzil hat die Beschwerde offenbar angenommen und die Praxis

---

[8] Ebd.

[9] Vgl. Apostolische Konstitution „Missale Romanum" (1969), in: E.J. Lengeling, Die neue Ordnung der Eucharistiefeier. Allgemeine Einführung in das Römische Meßbuch. Endgültiger lateinischer und deutscher Text. Einleitung und Kommentar, (Lebendiger Gottesdienst 17/18), Münster/Wesstf. 1972, 117-451.

[10] A.a.O. 103.

[11] Ebd.

der Bilderverehrung bestätigt; aber, und da wird dann doch eine gegenläufige Strömung sichtbar, auch eingeschränkt: „sie (die Bilder) sollen jedoch in mäßiger Zahl und angemessener Ordnung aufgestellt werden, damit sie nicht die Verwunderung der Gläubigen erregen oder einer weniger gesunden Frömmigkeit Vorschub leisten."[12] Dem Drang der Bilder, sich im Kirchenraum wuchernd zu vermehren, wird ein Riegel vorgeschoben: wenige und in anständiger Ordnung! Sonst nimmt die Augenlust des christlichen Volkes überhand oder eine nicht mehr so ganz christliche, vielleicht mit der Verwunderung auch wundersüchtige Frömmigkeit greift Raum. Da spricht offensichtlich nüchterner Religionsordnungswille nordeuropäischer Provenienz gegen den devotionalen Dschungel, der jenseits von Alpen und Pyrenäen zunimmt. Enthusiastische Bilderfreundschaft ist dies sicher nicht. Aber auch kein eigentlicher Ikonoklasmus, eher eine Art von visuellem Mäßigkeitsapostolat.

Was aber ist mit jener „Bilderstürmerei" gemeint, die da einige Konzilsväter beklagen? Ist sie vielleicht die radikale Form jener reservierten Haltung, die im vorliegenden Konzilstext zum Ausdruck kommt? Und hängt beides dann doch mit Tendenzen der Liturgiereform selbst zusammen?

Wenn man den Text der Liturgiekonstitution mit den späteren Instruktionen, vor allem der Konstitution „Missale Romanum"[13] zusammenliest, stößt man auf mehrere Punkte, an denen die Liturgiereform de facto die traditionelle Bildausstattung katholischer Kirchen empfindlich berührt:

1. DER HAUPTALTAR

Er hatte sich seit dem 11. Jh. zum zentralen Bildträger entwickelt. Die anfänglich noch einfachen Steinretabeln entwickelten sich zu den gotischen Flügelaltären und den riesigen Arkadenretabeln des Barock; die historistischen Stile des 19. Jh. setzten diese Tradition fort. Die Liturgiereform enthält die Anweisung, daß der Altar freistehen soll, damit er vom Zelebranten umschritten werden kann und die Zelebration *versus populum* jedenfalls möglich ist. Das bedeutet eine Rückkehr zum Brauch des 1. Jahrtausends, der keine Retabeln kannte. Altarbilder sind also im Prinzip überflüssig, bei neuen Kirchen nicht mehr erforderlich. Wo sie aus nichtliturgischen Gründen beibehalten werden, verändern sie ihren Status, insofern die Kulthandlung nicht mehr auf sie zugeht. Sie werden zu einer Art Hintergrundstaffage liturgischen Geschehens.

---

[12] Ebd.
[13] Vgl. a.a.O. 370-395 (Art. 252-280).

2. NEBENALTÄRE

Während in der altkirchlichen Zeit jede Kirche, auch die großen Bischofskirchen, nur *einen* Altar besaßen, wurde seit dem frühen Mittelalter die Zahl der Nebenaltäre in Seitenkapellen oder an den Wänden und Säulen der Kirchen sukzessiv vermehrt. Ursächlich dafür war die sich entwickelnde Praxis der täglichen Privatmesse jedes Priesters, die Heiligenverehrung und die Stiftung von Altären samt zugehöriger Pfründe und Verpflichtung des Totengedächtnisses. Auch diese Altäre entwickeln sich mit ihren Retabeln zu wichtigen Bildträgern im Kirchenraum. Die Konstitution „Missale Romanum" von 1969 verordnet in Art. 267: „Zahlreiche Nebenaltäre soll es nicht geben. Bei Neubauten sind sie in vom Hauptraum irgendwie getrennten Seitenkapellen unterzubringen."[14] Die Liturgiereform kehrt also auch hier zur altkirchlichen Praxis zurück. Damit entfallen wichtige Bildträger. In welchem Maße auch bestehende Seitenaltäre davon betroffen werden konnten, zeigt der Kommentar von Emil Joseph Lengeling zu diesem Artikel: „Der Artikel verbietet nicht, Nebenaltäre aus dem Kirchenschiff zu beseitigen. Wenn die Denkmalspflege das wegen der künstlerisch wertvollen Retabeln nicht erlaubt, sollten mindestens Kreuz, Leuchter und Altartücher, wenn möglich auch die Mensa entfernt werden. Manchmal lassen sich solche Altäre in Nebenkapellen aufstellen."[15] Die Altarbilder, sofern sie aus nichtliturgischen Gründen erhalten bleiben, wechseln also ihren Status, insofern sie nicht mehr der Beziehungsort einer kultischen Handlung sind; die Privatmesse ist nicht mehr erwünscht. Sie werden denkmalpflegerisch-kunsthistorische Dokumente oder vielleicht Orte der privaten Meditation der Kirchenbesucher.

3. KANZEL

Die in Italien bereits seit der Gotik mit plastischem Schmuck ausgestalteten Kanzeln werden seit dem Ende des 15. Jh. auch in Deutschland gebräuchlich. Seit Spätgotik und Barock werden sie zu wichtigen Bildträgern. Die Liturgiereform kehrt zum altkirchlichen Ambo zurück, der als Lesepult entweder rein funktional konzipiert wird oder eben eine bedeutend geringere Fläche zur Bildgestaltung abgibt als die Kanzel.

---

[14] A.a.O. 381.
[15] Ebd.

4. KULT- UND ANDACHTSBILDER

Hiermit sind Bilder Christi und der Heiligen gemeint, die über den Bereich der Altarretabeln hinaus an Säulen, Wänden, auf Sockeln aufgestellt sind zum Zwecke der Verehrung (Gebet, Kniebeuge, Kerzen, Votivgaben etc.) oder der Andacht, d. h. der betrachtenden Mitempfindung der dargestellten Szene (z. B. Pietà, Johannesminne, Kreuzweg, Krippe usw.). Diese Art von Bildern hatte sich seit der Gotik in den Kirchen ausgebreitet im Zuge einer Diversifizierung der Frömmigkeit über den klerikalen Hauptkult hinaus. Die vor allem an die Heiligenbilder geknüpfte Bilderverehrung mit den entsprechenden Heilserwartungen war ein Hauptangriffspunkt der reformatorischen Bilderkritik. Das Trienter Konzil hat sie verteidigt; daran hat das II. Vaticanum angeknüpft. Wenn die Liturgiekonstitution hier auf Reduzierung und Ordnung drängt, so ergibt sich das wiederum aus dem alles leitenden Interesse an der Hauptliturgie der Eucharistiefeier, von deren Vollzug und christozentrischer Orientierung die Gläubigen nicht durch Bilder und Sekundärkulte abgelenkt werden sollen.

Die fromme Übung der Volksandachten (Maiandachten, Kreuzweg und Rosenkranz, Herz-Jesu- und Sakramentsandachten usw.), die ja zumeist auch eine visuelle oder wenigstens imaginative Ausrichtung haben, wird nicht abgeschafft, favorisiert wird jedoch, was bezeichnenderweise „Wortgottesdienst" heißt.

Der Durchgang durch die vier Punkte – Hauptaltar, Nebenaltäre, Kanzel, Kult- und Andachtsbilder – zeigt, daß die Liturgiereform Raumstellen tangiert, die traditionell die wichtigsten Bildorte der Kirche waren. Die Bilder werden nicht eigentlich bekämpft, als Götzenbilder, wie im byzantinischen oder reformatorischen Bilderstreit. Sie entfallen vielmehr. Sie werden im Konzept der reformierten Liturgie dysfunktional. Es ist auch einleuchtend, daß in einem Verständnis der Liturgie als *„actuosa participatio"* einer Gemeinschaftsfeier Bilder als Bezugspunkte der Aufmerksamkeit unnötig, wenn nicht störend sind.

Historisch zeigt sich dabei der Sachverhalt, daß die Liturgiereform des II. Vaticanums eine Art Epochensprung ist. Sie ist an der altkirchlichen Liturgie und am Bildergebrauch des 1. Jahrtausends orientiert. Das Ideal ist der klar strukturierte, auf den einen, freistehenden Altar als Mitte der Gemeinde und ihrer gemeinschaftlichen Eucharistiefeier hin orientierte Einheitsraum. Das Gegenmodell ist die polyzentrische gotische Kathedrale, in der sich die Ausübung der Religion räumlich in eine Vielzahl bildmarkierter Stellen ausdifferenziert. Der einzelne (der Priester, der seine Privatmesse zelebriert; der Fromme, der ein Bild verehrt oder meditiert) und kleine Gruppen (Familien, Zünfte, Gilden, Bruderschaften an den von ihnen gestifteten Altären) finden bildmarkierte

Stellen der Ausübung ihrer Frömmigkeit außer und neben der offiziellen Hochliturgie. Frömmigkeitsgeschichtlich ist somit bemerkenswert, daß die gotische Subjektivierung, Individualisierung und Diversifizierung der christlichen Religion mit einer simultan anwachsenden Bilderorientierung verbunden ist. Diese epochale Formation reicht bis in die Neugotik des 19. und 20. Jh.

Die sich davon absetzende, hinter sie zurückgreifende, neue Formation der Liturgiereform des II. Vaticanums ist natürlich nicht 1960-63 vom Himmel gefallen. Sie ist die Frucht der liturgischen Bewegung. 1972, als die Liturgiereform in der Praxis vor Ort zu greifen beginnt, klagt der in der Nachkriegszeit hochgeschätzte, mit vielen Aufträgen im Bereich der Kirchenmalerei und der Illustration des von den deutschen Bischöfen herausgegebenen Katechismus bedachte Albert Burkart in einem Artikel „Kunst im Kirchenraum": „Die Saat von Rudolf Schwarz, die schon auf das Jahr 1930 zurückgeht und den von der Kunst entleerten Raum für die Kunst verschließt und sie dafür an den privaten Raum zurückverweist, ist erst heute richtig aufgegangen und wird von vielen als Evangelium angesehen".[16] In Burkarts Augen ist unter dem günstigen Himmel des Konzils die jugendbewegte Saat der liturgischen Bewegung voll aufgegangen zu Lasten der Bilder im Raum der Kirche.

Was im Gefolge der Liturgiereform in der Inneneinrichtung der Kirchen vor Ort geschehen ist, dürfte sehr unterschiedlich sein. Auch wenn man A. Lorenzers harschem Urteil vom „Vandalismus des II. Vaticanums"[17] nicht folgen mag, ist eine Tendenz zur Reduzierung von Bildern und Bildergebrauch nicht zu leugnen. Am renitentesten haben sich wohl die Kultbilder mit ihren Kerzeneggen gezeigt, Madonna und Pietà, Statuen des Hl. Antonius und Judas Thaddäus, an denen die private Frömmigkeit durch alle Gezeiten offizieller Liturgiereform penetrant festhielt.

Mittlerweile ist jedoch auch eine Gegenbewegung nicht zu übersehen. Alte Ausmalungen werden restauriert, neue angefertigt. Ältere Bilder werden zurückgeholt, prominentestes Beispiel aus der jüngsten Zeit ist die Münchener Frauenkirche, hier und da mit modernen experimentiert. Aber nicht nur im Bereich der hohen Kunst, auch auf dem Niveau der Gebrauchskunst (Bilder aus Kindergarten und Jugendgruppen, Plakate, Dias) macht sich, wenn auch nicht gerade wild, ein Hunger nach Bildern bemerkbar.

Was hier geschieht, ist schwer zu überblicken oder gar zu bewerten. Ist es ein konservativer Schwenk, der auch auf anderen Sektoren hinter das II. Vaticanum

---

[16] A. Burkart, Kunst und Kirchenraum, in: Mün. 25 (1972), 389-393, 389.
[17] A. Lorenzer, Das Konzil der Buchhalter. Die Zerstörung der Sinnlichkeit. Eine Religionskritik, Frankfurt/M. 1981, 179.

zurückmöchte? Ist es des Gottesvolkes Volkstümlichkeit, die sich gegen verordnete Rationalität ihr Recht verschafft? Ist es die visuelle Zivilisation, deren Ansprüche auch in der Kirche das Ende der verbalen Gutenberg-Galaxis, wie das genannt wurde, einläutet? Sind es Desiderate des Tourismus, der ohne Sehenswürdigkeiten ins Leere läuft? Postmoderne Dekorationslust? Pastorale Mitmach-Pädagogik? – Differenzierte Motivforschung wäre hier sicher vonnöten. Theologisch ist m.E. vor allem zu bedenken, mit welcher Art von Frömmigkeit sich die Wiederaufnahme von Bildern verbindet. Die bloße Restituierung der alten Bilder kann ja die damit verbundenen Bilderpraktiken nicht einfach mitliefern. Vor den reetablierten Nebenaltären werden ja nicht wieder Privatmessen gefeiert. Werden sie also etwas anderes sein als festliche Raumstaffage oder kunsthistorische Sehenswürdigkeit?

Nach der kritischen Intervention des Konzils kann man nicht einfach zu früherer Naivität zurückkehren. Es geht schließlich um die Verehrung Gottes an der Wende zum 3. Jahrtausend, um die Ausübung der christlichen Religion im Zeitalter grassierender Säkularisierung. Der Zustand, in dem die Religion sich derzeit in Mitteleuropa befindet, sollte vielleicht noch einmal nachdenken lassen über die Beobachtung, daß das gotische Aufkommen der Bilder mit dem Prozeß einer Subjektivierung, Individualisierung und Diversifizierung der Religion zu tun hatte. Die Liturgiereform des II. Vaticanums wollte im Rückgriff auf frühchristliche Modelle das Christentum zu einer entschiedenen Gemeinschaftssache machen. Religion ist aber in der Folgezeit in einem Ausmaß zur Privatsache geworden, daß manche Kirchenoberen schon die Zuflucht bei den visuellen Künsten von Werbeagenturen suchen, um die versprengten Schafe heimzuholen.

IX. VOM WIDERSTAND DER BILDER

1. Die Bilder der Avantgarde ante portas geben Anlaß, über den heute für sie schwer zugänglichen Kirchenraum theologisch nachzudenken. Nach der herrschenden liturgischen und kirchenarchitektonischen Theorie werden Kirchen im Prinzip als Einheitsräume für die kollektiven, zentral gelenkten Hauptgottesdienste der Gemeinde gedacht und eingerichtet. Rein topographisch finden die Bildwerke der Moderne da schwer einen Platz. Und von deren privatmythologischem, mythopoetischem Grundzug her ist auch nicht ohne weiteres zu erwarten, daß der Gemeinsinn heutiger Kirchengemeinden in ihnen ein alle verbindendes und verbindliches heiliges Bild finden könnte.

Stellplätze gäbe es wohl nur, wo man eine Kirche als Gotteshaus in einem weiteren Sinne verstünde, als sakralen Bezirk, der Stellen, Nischen, Kapellen einräumt für religiöse Erfahrungen und Übungen von einzelnen und kleineren Gemeinschaften. Vielleicht kann das Ensemble individueller sakraler Räume auf dem Hof Walter Pichlers in Österreich eine Idee davon geben.[1] Daß so etwas auch unter normalen kirchlichen Verhältnissen nicht unvorstellbar ist, zeigt z. B. die Pax-Christi-Kirche in einer Vorstadt von Krefeld, wo Werke von Günther Uecker, Norbert Prangenberg, Felix Droese, Klaus Staeck die Leerstellen der alten Andachtsbilder eingenommen haben.[2] Wenn Menschen solchen Bildern die Andacht anhaltender Aufmerksamkeit schenken, verändert sich dabei gewiß die Frömmigkeit der Leute. Gewiß wird aber auch den Bildwerken hier eine Form von Aufmerksamkeit zuteil, die sie in Museen kaum je erhalten.

2. Im Zwischenreich von Kunst und Frömmigkeit haben Theologen stellvertretende Arbeit zu leisten. Die alten Andachtsbilder setzten gewiß schon die

---

[1] Vgl. R. Beck, Religiosität ist heute nur noch in der Kunst möglich. Ein Gespräch mit Walter Pichler, in: R. Beck / R. Volp / G. Schmirber (Hg.) Die Kunst und die Kirchen, München 1984, 197-200.

[2] Vgl. B. Müller, Kunst als Mittel der Verkündigung. Junge Krefelder Gemeinde auf neuem Wege. In: KuKi 46 (1983) 112f; H. D. Peschken, Eine Pfarrgemeinde setzt sich der Gegenwartskunst aus, in: KuKi 47 (1984) 284f.; K.J. Maßen, Kunst im liturgischen Raum. Die Pax-Christi-Gemeinde in Krefeld, in: A. Mertin / H. Schwebel (Hg.), Kirche und moderne Kunst. Eine aktuelle Dokumentation, Frankfurt/M. 1988; zur Frage der modernen Kunst im Kirchenraum vgl. auch die übrigen Beiträge dieses Bandes, ferner: dies. (Hg.), Bilder und ihre Macht. Zum Verhältnis von Kunst und christlicher Religion, Stuttgart 1989.

Bildwahrnehmung auf eine neue subjektive, von der Objektivität des offiziellen Kults und der scholastischen Lehre sich absetzende Stufe, aber ihre Bilderwelt war herausgebildet aus der Welt des Glaubens, der Heiligen Schrift und kirchlichen Lehre. Das ist bei den Werken der modernen Kunst nicht mehr gegeben. Sofern sie überhaupt an die Religionsgeschichte der Menschheit in irgend erkennbarer Weise sich anschließen, gehen sie damit höchst subjektiv und freizügig um, ohne tradierte Grenzziehungen und Festlegungen zu respektieren.

Theologen aber sind irgendwie Wahrheitsmenschen, die eigentlich aus Offenbarung, Schrift und Dogma ja schon wissen, was der Sinn von allem und die letzte Wahrheit ist. Das in der westkirchlichen Tradition dominierende katechetisch-homiletische Interesse an Bildern bildet den allzu naheliegenden theologischen Wahrnehmungshorizont auch für die jenseits des Verfügungsbereichs der kirchlichen Tradition frei entstandenen Bilder. Unter der Hand der theologischen Interpretation werden dann die fremden Bilder als anregende oder aufregende Medien der eigenen alten Wahrheit toleriert oder domestiziert.

Daß Künstler manchmal ihre Bedenken zu erkennen geben bei solch nachträglicher Inbetriebnahme ihrer Werke, ist begreiflich. Aber auch die Theologie verspielt bei solchen Nutzungsverfahren die Möglichkeit, in der Fremde dieser Bilder Erfahrungen zu machen und Einsichten zu gewinnen, die so noch nicht da waren.

Die Theologie im engeren Sinne ist ein Sprachunternehmen. Sie kann in dem ihr eigenen Diskurs mit Kunst nur etwas anfangen, wenn und soweit sie ihr sprechend und schreibend nachgehen kann, was natürlich nicht heißt, daß sich die religiöse oder kirchliche Bedeutung der Kunst in dieser sprachlich-schriftlichen Rezeption erschöpfe. Die moderne Kunst hat sich dem Bereich, in dem ihr die Theologie die Vorschrift lieferte, längst entzogen. Die Kunst ist der Schrift voraus. Sofern die Theologie sich sprechend und schreibend auf sie einläßt, sind die so entstehenden Texte Nachschriften, etwas Neues, was erst im Durchgang durch die Kunst entsteht. Das ist ein riskantes Unternehmen, weil man nicht weiß, wohin man da und ob man überhaupt zu etwas theologisch Belangreichem kommt. Es ist ja auch nicht alles hohe Kunst und tief religiös, was auf den ersten Blick so glänzt oder auf dem Kunstmarkt so aufpoliert wird. Aber das alles weiß man nicht von vornherein, sondern erfährt es erst, wenn man dem Vorgang und der Spur der Bilder genau und aufmerksam folgt und, dies nachschreibend, die überkommene Sprache erneuert.

3. Aber ob die Theologie aufs Ganze sich dafür sehr viel Zeit nehmen wird, ist fraglich, wenn man bedenkt, daß ja schon die ältere Kunst als Quelle des Theologietreibens nur sehr begrenzt in Anspruch genommen wird. Die großen Christologien der modernen Theologie, z. B. von E. Schillebeeckx oder W. Kasper, kommen ohne Rekurs auf die Ikonographie aus. Im Unterschied zu

den östlichen Kirchen, in denen die Liturgie wie ein endloser Gesang angesichts von Bildern anmutet, haben die westlichen Kirchen die religiöse Bedeutung von Bildern gegenüber Wort und Sakrament immer sehr viel geringer eingestuft. Die liturgische Reform der katholischen Kirche ist in dieser Richtung durchaus weitergegangen.

Der Gottesdienst am doppelten Tisch des Wortes und des Sakraments zielt auf Einverleibung: in der Eucharistie das gemeinsame Mahl, das Essen des Leibes Christi, das Verzehren Gottes, damit wir leben; im Wortgottesdienst die Aneignung des Wortes Gottes als Lebenssinn. Vielleicht ist Einverleibung Gottes wirklich das Mysterium des christlichen Glaubens. Vielleicht liegt hier zugleich aber auch der Keim jenes Atheismus, der Gott als Lebensmittel des einzelnen und der Gemeinde gebraucht und verbraucht.

In diesen Zusammenhang tritt das Bild als unverzehrbarer Fremdkörper. Es setzt eine Differenz, ein unaufhebbares, leibhaftes Gegenüber. In der Bilderfahrung tritt fremdkörperliche Materie in den Status unnahbarer Nähe. Simone Weil hat diese Erfahrung allgemeiner am Begriff des Schönen formuliert: „Das Schöne ist das, was man begehrt, ohne es essen zu wollen. Wir begehren, daß es sei. . . . Schauen und Warten ist das Verhalten, das dem Schönen angemessen ist . . . In allem, was das reine und echte Gefühl des Schönen in uns weckt, ist Gott wirklich gegenwärtig. Es gibt gleichsam eine Art Inkarnation Gottes in der Welt, deren Merkmal die Schönheit ist."[3] Wir sind animalische Lebewesen. Wir verzehren die Welt, um zu leben. Wir sind *animal rationale* dazu; wir eignen uns die Welt an, begreifend, nutzend, um zu leben. Tritt also das Kunstwerk dem *animal rationale*, dem alles begreifen und nutzen wollenden Lebewesen, entgegen in einer fremden Schönheit als Inkarnation des unbegreiflichen, nutzlosen Anderen, der Gott ist? Ist dies die auch von der Theologie halbvergessene Stelle des Bildes in der Religion, Widerstand gegen abschüssige Tendenzen, die in Wort und Sakrament zu liegen scheinen? Oder hat die Theologie diese Kontamination von Gottheit und Schönheit zu Recht in Vergessenheit geraten lassen, weil das nicht mehr unser Gott ist, der doch Leib und Leben hingegeben hat für uns? Ist die Kunst in sich selbst abschüssig zur unchristlichen Idololatrie?

4. Wenn es überhaupt eine biblische Definition des Menschen gibt, so ist es nicht die des *animal rationale*, sondern, wie es im Buch Genesis geschrieben steht: „nach dem Bilde Gottes schuf er ihn, als Mann und Frau erschuf er sie" (Gen 2,27). Der Mensch ist von Angesicht zu Angesicht: Er ist freies, nacktes, wehrlos jeder Besitzergreifung sich widersetzendes Antlitz, dem Antlitz des

---

[3] S. Weil, Schwerkraft und Gnade, München [2]1954, 256- 258.

Anderen, Fremden gegenüber, der Gott ist und der Nächste.[4] Dies ist die Schöpfungsbedingung des Bundes und der Menschwerdung Gottes. Und die ewige Seligkeit wird in biblischer Tradition nicht einheitsmystisch oder identitätsphilosophisch als Ineinsfall von allem gedacht, sondern als Auferstehung der Toten und *visio beatifica*. Da geht die unwahrscheinliche Hoffnung darauf, daß die Materie mit dem Vermögen belehnt wird, die Augen aufzuschlagen zu einem unerschöpflichen „von Angesicht zu Angesicht". Eben diese Wendung gebraucht W. Benjamin, wo er von der Aura eines Kultbildes spricht: „Die Aura einer Erscheinung erfahren, heißt, sie mit dem Vermögen belehnen, den Blick aufzuschlagen."[5]

Kann Bilderfahrung dann, wenn ein Bild mir nahekommt, mich angeht, mich anblickt – ganz unabhängig davon, ob da gegenständlich ein Gesicht dargestellt ist oder nicht –, mir sinnlich zu erfahren geben, was ich bin: „von Angesicht zu Angesicht"?

5. Aber ist das Bild in diesem Moment des Anblicks nicht doch nur der unsichtbare Spiegel, der mir mein eigenes Bild, das meiner äußersten Wünsche und Ängste faszinierend zurückwirft? Ist das Bild in seiner äußersten Möglichkeit und Reichweite eben das Spiegelbild, das Narziß erblickt, als er sich über die Quelle des Eros beugt, und nach dem er sich identitätssüchtig verzehrt?

Haben die Ikonoklasten doch recht, wenn sie die Bilder bannen und zerstören, weil wir in ihnen doch immer nur, von uns selbst fasziniert, die uns faszinierenden Idole aufstellen? Die östlichen Kirchen haben gegen den Mythos von Narziß die Legende des nicht von Menschenhand gemachten Bildes Christi gestellt und in einer streng liturgisch geregelten Mal- und Verehrungspraxis die Ikonen als Fenster des Himmels zu wahren versucht. Die westkirchliche und dann die an sie anschließende westeuropäische Kunst überhaupt hat in ihrem Innovationshunger andere Wege eingeschlagen. Entspringt dieses westliche Begehren einem grandiosen Narzißmus, der auf der Suche nach sich selbst kein Halten kennt? Gibt es in diesem Strom der immer neuen Bilder Haltestellen, in denen das, was hier geschieht, noch einmal gebrochen wird, wo im Bild selbst der Spiegel gebrochen und das Idol gestürzt wird, ohne daß gleich ein neues aufgerichtet wurde?[6]

---

4 Vgl. E. Lévinas, Die Spur des Anderen. Untersuchungen zur Phänomenologie und Sozialphilosophie, hg. u. eingel. von W. N. Krewani, Freiburg/Brsg. 1983; E. Lévinas, Die Zeit und der Andere, Hamburg 1984.

5 W. Benjamin, Charles Baudelaire. Ein Lyriker im Zeitalter des Hochkapitalismus, Frankfurt/M. 1969, 157.

6 Vgl. J. L. Marion, Idol und Bild, in: B. Casper (Hg.), Phänomenologie des Idols, Freiburg/Brsg. 1981, 107- 132.

Kann man solche Haltestellen entdecken, wo in der neueren Kunst die
ehedem religiösen Figuren entführt, gefangengenommen, bloßgestellt, verletzt,
fragmentiert, zugedeckt, verrätselt werden oder in die Resonanz der Bildgrün-
de und -strukturen sich zurückziehen? Ist der dem Bild selbst immanente
Ikonoklasmus die Stelle, an der sich in der gegenwärtigen Phase unserer Kultur
für lichte Momente das ereignen kann, was in der Ostkirche durch die liturgische Überwindung des Bilderverbots erlangt werden sollte: ein nicht von Menschenhand gemachtes Bild?

X. TEMPEL DER TOLERANZ
ZUR MUSEALISIERUNG DER RELIGION

KINDER. „*Was die Kinder betrifft, so hoffe ich zu Gott, daß sie besser sein werden als ihre Eltern. Sie haben gute Anlagen und setzen sich mit wahrem Feuereifer für die Sache unseres Glaubens ein; sie lernen die Gebete mit Leichtigkeit und sind ebenso geschickt wie begeistert, sie auch anderen beizubringen. Die götzendienerischen Handlungen der Heiden sind ihnen ein Greuel, und die Kinder gehen zuweilen in ihrem Eifer so weit, sich mit ihnen aus diesem Anlaß herumzuschlagen. Überraschen sie ihre Eltern beim Götzendienst, so machen sie ihnen Vorwürfe, ja, sie kommen in solchen Fällen sogar zu mir, ihre Angehörigen bei mir zu verklagen. Und wenn sie mich erst benachrichtigen, daß vor dem Dorfe ein Götzenaltar errichtet wird, so versammle ich alle Kinder des Dorfes, und zur gegebenen Stunde marschieren wir alle an jenen Ort. Da empfängt dann das Teufelsbild von seiten der Kinder viel mehr Schmähungen, als ihm von den großen Leuten Ehre erwiesen wurde. Die Kinder packen den Götzen und sorgen, daß auch nicht ein Stäubchen von ihm mehr übrigbleibe; sie spucken auf die zermalmte Masse und trampeln darauf herum, ja, sie treiben ihr Vernichtungswerk noch weiter, auf eine Art, die ich lieber nicht so ausführlich beschreiben will; die Kinder aber betrachten das alles als eine Ehrensache.*“[1] Von dieser Ehrensache der malabarischen Christenkinder schreibt Franz Xaver am 15. Januar 1544 aus Südindien an die Väter der Gesellschaft Jesu zu Rom. Was hier als missionskatechetische Aktion beschrieben wird, steht in einer starken, biblisch begründeten Tradition. Der heroische Jesuitenmissionar ist ganz eines Sinnes mit Moses, der das Goldene Kalb am Fuß des Gottesberges zermalmen ließ, und dem König Josia, dessen radikale Kultreform Jerusalem von den Baalen und Ascheren reinigte, mit dem Propheten Jesaja, der über die Idole spottet, und dem Apostel Paulus, der sich über die göttervolle Stadt Athen erregt, mit den Märtyrern der Frühzeit, die wegen der Weigerung, den Idolen des Imperiums zu opfern, in den Tod gingen, und dem Apostel der Deutschen, der die Donareiche fällte. Sie alle kennen keine Toleranz gegenüber Idolen. Der Eifer der indischen Kinder ist von einer Wolke von Zeugen getragen.

---

[1] Zit. nach: Die Briefe des Francisco de Xavier 1542- 1552, ausgewählt und übertragen von E. Gräfin von Vitzthum, Leipzig 1979, 53f.

KINDER, KINDER. „*Mehr als eine bloße Halbwahrheit wurde von einem kleinen Jungen von neun oder zehn Jahren ausgesprochen, der an einem regnerischen Nachmittag mit ein paar Freunden durch ein Museum ging. Mit einem Blick, der zornige Mißbilligung ausdrückte, und einer Handbewegung, die seinem ausgestreckten Zeigefinger die Dynamik der Inquisition gab, sagte er: ,Das ist ein Götze.' Schweigen folgte auf dieses vernichtende Urteil. Aber dann wurde das Gleichgewicht der Gerechtigkeit wiederhergestellt, dann wurde die volle Wahrheit gesprochen. Halb überrascht, halb empört antwortete einer seiner Kollegen: ,Das ist kein Götze. Das ist Buddha.' Für den Erwachsenen, der daneben stand, war Buddha nie so real wie in diesem Augenblick und auch so jenseits aller Gedanken von Schönheit oder Häßlichkeit. Die ruhige Bronzestatue vor ihm war kein Götze, verdammt zusammen mit allen anderen Götzen der Welt von dem kindlichen Sprachrohr der rechtgläubigen christlichen Lehre, noch auch ein wunderbares Kunstwerk, noch ein wunderbares ,Stück', wie man es in einem Museum nennen würde, sondern der Buddha, der Ausdruck einer einzigartigen Vorstellung vom Leben des Menschen, der der Wirklichkeit der menschlichen Existenz einen tiefen Sinn gibt.*"[2] Zum Exempel erzählt das der holländische Religionswissenschaftler Frans Sierksma im Vorwort zu seinem 1959 erschienenen Buch „Götter, Götzen und Dämonen". Als Zeuge der vollen Wahrheit wird ein Kind in die Mitte gestellt, das „der rechtgläubigen christlichen Lehre" ins Angesicht widersteht. Auch dies hat Tradition, freilich eine andere: „*Wenn die Griechen zum Gedenken an Gott durch die Kunst des Phidias angeregt werden oder die Ägypter durch Tierverehrung oder andere durch einen Fluß, wieder andere durch Feuer, so will ich nicht über ihre Verschiedenheit streiten. Laß sie nur erkennen, lieben und gedenken*"[3], schreibt im 2. nachchristlichen Jahrhundert der neuplatonische Religionsphilosoph Maximus von Tyrus. Es ist eine Tradition weltläufiger Toleranz gegenüber allem, was die Religionen auf dem Erdkreis hervorbringen. Idole?

BERÜHREN VERBOTEN. Der Ort, an dem Frans Sierksmas prophetischer Kindermund die Wahrheit kundtut, ist das Museum. Besagte „ruhige Bronzestatue" ist nicht mehr da, wo sie anfänglich war, in einem fernöstlichen Tempelschrein. Sie ist von dort verbracht ins Heiligtum europäischer Bildung. Wo immer Bildwerke einmal waren, wozu immer sie einmal dienten, ob vor ihnen gebetet oder blutige Opfer dargebracht wurden, ob sie Objekte der Meditation oder des magischen Zaubers, der Propaganda oder Erotik waren, das Museum,

---

[2] F. Sierksma, Götter, Götzen und Dämonen, Wien 1959, 8.
[3] Maximus von Tyrus, Oratio VIII, 10; zit. nach: M. Eliade, Geschichte der religiösen Ideen, Quellentexte, übers. u. hg. von G. Lanczkowski, Freiburg/Brsg. 1981, 67.

als Institution gedacht, versammelt sie alle unter einem Dach – als Dokumente der Weltkunst.[4] Aphrodite und Madonna, afrikanischer Nagelfetisch und spätgotisches Pestkreuz sind mit Rembrandts Selbstbildnis und Duchamps Flaschentrockner friedlich vereint – als Kunst. Wer ein Museum betritt, hat sich danach zu richten. Wer den Buddha oder Baal, aber auch die Mona Lisa oder Jeff Koons Sexplastiken als Götzen ansieht und dann auch behandeln will, hat hier keinen Zutritt, ist gegebenenfalls ein Irrer. Kerzen anzuzünden vor verehrten Bildern, sie zu küssen oder zu beweihräuchern ist streng untersagt. Und es wäre zumindest komisch, würde dort jemand niederknien und beten. Blumen würden alsbald entfernt, von materielleren Opfern gar nicht zu reden. Hier ist alles reine Augensache, „Berühren verboten!", Sache des Sehens, Nachdenkens, Beredens. Unter dieser Zurückhaltungsbedingung ist das Museum der Tempel der Toleranz, das Pantheon der multikulturellen Koexistenz, die Kathedrale des Religionsfriedens.

NICHT SO EINFACH. Wer darauf verzichtet, den Buddha einen Götzen zu nennen, und stattdessen darin den „Ausdruck einer einzigartigen Vorstellung vom Leben des Menschen sieht", scheint mit dieser anthropologischen Wendung der alten Zeit der Religionskriege entronnen zu sein. Aber der Verzicht auf religiöse Militanz zugunsten humaner Relevanz tilgt nicht die Differenz der Phänomene. Im Anhang seines Buches „Der westliche und der östliche Weg", das die große Nähe von christlicher und buddhistischer Mystik herausarbeitet, faßt D.T. Suzuki die tragenden Sinnbilder in den Blick: „*Welch ein Gegensatz zwischen der Vorstellung des gekreuzigten Christus und dem Bild Buddhas, wie er auf einem Bett liegt, von Jüngern und anderen Wesen, menschlichen und nicht-menschlichen umgeben! Ist es nicht interessant und erhellend zu sehen, wie alle möglichen Tiere zusammenströmen, um den Tod Buddhas zu betrauern? Daß Christus aufrecht am Kreuz starb, während Buddha liegend verschied – symbolisiert das nicht den fundamentalen Unterschied in mehr als einer Hinsicht zwischen Buddhismus und Christentum? ‚Aufrecht' bedeutet Aktion, Streitbarkeit, Ausschließlichkeit, indes ‚waagerecht' Frieden, Duldsamkeit und Weitherzigkeit meint. In seiner Aktivität hat das Christentum etwas, das aufreizt, erregt und beunruhigt. In seiner Streitbarkeit und Ausschließlichkeit neigt es dazu, eine selbstherrliche und manchmal herrische Gewalt über andere auszuüben – trotz des erklärten Zieles der Christenheit: von Demokratie und allgemeiner Verbrüderung. In dieser Hinsicht erweist der Buddhismus sich als*

---

[4] Unter dem Titel „musée imaginaire" wird diese Idee vor allem entwickelt von A. Malraux; vgl. dazu A. Stock, Zwischen Tempel und Museum. Theologische Kunstkritik. Positionen der Moderne, Paderborn 1991, 213-217.

das gerade Gegenteil des Christentums. Die horizontale Lage des Nirvana-Buddha mag manchmal den Eindruck von Indolenz, Indifferenz und Tatenlosigkeit erwecken, obwohl der Buddhismus in Wirklichkeit die Religion der Tapferkeit und einer unendlichen Geduld ist – eine Religion des Friedens, der Heiterkeit, des Gleichmuts und des Gleichgewichts. Er weigert sich, streitbar und exklusiv, ausschließlich sein zu wollen. Er tritt im Gegenteil ein für Weitherzigkeit, allumfassende Toleranz und Sichfernhalten von weltlichen Streitigkeiten."[5] Der Passus läßt keinen Zweifel, wer in den Augen der Göttin Toleranz den Wettstreit der Weltreligionen gewinnt. Ein Anwalt des Christentums könnte gewiß einiges vorbringen zur Differenzierung dieser buddhistischen Kreuz-Version. Aber eines ist wohl wahr: eine Religion „der Heiterkeit, des Gleichmuts und des Gleichgewichts" ist das Christentum, aufs Kreuz hin gesehen, sicher nicht. Das Kreuz, in jener Anschaulichkeit genommen, die die christliche Kultur daran herausgearbeitet hat, faßt antagonistisch gespannte Bedeutungen in sich. Vielleicht steht es auch für eine besondere Version der Toleranz. Deren semantischem Kern liegt es nicht so fern, wenn man *„tolerare"* beim Wort nimmt als „erdulden, erleiden, ertragen". Wenn überhaupt, so ist am Kreuz der Schmerz der Toleranz zu sehen. Das andere, die anderen werden in ihrer aggressiven Fremdheit leibhaftig erduldet. Aber wenn nun – im Blick des buddhistischen Betrachters – dies Inbild des wehrlosen Opfers zum Emblem der Aggressivität umschlägt, . . .

– Im Moratorium des Museums, wo alle auf Taten verzichten, ist über die Macht der Bilder zu sprechen, die sie dort hatten und haben, wo sie mit den Taten der Menschen verbunden sind.[6] Und dieses Gespräch hat Toleranz nicht nur zur Bedingung, es betrifft auch ihren Begriff.

SPAGAT. Musealisierung ist eine kulturelle Verhaltensform, die mit dem Traditionsgeltungsschwund westlicher Gesellschaften offenbar progressiv anwächst. Mit den Touristenströmen erfaßt sie auch die Kirchen, wandelt den Kultraum zur Ausstellung einer Religion, die man gern besichtigt, so man nicht zu glauben und auszuüben hat, was einem da vor Augen geführt wird. Was im Sog der Musealisierung ihrer Kulträume zu ästhetischen Objekten die Verwalter der Gotteshäuser bedrängt, tangiert auch die Theologen, die von Haus aus von der Wahrheit der christlichen Religion Rechenschaft zu geben haben. Wer da auf der Höhe der Zeit sein will, hat es nicht leicht. Der kulturethnologische

---

[5] D.T. Suzuki, Der westliche und der östliche Weg. Essays über christliche und buddhistische Mystik, Berlin 1957, 128.

[6] Vgl. zu diesem Prozeß: D. Freedberg, The Power of Images. Studies in the History and Theory of Response, Chicago 1989.

Blick zermürbt die zeitlose Festigkeit des Katechismus. Hier und da entwickelt sich ein Habitus betriebsinterner Selbstmusealisierung, in der sich aufgeklärte Religionskritik mit anschaulicher Darbietung christlicher Kulturgeschichte amalgamiert. Was die Altvorderen von Dante bis Swedenborg, von Hieronymus Bosch bis zur Wieskirche über Himmel, Hölle und Fegfeuer gedacht und ausgemalt haben, wird dem durchaus interessierten Publikum anschaulich vorgeführt und ist am Ausgang doch nur das Kuriositäten-(wo nicht Grusel-)kabinett des christlichen Glaubens, der sich aus all dem längst zurückgezogen hat auf einen heutigentags vermittelbaren Vernunftkern, der freilich innerhalb der Grenzen der bloßen Vernunft ohne all jene schön-schrecklichen Bilder auszukommen hat.[7] So entgeht man dem Schreckgespenst des Fundamentalismus, der zu glauben vorschreibt, was doch nur ein Kulturphänomen ist, und kann doch auch dem ungläubig- bildersüchtigen Auge zeigen, welcher Einfallsreichtum der christlichen Religion eignet. Aber so wenig wie der unbeirrbare Stand der Fundamentalisten ist dieser Spagat ihrer Kontrahenten schon ein Schritt in die Zukunft.

LABORATORIUM. „Man könnte sogar sagen, es ist eine gute Mysterienstätte. Wenn man das jetzt nicht mißversteht und regressiv versteht, als wolle man zu einer Druidenstätte zurück. Wenn man die Möglichkeit, den Menschen frei bestimmen zu können, zum Ausgangspunkt nimmt, die Möglichkeit Formen zu entwickeln und nach dem ganzen Sinnzusammenhang zu forschen und zu fragen, wäre das eine Aufgabe des Museums."[8] Für Joseph Beuys, von dem diese Sätze stammen, ist das Museum eine geistige Forschungsstätte, deren Besonderheit in der Präsenz körperlicher Materialien liegt, die als Katalysatoren des Denkens fungieren. *„Es müssen irgendwelche konkreten Dinge da sein, eine Konstellation oder Anordnung, ganz physisch wie im Laboratorium."*[9] Und das schließt ein, daß über die Werke auch *„alle Leute, die einmal gelebt haben und Fragen gestellt haben, mit einbezogen sind"*[10]. Nicht der Blick zurück, in dem sich religionsgeschichtliche Nostalgie und Fortschrittsarroganz paaren, sondern der schöpferische Gebrauch der Menschheitsüberlieferung gibt hier die Perspektive ab. Nicht die neutralisierende Gleichwertigkeit der Materialien, sondern ihre Ladung und Spannung ist von produktiver Bedeutung. Im Religi-

---

[7] Vgl. z. B. B. Lang / C. McDannell, Der Himmel. Eine Kulturgeschichte des ewigen Lebens, Frankfurt/M. 1990; H. Vorgrimler, Geschichte der Hölle, München 1993.

[8] J. Beuys, Das Museum – ein Ort permanenter Konferenz, in: Notizbuch 3. Kunst, Gesellschaft, Museum, hg. von H. Kunitzky, Berlin 1980, 47-74, 70; vgl. J. Beuys/F. Haks, Das Museum. Ein Gespräch über seine Aufgaben, Möglichkeiten, Dimensionen . . . , Wangen/Allgäu 1993.

[9] J. Beuys, Das Museum, 66.

[10] Ebd. 70.

onsfrieden des Museums wäre hiernach kein stillgelegter Betrieb zu besichtigen, sondern ein Laboratorium zu betreiben. Das könnte Theologen einer noch nicht abgeschlossenen Weltreligion interessieren. Daß sie dabei zuvorderst den Stoff ihrer eigenen Überlieferung als Energieträger zu behandeln haben, legt sich nahe. (Das ungeheure „Dies irae" gehört nicht schon deswegen auf die liturgische Müllhalde, weil zwanghafte Fundamentalisten damit ängstliche Gemüter terrorisieren können.[11]).

VERWURZELUNG. Der erkenntnistheoretische Stammplatz des christlichen Theologen ist das Gotteshaus der ausgeübten Religion, nicht das Museum. Wenn er sich dorthin begibt, geht es nicht um die Aussetzung, sondern um die Fortsetzung jener Geschichte, der er sich zugehörig und verpflichtet weiß (es ist, wie man weiß, die eines Bundes, Altlasten eingeschlossen). Schnitte er sie ab, verlöre er die Verwurzelung, die die Triebkraft seines Interesses ist, die Schwere der Toleranz löste sich auf in die Leichtigkeit der Indifferenz, die über den Markt der Religionen streift auf der Suche nach Nahrung für eine diffuse Sehnsucht.

---

[11] Vgl. Vorgrimler, 421f.

XI. IST DIE BILDENDE KUNST EIN LOCUS THEOLOGICUS?

Der Begriff *locus theologicus* wird in der theologischen Erkenntnis- und Methodenlehre im Anschluß an die aristotelische Topik gebraucht als Bezeichnung für Fundorte, an denen für die theologische Problemerörterung geeignete Argumente bzw. Gesichtspunkte aufgefunden werden können.[1] Zu den klassischen *loci theologici* (Hl. Schrift, Kirchenväter, scholastische Theologen usw.) wird die bildende Kunst nicht gezählt. Die folgenden Überlegungen haben die Absicht, Gesichtspunkte zusammenzutragen für die Erörterung der Frage, ob die bildende Kunst als eigenständiger Fundort theologischer Erkenntnisse in Anspruch genommen werden kann.

1. Die Theologie rüttelt am Begriff der Kunst, ohne ihn zu erschüttern. In den Paralipomena zu Adornos „Ästhetische Theorie" steht der Satz: „Kunst als Einheit markiert eine sehr späte Stufe. Zweifel sind erlaubt, ob solche Integration nicht mehr eine im Begriff ist als durchaus eine der Sache, der jener gilt."[2] Nicht wenige der älteren, von diesem späten Begriff der Kunst integrierten Bildwerke sind genuin in der Religion zu Hause: als Stätten göttlicher Epiphanien und Gegenstände kultischer Verehrung und Andacht, als apotropäische und magische Hilfsmittel im Kampf gegen die lebensfeindlichen Dämonen, als didaktisch- erbauliche Medien ad propagandam fidem. Nicht der Kunst, sondern den den Bildwerken inhärenten religiösen Energien galten Bilderverbote, Bilderkämpfe, Bilderapologien.

Aber der Kultwert der religiösen Bildwerke wurde schon in Hegels „Ästhetik" aufs geistesgeschichtliche Altenteil gesetzt: „Mögen wir die griechischen Götterbilder noch so vortrefflich finden und Gottvater, Christus, Maria noch so würdig und vollendet dargestellt sehen – es hilft nichts, unsere Knie beugen wir doch nicht mehr."[3] Die heilige Dinge und Räume progressiv erfassende reale und imaginäre Musealisierung erscheint als Ausführung dieser dem Ver-

---

[1] Vgl. A. Lang, Die loci theologici des Melchior Cano und die Methode des dogmatischen Beweises. Ein Beitrag zur theologischen Methodenlehre und ihrer Geschichte, München 1925.

[2] T.W. Adorno, Ästhetische Theorie, (Ges. Schr. 7), hg. von G. Adorno/R. Tiedemann, Frankfurt/M. 1970, 482.

[3] G.W.F. Hegel, Vorlesungen über die Ästhetik, 1. Teil, (Theorie-Werkausgabe, hg. von E. Moldenhauer/K.M. Michel, Bd. 13), Frankfurt/M. 1970, 142.

hältnis von Religion und Kunst am Anfang des 19. Jahrhunderts gestellten Diagnose.

Wenn die Religion am Begriff der Kunst noch rüttelt, so scheint dies eher eine historische Reminiszenz zu sein, als der ernsthafte Versuch einer Rettung und Verteidigung von Bildwerken gegen den alles ergreifenden Begriff der Kunst. Im theologischen Vermögen religiöser Erinnerung ist jedoch auch die heimlich-zwiespältige Sympathie fundiert für jene Versuche der Avantgarde, die mit ihren Werken jenen Begriff der Kunst zu sprengen versuchen, von dem sie durch dessen listige Selbsterweiterung freilich immer wieder eingeholt werden. Im avantgardistischen Operieren an den Grenzen der Kunst kommen sowohl in den Konnotationen der Werke selbst wie in Künstleräußerungen und Werkkommentaren religiöse Traditionen, häufig vor- oder außerchristliche, zum Vorschein. Der Anschluß an die semantischen Felder von Mystik einerseits, Mythos und Ritual andererseits belegen das. Das begründete Interesse der Theologie an diesen Phänomenen sagt jedoch noch nichts darüber, ob sie damit in ihrem eigenen Diskurs etwas anfangen kann. Zu erörtern ist hier vor allem, ob den heimlichen und gestückelten Bildreprisen aus einstmals in der kollektiven Lebenswelt gültigen Religionskomplexen nur kunstgeschichtliche oder auf einer neuen Stufe auch religiöse Bedeutung zukommt.

2. Das theologische Interesse an der bildenden Kunst ist auf dem Feld der christlichen Inkonographie zu Hause. Sofern man mit dem Begriff „Ikonographie" die systematische Beschäftigung mit den Themen und Sujets der überlieferten Bilderwelt meint, liegt der wissenschaftsgeschichtliche Ausgangspunkt der christlichen Ikonographie in der romantischen Bewegung des 19. Jahrhunderts, vor allem in Frankreich.[4] Aus dem Empfinden, daß die mit der alten, aber in die Gegenwart hineinragenden Bilderwelt verbundenen Bedeutungen unleserlich oder schwerleserlich zu werden drohen, entsteht der Wunsch der Ikonographie. Die explizite, im Grundzug lexikographische Bedeutungszuschreibung erfolgt im Rückgriff auf die den Bildern zugrundeliegenden schriftlichen Quellen (Bibel, Apokryphe, Hagiographie, patristische, scholastische, mystische Literatur). Das treibende Moment der christlichen Ikonographie ist das Interesse an der Kontinuität christlicher Kultur.

Die christliche Ikonographie, die auf die semantische Einholung der mittelalterlichen und altkirchlichen Kunst ausgerichtet ist, wird dann gleicherweise normativ- programmatisch wirksam im Nazarenismus, der Neugotik, Neuro-

---

[4] Vgl. E. Kaemmerling (Hg.), Bildende Kunst als Zeichensystem, Bd. 1. Ikonographie und Ikonologie, Köln 1979.

manik, dem Neubyzantinismus der offiziellen Kirchenkunst des 19./20. Jahrhunderts.

Die solcherweise an der Belehrung und Erbauung des Kirchenvolkes orientierte christliche Ikonographie supponiert und praktiziert unter den neuen historischen Bedingungen ein Bildverständnis, das ohnehin in der abendländischen Tradition der kirchlich-theologischen Bildtheorie dominierte: die Bilder stehen im Dienste der christlichen Lehre und sind an dieser zu messen.

Daß dieses monumentale volkspädagogische Programm des 19./20. Jahrhunderts zu einer grassierenden Devotionalisierung und Trivialisierung des kirchlichen Bilderhaushalts und seiner folgenschweren Abschottung gegenüber der künstlerischen Avantgarde führte, mag man im Rückblick beklagen. Wichtiger als die Klage ist für die Theologie aber die Reflexion über diesen Bildungsvorgang der Religion im Zusammenhang der Geschichte der Menschen mit Gott seit Aufklärung und französischer Revolution.

3. Wissenschaftstheoretisch und -methodisch ist die Ikonographie, vor allem in der ikonologischen Ausweitung der Warburg-Panofsky-Tradition, in der Kunstwissenschaft umstritten.[5] Zu fragen ist, ob dieser Streit die theologischen Interessen an der bildenden Kunst tangiert.

Die Einwände beziehen sich, wenn ich recht sehe, auf zwei Punkte:

a. Sofern die Ikonographie die Bedeutungsanalyse eines Bildes auf die Rekonstruktion des zugrundeliegenden Bildthemas im Rekurs auf die schriftlichen Quellen und literarischen Vorlagen reduziert, bekommt sie das Spezifikum des Kunstwerks überhaupt nicht zu Gesicht. Die Momente der Komposition, des Stils, der künstlerischen Technik und Qualität sind für die kulturwissenschaftlich orientierte Ikonographie nur von sekundärem oder sekundierendem Interesse oder überhaupt irrelevant.

b. Die Ikonographie ist als Analyseverfahren eingeschränkt auf Werke aus einer kulturellen Formation, in der den Bildern sprachlich formulierbare Ideen und literarische Texte vor- und übergeordnet sind. Wo dies nicht gegeben oder nicht nachweisbar ist, ist Ikonographie nicht anwendbar. Ein Großteil dessen, was man als Landschaft, Porträt, Stilleben, Genre und nicht-gegenständliche Kunst bezeichnet, scheint somit ikonographisch gar nicht erfaßbar zu sein.

Nun muß diese innerkunstwissenschaftliche Diskussion die Theologie nicht unmittelbar tangieren. Die Theologie ist per se nicht direkt an der Kunst als solcher und im ganzen interessiert, sondern nur, insofern sie für ihren eigenen Diskurs von Belang ist. Im Unterschied zur Kunstwissenschaft ist sie nicht

---

[5] Vgl. ebd.

darauf verpflichtet, dem Kunstwerk als solchem und der Erscheinungswelt der Kunst als ganzer theoretisch und methodisch gerecht zu werden. Die Theologie hat ein selektives und aspektuelles Interesse an der bildenden Kunst. Aber was sind die leitenden Gesichtspunkte und Kriterien dieses Interesses und wie werden sie wahrgenommen? Ist mit der christlichen Ikonographie im oben genannten Sinn der Horizont dieses Interesses hinreichend beschrieben? Es ist zu prüfen, ob sich die Theologie mit einer solchen Begrenzung eine unnötige und unfruchtbare Selbstbeschränkung auferlegt. Ein erster Schritt dieser Prüfung scheint mir darin zu bestehen, das in den Begriffen „Ikono-graphie“ und „Ikono- logie“ bereits angelegte Verhältnis von Bild und Schrift/Sprache auf die Theologie hin genauer zu bedenken.

4. Im Handlungsrahmen der Religion können Bilder auf vielfältige Weise eine Rolle spielen, auch in der sprachlosen Betroffenheit und Bewegtheit des Betrachters im Angesicht des Bildes. Die Theologie hingegen ist eine wissenschaftliche Diskursform, die den Bedingungen von Sprache und Schrift unterliegt und auf diesem Stratum eigene semantische und argumentative Regeln entwickelt. In ihrer stillen Präsenz können Bilder nur an den Grenzen der Theologie erscheinen, dort wo sie sich nicht selbst begründen und vollenden kann. In der theologischen Arbeit selbst können sie nur eine Rolle spielen, insofern sie an den sprachlichen Diskurs in irgendeiner Weise anschließbar und in ihn übersetzbar sind.

Das erscheint natürlich am einfachsten, wenn man Bilder als Illustration von Texten nimmt, die bereits im theologischen Diskurs mitarbeiten (z. B. biblische, patristische usw.) und auch nur solche Bilder zuläßt, bei denen man dies unterstellt. Bilder sind so freilich kein eigenständiger Fundort von Erkenntnissen, sondern nur der zusätzliche, anschauliche Beleg für etwas, was man aliunde schon weiß.

Aber das Text-Bild-Verhältnis ist nicht so einfach, wie es hier supponiert wird:

a. In vielen Fällen veranlaßt das Bild in der Komposition und Überdetermination seiner Bildzeichen dazu, als Referenztext eine Interferenz von Texten (z. B. des AT und NT, oder der Bibel und zeitgenössischer Texte) herauszuschreiben, die in der überlieferten Textwelt auseinanderliegen, nur nacheinander realisiert werden können und möglicherweise noch nie zusammengesehen wurden. Der Referenztext wäre dann einer, den es so vor diesem Bild noch gar nicht gegeben hat.

b. Grundsätzlicher ist die Feststellung, daß die Relation von Bild und Text niemals eine tautologische ist. Die Umsetzung einer Textvorgabe in ein Bild ist immer, vorgängig zu allen Qualitätsfragen, allein bedingt durch die Differenz der Darstellungsmittel, ein Verlust-Gewinn- Prozeß. Daß überhaupt eine Umsetzung möglich ist, ist bedingt durch die Bildreferenz von Sprachelementen und die Benennbarkeit von Bildelementen einerseits, die sinnkonstituierende Relationalität, sei es in der Sukzession des sprachlichen Textes, sei es in der Komposition der Bildfläche andererseits.

Die Bedeutung eines textbezogenen Kunstwerks scheint mir um so größer, je mehr es den unvermeidlichen Verlust durch Sinngewinn wettmacht. Das bildlich gegebene Surplus kann sich die Theologie aber nur aneignen, soweit es wiederum in Sprache überführt werden kann. Das kann nur gelingen, wenn die theologische Sprachbewegung versucht, dem Bild nachzukommen, seiner eigentümlichen Sinnspur zu folgen und sich darin selbst zu erweitern und zu erneuern, also sich einen Sprachgewinn durch das Bild hindurch zu erarbeiten. Das heißt nicht, daß das bildliche Surplus vollends diskursiv eingelöst werden könnte, sondern definiert nur eine Bedingung, jenseits derer ein Bild für die Theologie auf sich beruhen bleiben muß. Diese Bedingung impliziert die Erwartung, daß ein Bild, indem man auf seine Bildlichkeit eingeht, theologisch zu denken und zu sprechen gibt. Bei diesem Umsetzungsversuch kann die Theologie auf nichts ohne weiteres verzichten, was im Rahmen der Kunstwissenschaft zu einem vorliegenden Bild geschrieben und gesagt worden ist. Sie braucht das schon als Widerstand gegen ihren Hang, Neues auf längst Gesichertes und Bekanntes zurückzubringen.

5. Die in den bisherigen Überlegungen unterstellte Textreferenz läßt die Frage aufkommen, ob dann, wenn sie nicht gegeben ist, Bilder aus dem Interessengebiet der Theologie herausfallen. Ein Großteil dessen, was in der neuzeitlichen Kunst als Landschaft, Stilleben, Genre, Porträt und schließlich als nichtgegenständliche Kunst entstanden ist, würde damit für die Theologie irrelevant sein.

Bei den genannten Gattungen wird man jedoch wie bei allen Kunstwerken annehmen müssen, daß Bilder eine Bildreferenz haben, d. h., daß sie sich auf andere Kunstwerke oder aber auf außerkünstlerische visuelle Phänomene, Wahrnehmungsmuster und -bedingungen beziehen. Ohne jedwede Referenz auf schon Gesehenes könnte ein neues Bild von uns nicht wahrgenommen werden.

In diesem Bereich der Bildreferenz sind zwei Phänomene theologisch von Interesse:

a. die Bildung von metaphorischen oder metonymischen Ketten. Wenn Goyas „Hinrichtung der Aufständischen am 3. Mai 1908" Ähnlichkeit mit Kreuzigungsszenen hat, oder wenn M. Butor zwischen Caravaggios Bildern „Kleiner Obstverkäufer" und „Christus in Emmaus" über das Stilleben „Früchtekorb" eine metonymische Beziehung sichtbar macht[6], so sind das Beispiele für das,

---

[6] Vgl. M. Butor, Der Korb der Ambrosiana, in: ders., Aufsätze zur Malerei, München 1970, 16-32.

was ich mit Kettenbildung meine. W. Hofmann hat in seinen Ausstellungen und Büchern auf diese Form der Referenznahme in der Kunst des 19./2o. Jahrhunderts immer wieder aufmerksam gemacht.[7]

b. M. Butor schließt den oben zitierten Aufsatz über Caravaggios „Früchtekorb" mit der Bemerkung, „daß aus dem Zusammentreffen von Licht und Vegetabilien ein Drama ‚von der gleichen Ordnung' entsteht wie bei den großen sakralen Kompositionen"[8]. Diese Bemerkung läßt sich modifiziert auch auf Werke der nichtgegenständlichen Kunst beziehen. Die Referenz auf andere Bilder und Wahrnehmungsgegebenheiten und dann auch auf theologisch relevante Texte und Themen sucht hier keinen Anhalt mehr an gegenständlichen Bilderinnerungen, sondern geht auf deren ontologische, psychische, kognitive Tiefenstrukturen. Die biblischen Schöpfungsgeschichten z. B. haben in der semantischen Oberfläche eine Bildpotenz, die sich, wie die Bildtradition zeigt, auf vielfältige Weise in Bilder umsetzen läßt. Sie haben im Modell der gelungenen Scheidung oder der atmenden Materie aber auch kosmologische Tiefenstrukturen. Auf dieser Ebene des theologischen Diskurses könnten vielleicht manche nichtgegenständlichen Bilder eine Referenz finden.

6. Ich habe in meinen Überlegungen den Versuch gemacht, das theologische Interesse an der bildenden Kunst schrittweise über den Bereich der klassischen christlichen Ikonographie hinaus auszudehnen. Ich habe mich dabei aber zugleich abgesetzt von der emphatischen These, der gemäß alle großen Kunstwerke, insofern sie den Menschen als ganzen und in seinem Innersten angingen und betroffen machten, religiös und darum auch theologisch bedeutsam seien. Über die dieser These zugrundeliegende anthropologische Bestimmung von religiöser Erfahrung ist hier nicht zu streiten. Diese These enthebt die Theologie jedenfalls nicht der Aufgabe, aus dem Status des sprachlosen Betroffenseins herauszutreten und zu theologischen Aussagen überzugehen, das aber heißt zu Aussagen, die sich in irgendeiner Weise an den schon immer in Gang befindlichen Diskurs anschließen lassen. Der Begriff der Referenz hat deswegen in meinen Überlegungen auch eine zentrale Stellung, wobei ich noch einmal betonen möchte, daß Referenz nicht tautologische Illustration meint, sondern nur den Ort namhaft macht, an dem ein Bild in den theologischen Diskurs Eingang finden kann.

Als Antwort auf die eingangs gestellte Frage, ob die bildende Kunst ein *locus theologicus* sei, läßt sich zusammenfassen:

---

[7] Vgl. z. B. W. Hofmann, Das irdische Paradies. Motive und Ideen des 19. Jahrhunderts, München 1974; ders. (Hg.), Luther und die Folgen für die Kunst (Ausstellungs-Kat. Hamburg 1983), München 1983.
[8] Butor, Der Korb, 32.

a. Sofern unter *locus theologicus* der Fundort von bereits konsensgesicherten Argumenten für die Erörterung von noch konsensungesicherten Problemen verstanden wird, kann hierfür nur eine christliche Ikonographie im traditionellen Sinne infrage kommen, und zwar in einem sekundierenden Sinne, insofern sie *sententiae communes*, die auch aus schriftlichen Quellen bekannt sind, bestätigt.

b. Wenn man den Begriff des *locus theologicus* über den Begründungszusammenhang hinaus auf den Entdeckungszusammenhang der Theologie ausdehnt, dann kann die bildende Kunst ein eigenständiger Ort theologischer Entdeckungen sein. Das ist, wie ich zu zeigen versucht habe, methodisch kein einfaches Unterfangen. Sollte es sich hier um neue Wahrnehmungen und Einsichten handeln, die in den Diskurs der Theologie selbst eingreifen und ihn nicht nur für Liebhaber ornamental umspielen, dann wird die Theologie hier freilich mit dem Problem der Offenbarung, ihrer Abgeschlossenheit, ihres möglichen Fortgangs in privaten Offenbarungen und Visionen, mit dem Problem der wahren Lehre, ihrer Entwicklung, ihrer Alteration in Häresien, Blasphemien, Säkularisierungen konfrontiert. Aber vielleicht gehört zu den Entdeckungen, die mit der Kunst noch zu machen sind, auch die Entdeckung neuer Modi, mit diesen Problemen schöpferisch weiterzukommen.

XII. RELIGIONSPÄDAGOGISCHER BILDERGEBRAUCH

1. BILD UND BILDUNG

Die Ansiedlung der Bilder weniger im Bereich der kultischen Verehrung als der Lehre ist eine für die westkirchliche Tradition typische Akzentsetzung. Als programmatisch gilt hier der Satz Gregors d. Gr: „Denn was für die Lesenden die Schrift, das ist für die Augen des Ungebildeten das Bild, denn auf ihm sehen sogar die Ungebildeten, was sie nachahmen müssen, auf ihm lesen die des Lesens Unkundigen".[1] Bilder sind also von Interesse als Illustration der Schrift und dienen der Bildung der Ungebildeten, sie sind Bilderschrift für die der Schreibschrift Unkundigen. Die scholastische Tradition hat von einem dreifachen Grund des Gebrauchs von Bildern in der Kirche gesprochen: Sie instruieren die Ungebildeten, sie erinnern immer wieder an die Geschichte des Heils und der Heiligen, und sie bewegen die religiösen Affekte der Gläubigen. Dieses, im Blick auf die drei Seelenkräfte Verstand, Gedächtnis, Gefühl/Wille argumentierende bildpädagogische Konzept läßt sich zu einer dreifachen These verallgemeinern:

a. Menschen, die mit der Welt des christlichen Glaubens nicht oder wenig vertraut sind und denen das Lesen schwer fällt, können durch die Anschauung von Bildern mit biblischen und kirchlichen Überlieferungen elementar bekanntgemacht werden.

b. Menschen, die durch ihre Lebensumstände an viele andere Dinge denken und denken müssen, also umständehalber religiös vergeßliche Weltmenschen sind, können durch bestimmte Bilder an Grundbestände des Glaubens erinnert werden.

c. In der Anschauung eines Bildes kann eine Kraft entbunden werden, die Menschen in ihrem Herzen trifft und zum Handeln bewegt.

Man könnte diese bildpädagogischen Leitideen der Tradition mit heutigen Erkenntnissen allgemeiner Lern- und Motivationspsychologie gewiß weiter differenzieren und abstützen. Eine solche weitere Ausarbeitung basiert jedoch auf der vorgängigen, in der Christentumsgeschichte nicht von allen geteilten theologischen Option für die fruchtbare Funktion von Bildern für die Genese

---

[1] Greg. M. Epist. XIII Ad Serenum Massiliensem Episcopum (PL 77, 1128).

des Glaubens. Wenn auch erst die Dominanz der visuellen Kommunikation in unserer Zivilisation und die lernpsychologische Einsicht in die Bedeutung der visuellen Anschauung die zeitgenössische Religionspädagogik zu einem verstärkten Interesse an Bildermedien geführt hat, so kann sie dabei aber durchaus an eine lange Tradition pädagogischer Bildpraxis anknüpfen.

2. VERWENDUNGSTYPOLOGIE

Der religionspädagogische Sprachgebrauch der Gegenwart subsumiert Bilder unter dem Begriff der „Medien". Der vom Begriff „Medien" in der Ökonomie der modernen Zivilisation nicht zu trennende Manipulationsverdacht macht es zur unabdingbaren Aufgabe religionspädagogischer Selbstreflexion, Formen und Absichten des Bildergebrauchs in der religiösen Erziehung aufzuklären. Der folgende Versuch, der den faktischen Bildergebrauch in einer Verwendungstypologie zu sortieren sucht, ist dazu nur ein erster Schritt.

Es gibt Bilder, die eigens für didaktische Zwecke angefertigt werden; sehr viele aber werden übernommen aus anderen primären Gebrauchszusammenhängen. Das im Religionsbuch abgebildete Bild der Madonna ist kein Kultbild mehr, vor dem man eine Kerze aufsteckt und betet, sondern das Bild eines Kultbildes; das abgebildete Werbeplakat ist von seiner genuinen Reklamefunktion abgekoppelt, das Pressefoto eines Attentats unterliegt im Bildverschnitt einer religionspädagogischen Collage einer Art Transsubstantiation. In der Bildpragmatik nennt man diesen Vorgang „secondary use". Aus diversen Gebrauchszusammenhängen stammende Bilder werden pragmatisch vereinheitlicht, indem sie auf eine gemeinsame Verwendungsebene bezogen werden, die Ebene religiöser Lernvorgänge. Wie das Museum hat auch das Lehrhaus, die Schule, einen egalisierenden Effekt: Bilder werden zu Lehr- und Lernmitteln, zu didaktischen Medien.

Daß ein Bildwerk auf unterschiedliche Weise verwendet werden kann, als Kultbild, historisches Dokument, ästhetisches Objekt, Lerngegenstand, liegt wohl auch an ihm selbst. Man kann dies als seine Polyvalenz bezeichnen. Es erlaubt, zumindest in unserer epochalen Rezeptionslage, unterschiedliche Rezeptionsweisen. Insofern ist es ein offenes Werk, das einen Spielraum zwischen dem sinnlichen Substrat und dem jeweiligen Rezipienten eröffnet. Die im Bildwerk selbst liegende Potentialität, die es dem Betrachter ermöglicht, es so oder anders zu betrachten und zu gebrauchen, eröffnet einen Freiheitsraum. In dieser Polyvalenz liegt aber auch eine gewisse Art von Wehrlosigkeit des Bildes gegenüber dem Betrachter.

Die Vereinheitlichung von Bildern zu didaktischen Medien etabliert eine Ebene, auf der neue Differenzierungen möglich sind. Denn Lernprozesse sind komplexe Vorgänge mit unterschiedlichen Dimensionen, Phasen und Intentionen.

Was die Dimensionalität anlangt, kann man unterscheiden zwischen

a. kognitiven Prozessen, in denen man etwas verstehen, begreifen, ordnen, ein Problem lösen lernt,

b. emotionalen Prozessen, in denen Gefühle, Einstellungen, Wertschätzungen faktisch und intentional eine Rolle spielen

c. praktischen Prozessen, in denen Handlungsfähigkeiten vorausgesetzt, ausgeübt und ausgebildet werden.

Bei Theologen gibt es nicht selten die Ansicht, daß Bilder vor allem im emotionalen Bereich ihren Ort haben. Aber Bilder können, so wie Texte, auch dazu dienen, Sachverhalte zu erarbeiten. Und sie können dazu dienen, praktische Prozesse auszulösen (als Phantasieanstoß für eigene Arbeit, als Material zu Collagen, Bildarrangements, Ausstellungen usw.).

Was die Phasenstruktur anlangt, kann man grobhin unterscheiden zwischen

a. Anfangsphase, in der es darum geht, daß man einen Lernprozeß aufnimmt, sich auf ihn einstellt, seine Aufmerksamkeit auf einen Lerngegenstand sammelt,

b. Arbeitsphase, in der man sich das, was zu lernen ist, erobert,

c. Rekapitulationsphase, in der man das, was man sich angeeignet hat, zusammenfaßt und einprägt.

Auch hier gibt es nicht selten die Ansicht, daß Bilder vor allem in der Anfangsphase ihren Platz haben, daß sie vor allem dazu geeignet sind, den Assoziationsreichtum eines Themas zu entfalten. Aber auch hier gilt es zu sehen, daß mit Bildern auch analytisch und konstruktiv gearbeitet werden kann, und daß Bilder durch die ihnen eigentümliche Simultaneität auch geeignet sind, etwas in aller Ruhe zu versammeln und dem Gedächtnis einzuprägen, was in der Diskursivität des Lerngesprächs nacheinander entwickelt wurde.

Was die Intentionalität angeht, so kann man in der religionspädagogischen Szene, wiederum global, drei Haupttendenzen konstatieren:

1. einen erfahrungs- und problemorientierten Ansatz

2. einen überlieferungsgeschichtlichen Ansatz

3. einen religionskundlichen Ansatz.

De facto ist es wohl so, daß diese Ansätze mit der Favorisierung bestimmter Bildsorten korrelieren. Eine Religionspädagogik, die primär daran interessiert ist, von menschlichen Erfahrungen und Problemen auszugehen und sie christlich zu reflektieren, scheint Bilder (vor allem Fotos) zu bevorzugen, die vom „human interest" bestimmt sind, die also exemplarisch zeigen, was und wie der Mensch ist, wie Menschen sich verhalten, zu sich selbst, zu anderen, zu ihrer Umwelt, was sie sind und sein können, wie sie handeln und leiden. Eine

Religionspädagogik, die primär daran interessiert ist, daß die biblische, christliche Überlieferung an die nachfolgende Generation weitergegeben wird und für sie neue kreative Kraft gewinnt, bevorzugt Bilder, die in der ikonographischen Tradition des Christentums entstanden sind und in poetischer oder narrativer Verdichtung Sinngehalte der Bibel und des christlichen Glaubens übermitteln. Einer Religionspädagogik, der es primär darum geht, die Kenntnis der Religionen dieser Welt und ihrer Geschichte zu vermitteln, wird dokumentarische Bilder favorisieren, Bilder die über historische, kulturelle, geographische Fakten visuell zuverlässig informieren. Freilich handelt es sich in allen drei Fällen um idealtypische Tendenzen, die faktisch auch kombiniert auftreten können.

Insgesamt läßt die vorstehende kurze Sondierung erkennen, daß sich das Feld der Möglichkeiten entsprechend den allgemeindidaktischen Bedingungen differenziert hat. Sie läßt zugleich erkennen, daß Auswahl und Verwendung der Bilder mit religionspädagogischen Zieloptionen eng korrelieren und auf dieser Ebene der Reflexion bedürfen.

3. BILD UND SPRACHE

Daß religiöse Lernprozesse im Rahmen des Christentums primär sprachlich und textbezogen sind und sein müssen, bedarf keiner Diskussion. Die konstitutive Urkunde ist und bleibt ein Buch, die Bibel. Ob man von ihr ausgeht oder auf sie zugeht, tangiert nicht die Dominanz der Sprache. Dieser unbestreitbare Vorrang von Schrift und Sprache kann dazu führen, den eigenständigen Erkenntniswert von Bildern gering zu schätzen. Er kann dazu führen, Bilder nur als visuelles Vehikel für Gedanken zu betrachten, die man vorher und ohne sie schon hat und in sprachlicher Form eigentlich klarer und präziser. Aber je bedeutsamer Bilder als Werke bildender Kunst sind, um so mehr entwickeln sie eine Eigenmacht und einen Eigensinn, der an ihnen selbst erst zu entdecken ist. Auch wenn sie auf die Vorlage z. B. eines biblischen Textes zurückgehen, treiben sie doch selbst mit ihren anschaulichen Mitteln Theologie. Wenn man dem lesend, sprechend, schreibend nachzugehen versucht, kann man neue Entdeckungen machen. Das gilt für alle Werke der religiösen Kunst, aber in der Moderne wird es besonders augenfällig und brisant. Kunstwerke der Avantgarde des 19./20. Jahrhunderts, die erkennbar religiös sind, ohne den Auflagen kirchlicher Auftraggeber noch irgendwie verpflichtet zu sein, geben der Theologie besondere Denkaufgaben. Vom geschichtlichen Stand der Religion und von der außerkirchlichen Wirkungsgeschichte des Christentums läßt sich hier eine Anschauung gewinnen, die für religiöse Erziehung in der Moderne ernsthaft zu bedenken ist. Dabei ist sowohl die autonome Verarbeitung von Sujets und Bildmustern der christlichen Ikonographie wie die religiöse Konnotierung

von Landschaftsbildern, Porträts oder nichtgegenständlicher Kunst ins Auge
zu fassen.

4. BESPRECHUNG UND ANALYSE

Wenn Bilder in der religiösen Erziehung gebraucht werden, so sind sie meistens
Gegenstand nicht nur der Betrachtung, sondern auch der gemeinsamen Besprechung. Diese zielt nicht darauf, das Bild durch Sätze zu ersetzen, sondern so zur
Erscheinung zu bringen, daß es uns, so verschieden wir sind, zu versammeln
und zu verbinden vermag. Sie zielt nicht darauf, den Sinn des Bildes objektiv
festzulegen. Aber es gilt doch, das Bild davor zu bewahren, daß es zur reinen
Projektionsfläche zufälliger Assoziationen wird. Durch das Bild ist nur etwas
zu gewinnen, wenn man ihm auch gegen uns zum Recht verhilft, indem man
ihm selbst Aufmerksamkeit schenkt, d. h. es als Bild in seiner bildlichen Orga-
nisation ernst nimmt. Theologen, die manchmal zu schnell nach einer Aussage
des Bildes fahnden, müssen das besonders bedenken.
    „Dem gleich einem weidenden Tier abtastenden Auge des Beschauers sind
im Kunstwerk Wege eingerichtet"[2], hat Paul Klee einmal poetisch formuliert.
In theoretische Sprache übersetzt, heißt das: „Die Anschauung des Betrachters
nimmt Bilder adäquat wahr, wenn es ihr gelingt, die dynamischen Energien der
ikonischen Elemente – die historisch höchst variant organisiert werden, in
Farben-, Flächen-, Linienwerten etc. – aufzunehmen."[3] Dieser Prozeß der Anschauung kann dem Betrachter durch keine Methode abgenommen werden.
Eine Methode kann hier nur so etwas sein wie ein Aufmerksamkeitsraster zum
Sehenlernen.[4]
    Ein Bild ist ein mit Bildzeichen aufgebautes dynamisches Feld. Bildzeichen
können in Äquivalenz- oder Oppositionsbeziehungen stehen, d. h. einander
gleich/gleichwertig sein (das gleiche Rot an verschiedenen Orten des Bildfel-
des) oder in Gegensatz zueinander stehen (z. B. Dreieck vs Kreis). Zeichen-
und Zeichenrelationen können auf verschiedenen Ebenen liegen, auf die man
sich mit entsprechenden Fragen einstellen kann:

---

[2] Zit. nach Paul Klee (Ausst. Katalog Kunsthalle Köln) Köln 1979, 35.
[3] G. Boehm, Kunsterfahrung als Herausforderung, in: W. Oelmüller (Hg.), Kolloquium Kunst
und Philosophie 1. Ästhetische Erfahrung, Paderborn 1981, 13-28, 26.
[4] Zum semiotischen Hintergrund vgl. A. Stock, Textentfaltungen. Semiotische Experimente mit
einer biblischen Geschichte, Düsseldorf 1978; ders., Strukturale Bildanalyse, in: M. Wichelhaus/A.
Stock, Bildtheologie und Bilddidaktik, Düsseldorf 1981; A. Stock, Bilder besprechen, München
1984.

1. Wie ist die Bildfläche planimetrisch strukturiert? Wie wird sie durch Linien (Geraden, Kurven usw.) und Binnenflächen (Kreis, Dreieck usw.) gegliedert?

2. Hat das Bild eine stereometrische Struktur? Wird durch perspektivische Konstruktion ein imaginärer Raum erzeugt, der auf einen idealen Betrachterstandpunkt bezogen ist? Welche lokalen Positionen und Relationen nehmen die Bilddinge in diesem Raum und der Betrachter zu ihnen ein?

3. Hat das Bild eine chromatische Struktur? Welche Farb-/Farbtonbeziehungen, Hell-Dunkel-Verteilungen, Lichtführungen bestimmen die Komposition?

4. Hat das Bild eine Struktur im Wahrnehmungsbereich „Landschaft/Architektur" (incl. Fauna, Flora, Meublement, Geräte usw.)?

5. Hat das Bild eine Struktur im Wahrnehmungsbereich menschlicher Figuren (Statur, Physiognomie, Gestik, Mimik; Kleidung; szenische Konstellation)?

6. Gibt es sonstige Zeichen- und Zeichenrelationen im Bild, z. B. Schrift, Zahlen usw.

Das sind einfache heuristische Annäherungen an ein Bild, die man durch Übung ausbilden kann und durch Kenntnisse (aus der Kunstwissenschaft, vor allem der Ikonographie) ergänzen muß. Ein guter Weg des Sehenlernens ist der Vergleich thematisch identischer Bilder. Die Differenz der künstlerischen Realisation zwingt dazu, auf die bildlichen Mittel genauer zu achten, und sie führt so gerade vor Augen, daß ein Bild mehr ist als die einfache Illustration eines vorgegebenen Textes. Im Mit- und Gegeneinander unterschiedlicher Ansichten eines Themas (z. B. des Abendmahls) kann uns seine Sinnfülle und Strittigkeit zur Erfahrung kommen.

5. AUFMERKSAMKEIT

Der deutsche Pädagoge Hartmut von Hentig hat im Vorwort zu Ph. Ariès' Buch „Geschichte der Kindheit" geschrieben: „Kindheit heute ist Fernsehkindheit ... (und) weil der durchschnittliche Fernseher eine Einstellung von mehr als 35 Sekunden nicht erträgt, darf keine Szene länger dauern als 35 Sekunden. Wenn die so ‚geprägten' Kinder dann in der Schule Konzentrationsschwierigkeiten haben, wen wundert's."[5] Die kulturelle Vorprägung unseres Sehverhaltens durch Fernsehen, Illustrierte, Comics, Werbung usw. ist eine unumgängli-

---

[5] H. von Hentig, Vorwort zur deutschen Ausgabe von Ph. Ariès, Geschichte der Kindheit (1960), München 1975, 33.

che Bedingung heutiger Erziehung, auch der religiösen. Sie wird dementsprechend Mediendidaktik sein, indem sie sich (wie auch immer) auf diese Massenmedien bezieht oder ihre Präsentationsweisen selber benutzt. Von solchen
Nutzungsmöglichkeiten, deren Legitimität nicht bestritten werden soll, ist hier
nicht die Rede gewesen, sondern vom stehenden Bild im traditionellen Sinne.
Der Grund dafür liegt in den Grenzen meiner Kompetenz, aber auch in einer
Überzeugung, die mit den bei H. von Hentig anvisierten Auswirkungen zusammenhängt. Es könnte Anpassungen an die medialen Standards unserer
Zivilisation geben, die die zu vermittelnde Sache selbst tangieren.

Was ich damit meine, möchte ich andeuten mit einem Zitat aus Simone Weils
„Betrachtungen über den rechten Gebrauch des Schulunterrichts und des Studiums im Hinblick auf die Gottesliebe": „Obwohl man dies heutzutage nicht
zu wissen scheint, ist die Ausbildung unseres Vermögens zur Aufmerksamkeit
dennoch das wahre Ziel des Studiums und beinahe das einzige, was den Schulunterricht sinnvoll macht."[6] Und sie begründet diese pädagogische These
streng theologisch: „Die Aufmerksamkeit ist nicht nur der wesentliche Gehalt
der Gottesliebe. Auch die Nächstenliebe, von der wir wissen, daß sie die gleiche
Liebe ist, ist aus dem gleichen Stoff gemacht. Die Unglücklichen bedürfen
keines anderen Dings in dieser Welt als solcher Menschen, die fähig sind, ihnen
Aufmerksamkeit zuzuwenden. Die Fähigkeit, einem Unglücklichen seine Aufmerksamkeit zuzuwenden, ist etwas sehr seltenes, sehr schwieriges, sie ist
beinahe ein Wunder; sie ist ein Wunder."[7] S. Weil hat in dieser Weise die
Schularbeit, die einer Geometrie- oder Übersetzungsaufgabe gewidmet wird,
mit dem Gebet und der Nächstenliebe in Verbindung gebracht. Sie hat die
sachbezogene Aufmerksamkeit als Vorschule der höchstpersönlichen Aufmerksamkeit für Gott und den Nächsten gesehen. Wenn man ihr darin folgen
kann, würde auch die aufmerksame Betrachtung von Bildern in einen religionspädagogischen Zusammenhang rücken, der über didaktische Zwischenziele
noch hinausgreift.

---

[6] In: S. Weil, Das Unglück und die Gottesliebe, München 1953, 95-109, 95.
[7] Ebd. 107.

XIII. BILD UND SYMBOL

„Images et symboles" ist der Titel eines im Jahre 1952 erschienenen Buches von Mircea Eliade. Das kann man übersetzen „Bilder und Symbole". Der tatsächliche Titel der deutschen Ausgabe lautet „Ewige Bilder und Sinnbilder"[1]. An diesem Übersetzungsdetail ist schon ablesbar, wie vieldeutig der Titel ist.

Die dunkle Faszination, die vom Wort „Symbol" und seinen Derivaten ausgeht, ist von seiner Polysemie unabtrennbar. Semantische Strömungen heterogener Wissenschaften (Kulturphilosophie und Sakramententheologie, Interaktionssoziologie, Psychoanalyse, Religionswissenschaft usw.) treffen an der lexikalischen Stelle „Symbol" zusammen. Daß diese terminologische Interferenz zum rauschenden Bedeutungsstrudel wird, liegt wohl auch daran, daß einige der hier zusammenströmenden Wissenschaftstendenzen zusätzlich ein starkes soteriologisches Gefälle haben. Das Wort „Symbol" erscheint in kulturdiagnostischen und individualtherapeutischen Zusammenhängen, es ist mit emotionalen Erwartungen und Verheißungen für die Seele wie für die weitere Entwicklung der modernen Gesellschaft hoch befrachtet. Den, der sich weniger zur Meinungsführerschaft berufen als zu kognitiver Klarheit hingezogen fühlt, reizt das natürlich, mit dem logischen Skalpell Definitionseindeutigkeit herbeizuführen. Aber das erweist sich als sehr schwierig, und vielleicht verkennt man dabei auch, daß gerade dieses semantische Syndrom das Symptom einer weiträumigen Mentalitätstendenz ist. An ihr partizipiert die Religionspädagogik in besonderer Weise, weil sie zum einen sich selbst als eine ausgesprochene Interferenzdisziplin betreibt, wobei die obengenannten symbolverwendenden Wissenschaften eine besondere Rolle spielen; und weil sie, zum anderen, wegen der besonderen Lage von Religion und religiöser Erziehung in unserer Gesellschaft für soteriologische Zeitgeistströmungen sehr sensibel ist.

So schwierig es ist, so notwendig ist es, diese vielschichtige Agglomeration, die sich um das Wort „Symbol" gebildet hat, zu untersuchen, wenn wir verstehen wollen, was wir tun und was mit uns getan wird. Und es scheint mir auch möglich zu sein, selbst dann, wenn man nicht mit der *idea clara et distincta* eines Symbolbegriffs operieren kann. Bedingung dafür ist aber, daß man das Untersuchungsfeld so begrenzt, daß der Stellenwert der Begriffe in der

---

[1] M. Eliade, Ewige Bilder und Sinnbilder. Über die magisch-religiöse Symbolik (Images et Symboles 1952), Frankfurt/M. 1986.

Arbeit der Erkenntnis selbst bestimmbar bleibt, nach der Wittgensteinschen Devise: „Die Bedeutung eines Wortes ist sein Gebrauch in der Sprache."[2]

Ich beginne also damit, daß ich den Titel „Bild und Symbol" einschränke. „Bild" soll heißen „Kunstwerk", ein Werk der bildenden Kunst, und dementsprechend soll „Symbol" sich nur auf visuelle Phänomene beziehen. Es geht also um den Gebrauch des Symbolbegriffs im Umfeld der Bestimmung des visuellen Kunstwerkes.

Das ist primär eine kunsttheoretische Frage, die kunstwissenschaftliche Erörterungen dieses Themas aufzugreifen hat. Dabei stößt man zunächst auf einen Sprachgebrauch, der die Begriffe „Kunstwerk" und „Symbol" so zusammenführt, daß die Operationsweise jedes Kunstwerks als eine symbolische angesehen wird. So erinnert Rudolf Arnheim, ein gestalttheoretisch orientierter Kunstwissenschaftler, „an die Tatsache, daß in einem Kunstwerk jedes Element, ob es nun die Wahrnehmungsform oder den Inhalt betrifft, symbolisch ist, das heißt, etwas darstellt, das über sein eigenes Selbst hinausweist".[3] Die visuellen Fakten meinen etwas, was sich erst im visuellen Akt des sehenden Verstehens als Sinn herausbildet. Gottfried Boehm hat dafür die Formulierung „sinnlich organisierter Sinn"[4] gefunden, der sich „im Übergang vom definiten Bildfaktum zur Aktualität der Bilderscheinung"[5] einstellt. Mir scheint es genauer und fruchtbarer, bei diesem Konstituens von Kunstwerken überhaupt mit Boehm von „Bildsinn" zu sprechen, statt hier schon den Ausdruck „symbolischer Gehalt" zu verwenden.

Im Prozeß des Sehens von Kunstwerken spielt nun das Wiedererkennen eine wichtige Rolle, nicht die einzige, aber doch eine unabdingbare; ein vollkommen Neues vermöchten wir nicht zu erkennen. Im Wiedererkennen realisiert das Sehen die Referenz des Bildes auf schon Bekanntes: Gold, ein Stern, ein Haus, ein Kind, ein Esel usw. Nun gibt es im Referenzraum des Wiedererkennens visuelle Elemente, die schon mit relativ festen Bedeutungen versehen sind. Die gerade aufgezählten Elemente haben wir längst synthetisiert zum Bild der Geburt Jesu. Eine Frau, die ein Kind auf dem Schoß hat und dazu noch eine goldene Metallscheibe hinter dem Kopf, ist die Gottesmutter Maria, ein geflügelter Mensch ist ein Engel, der eine himmlische Botschaft verkündet usw. Es sind Bildformeln, in denen eine bestimmte visuelle Erscheinung mit einer bestimmten Bedeutung relativ fest verbunden ist. Die Geltung dieser Verbindung ist konventionell, sie basiert auf dem *common sense*, der Übereinkunft inner-

---

[2] L. Wittgenstein, Philosophische Untersuchungen (1918), Frankfurt/M. 1971, 35.

[3] R. Arnheim, Zur Psychologie der Kunst (1966), Frankfurt/M. 1980, 190.

[4] G. Boehm, Bildsinn und Sinnesorgane, in: neue hefte für philosophie 18/19, 118-132, 128.

[5] Ebd., 128.

halb einer Kultur und ist mit ihr auch wandelbar. Solche Konventionen sind gemeinnützig, weil sie die Einwohner einer Kultur weltanschaulich verbinden und ihnen zu einer verläßlichen Orientierung verhelfen. Wir wissen aus eigener Bilderfahrung, was es bedeutet, wenn uns die in Kunstwerken eingelagerten visuellen Konventionen nicht mehr bekannt sind. So stochert doch bei Werken der Renaissance, in denen antike Mythologie verarbeitet ist, selbst die heutige höhere Bildungsschicht schon ziemlich im Nebel. Und man kann sich einen solchen Orientierungsausfall auch für die christliche Kunst gut vorstellen. Erwin Panofsky hat einmal fingiert, daß „z. B. ein Mensch, der nie etwas vom Inhalt der Evangelien gehört hätte, das Abendmahl Leonardos wahrscheinlich als die Darstellung einer erregten Tischgesellschaft auffassen würde, die sich – dem Beutel nach zu schließen – wegen einer Geldangelegenheit veruneinigt hatte"[6]; oder, daß es nicht undenkbar ist, „daß den Menschen im Jahre 2500 die Geschichte von Adam und Eva genau so fremd geworden ist, wie uns diejenigen Vorstellungen, aus denen etwa die religiösen Allegorien des Dürerkreises hervorgegangen sind; und doch wird niemand leugnen, daß es für das Verständnis der sixtinischen Decke sehr wesentlich ist, daß Michelangelo den Sündenfall dargestellt hat und nicht ein ‚déjeuner sur l'herbe'".[7]

Der Stand des visuellen Gemeinsinns kann sich wandeln und ist ein Indiz für den Zusammenhang einer kulturellen Überlieferung. Die Arbeit für den Erhalt oder die Rückgewinnung eines visuellen Gemeinsinns ist Arbeit für die Kontinuität einer Überlieferung.

Man könnte diesen Bereich visueller Konventionen versuchsweise mit dem Begriff „symbolisch" belegen. Man würde damit tendenziell an den Gemeinwesencharakter anknüpfen, den die Worte „symbolē/symbolon" in der Antike hatten.[8] Gemeint war eine Vereinbarung, eine Übereinkunft, eine Konvention, sei es ein Vertrag, der Freundschafts- und Handelsbeziehungen begründete, oder ein in der Polis bzw. unter Privatleuten vereinbartes Erkennungszeichen (z. B. die Eintrittsmarke für den Besuch der Volksversammlung oder die immer wieder zitierte *tessera hospitalis*). Es wäre der Bereich, der üblicherweise in den Lexika der Bilder und Symbole bearbeitet wird, aber praktischerweise nicht beschränkt auf die einfachen Dingsymbole, sondern auch die figürliche und szenische Ikonographie mit umgreifend. Natürlich gehören zum Bereich der

---

[6] E. Panofsky, Zum Problem der Beschreibung und Inhaltsdeutung von Werken der bildenden Kunst, in: E. Kaemmerling (Hg.), Bildende Kunst als Zeichensystem, I. Ikonographie und Ikonologie, Köln 1979, 185-206, 187.

[7] Ebd. 128.

[8] Vgl. Art. Symbole, -aion; Art. Symbolon, in: Der kleine Pauly. Lexikon der Antike in fünf Bänden, Bd. 5, Sp. 442f.

visuellen Konventionen auch nichtgegenständliche Bildmomente wie die Farben oder planimetrisch/stereometrische Formen der Bildorganisation wie
Symmetrie, Radialität, Perspektive etc.

Durch die Referenz auf solche Symbole bettet sich das Kunstwerk in den
kulturellen Kontext ein und gewährt und gewährleistet so eine Basis der Verständlichkeit und lebensweltlichen Relevanz. Das Spezifikum des Kunstwerks
liegt aber nun darin, daß es solche Sehkonventionen, auf die es sich stützt, nicht
einfach repetiert und affirmiert, sondern auf ihrer Basis eine visuelle Innovation
herbeiführt; eine neue Sinnganzheit wird vor Augen gestellt, die – wie Max
Imdahl sagt – nur durch ein sehendes, nicht durch ein bloß wiedererkennendes
Sehen realisiert werden kann. Die „Synthese von sehendem und wiedererken-
nendem Sehen als Stiftung eines sehr besonderen und sonst nicht fomulierbaren
Sinngehalts"[9], ist die dem Kunstwerk angemessene Erkenntnisweise. Wird die
differentia specifica des Kunstwerks in die Erfindung und schöpferische Her-
vorbringung eines neuen sinnlich verfaßten Sinngehalts gelegt, so können ihm
die bereits zum kulturellen Gemeinsinn adaptierten Symbole nur als Repertoire
dienen. Dieses Repertoire, durch das es in der Tradition und im kulturellen
Kontext verankert ist, verhilft ihm freilich zu einer Basis des Verständnisses
und der Geltung. Diese prizipielle Verhältnisbestimmung von Kunstwerk und
Symbol läßt natürlich eine Skala von Varianten zu. Am einen Ende steht das
hermetische Kunstwerk, dessen Verankerung in der Bildtradition und im visuellen Gemeinsinn sehr gering ist, für viele hat vieles in der Kunst der Avantgarde diesen privatmythologischen und privatsymbolischen Charakter. Auf
der anderen Seite steht die Volkskunst, das Kunsthandwerk, in dem die kon-
ventionell-traditionellen Symbole repetiert und affirmiert werden, ohne den
Anspruch einer Sinninnovation.

Wenn die Unterscheidung *Kunstwerk vs. Symbol* durch die Unterscheidung
Innovation vs. Konvention erläutert wird, so ist das nicht als Werturteil zu
verstehen. Beide visuellen Funktionsformen haben ihren Ort im Haushalt der
Kultur und stehen in Wechselwirkung miteinander. Ein Kunstwerk widersetzt
sich der Automatisierung und Schematisierung unserer Weltwahrnehmung und
setzt sich für deren Erneuerung und Auffrischung ein. Es kann Symbole in sich
aufnehmen und in seiner neuen Verarbeitung aufbewahren, tradieren, aber auch
anreichern, modifizieren, korrigieren und karikieren. Ikonographische Erfin-
dungen können als Muster wieder in die visuelle Tradition der Kultur eingehen.

Auf die bild- und symboldidaktischen Fragen der religiösen Erziehung bezogen, heißt das: Es ist möglich, durch Kunstwerke hindurch die visuellen

---

[9] M. Imdahl, Giottos Arenafresken. Ikonographie, Ikonologie, Ikonik, München 1980, 99.

Konventionen der christlichen Kultur zu vermitteln. Und das ist auch nicht von vornherein illegitim. Die religionspädagogische Neigung dazu ist verbreitet und hat auch gute Gründe. Religiöse Erziehung ist auf Grund ihrer institutionellen Bindung zunächst an der Vermittlung von Symbolen interessiert, die der kirchliche Gemeinsinn zu verbindlichen und verbindenden Konventionen erhoben hat. Vielleicht ist das auch einer der Gründe für die starke Vorliebe für altkirchliche und mittelalterliche Kunst, in der die Einbettung in identifizierbare kirchliche Symbolkonventionen größer ist als in der Moderne, so daß sie problemloser dazu dienen können, aus ihnen das symbolische Repertoire zu rekonstruieren. Bild- und symboldidaktische Arbeit in dieser Richtung scheint mir eine legitime Aufgabe religiöser Erziehung zu sein, nicht nur um der kulturellen Kontinuität, sondern auch um der kulturellen Produktivität des Christentums willen. Was unbekannt ist, kann auch nicht mehr kreativ erneuert werden. Da für diese Aufgabe in unserem Bildungssystem andere Fächer sich kaum zuständig fühlen – der Kunstunterricht verfolgt primär praktische, nicht geschichtliche Ziele und im Geschichtsunterricht dominiert die politisch-ökonomische gegenüber der Kulturgeschichte –, könnte hier ein begründbares Feld religiöser Bildung liegen.

Mit solchem Gebrauch hat man ein Kunstwerk natürlich nicht als solches zur Geltung gebracht. Aber es stellt sich auch die Frage, ob man das im Rahmen religiöser Erziehung soll, in Anbetracht des Erkenntnisaufwands, der dabei einem einzelnen Bild gewidmet werden muß. Dies führt zurück auf die Frage, welche Bedeutung ein einzelnes Bildindividuum und seine künstlerische Erfindung und Sinnerneuerung für das Leben der christlichen Religion haben kann.

Ich habe versucht, aus der Konstitutionsweise des Kunstwerkes die Rolle des visuellen Gemeinsinns herauszuarbeiten. Aber was ich da versuchsweise mit dem Ausdruck „Symbol" belegt habe, bleibt offenkundig unterhalb des Erregungsgrades, der zu Beginn anvisiert wurde, kann jedenfalls die faszinierende Aura, die sich um das Wort Symbol gebildet hat, nicht plausibel machen. Das stammt aus einer anderen Erbschaft.

Meine Hypothese ist, daß der Geist, der hier weht, Geist vom Geist des Eranoskreises ist, als dessen *spiritus rector* Carl Gustav Jung lange Zeit fungierte und in dem Mircea Eliade eine wichtige Rolle spielte.[10] Es ist hier nicht der Ort, über diesen Kreis zu referieren. Und da ich mich dem Labyrinth des Jungschen Denkens geistig nicht gewachsen fühle, halte ich mich an Mircea Eliade. „Images et symboles" lautet der Titel seines schon erwähnten Buches.

---

[10] Vgl. dazu H.H. Holz, Eranos – eine moderne Pseudo- Gnosis in: Religionstheorie und Politische Theologie, Bd. II, Gnosis und Politik, hg. von J. Taubes, München 1984, 249-263; H.J. Herwig, Psychologie als Gnosis: C.G. Jung, ebd. 219-229.

In dem für Theologen sehr aufschlußreichen Schlußkapitel findet sich der folgende Passus: „Eine jede Kultur ist ein ‚Sturz in die Geschichte‘, damit ist sie zugleich begrenzt. Man lasse sich von der unvergleichlichen Schönheit, vom Adel, von der Vollkommenheit der griechischen Kultur nicht täuschen; sofern sie ein geschichtliches Phänomen darstellt, ist auch sie nicht allgemein gültig; versucht doch einmal, die griechische Kultur beispielsweise einem Afrikaner oder einem Indonesier nahezubringen: nicht der wunderbare griechische ‚Stil‘ wird ihm die Botschaft vermitteln, sondern die Bilder, die der Afrikaner oder der Indonesier in den Statuen oder in den Meisterwerken der klassischen Literatur wiederentdecken wird. Das, was für einen Menschen des Westens in den geschichtlichen Erscheinungen der antiken Kultur schön und wahr ist, hat für einen Menschen Ozeaniens keinen Wert ... Die Bilder jedoch, die ihnen vorausgehen und sie belehren, bleiben ewig lebendig und überall auf der Welt zugänglich.“[11] Der Passus nimmt Bezug auf die Erfahrung des Kunstwerkes. So bietet er die Möglichkeit, die Besonderheit des Eliadeschen Konzepts im Blick auf den Gegenstand, auf den ich mich beziehe, zu erkennen. Ich möchte die entscheidenden Punkte herausheben:

1. Das hermeneutische Kriterium ist die transkulturelle Verständlichkeit. Ein Afrikaner oder Ozeanier soll europäische Kunst verstehen und natürlich auch umgekehrt. Eliades Religionswissenschaft versteht sich in einer weiträumigen kulturgeschichtlichen Perspektive. Er sieht die Menschheit des 20. Jahrhunderts im Aufbruch zu einer Planetarisierung der Kultur, in der die beschränkte Regionalität der geschichtlich gewordenen Einzelkulturen in die Universalität einer Weltkultur transformiert wird.

2. Was aber entdeckt jener exemplarische Afrikaner oder Indonesier an den griechischen Statuen als für ihn wertvolle Botschaft? Es ist nicht das Fremde, geschichtlich Besondere, Neue. Es ist vielmehr die Wiederentdeckung des schon Bekannten. Die Wiederkehr des Eigenen im schönen Schein des Anderen ist der Erkenntniswert des transkulturellen Austausches.

3. Aber dieser Akt der Wiederentdeckung ist nicht etwa die selektive Wahrnehmung, die das Neue sich nur insoweit aneignet, als es auf die gewohnten Wahrnehmungsmuster der eigenen Kultur rückführbar ist. Was er da entdeckt, sind ja nicht bloß seine eigenen Bilder, es sind die ewigen, ewig lebendigen und überall auf der Welt zugänglichen Bilder. Es sind die zeit- und ortlosen Urbilder der Menschheit, die beim kulturellen Sturz in die Geschichte jeweils eine besondere konkrete Form annehmen. Aber nicht diese besondere Version ist das Bedeutsame, sondern die vorausgehende, sich durchhaltende, sich immer

---

[11] Eliade, Ewige Bilder, 190.

neu manifestierende, konstante Struktur der Symbole. Sie wiederzuerkennen, ist der erlösende Akt der Erkenntnis, der die Menschen aus dem Provinzialismus ihrer eigenen geschichtlichen Kulturen befreit.

Diese in Mythen und Riten enfalteten Symbole sind machtvolle Erscheinungen des Heiligen. Es sind kosmische Hierophanien (Himmel und Erde, Sonne und Mond, Wasser, Stein, Haus, die Weltachse und das Paradies); denn der Kosmos ist die der Menschheit jenseits ihrer geschichtlichen Besonderungen gemeinsame, ursprüngliche und wiederzugewinnende Heimat. Ihre Archaik ist der Raum des Vor- und jederzeit Über-geschichtlichen. Die Hierophanien sind die primordialen Manifestationen, in denen der an sich selber unsichtbare Weltgrund des Heiligen in die sichtbare Welt eintritt. Indem der Mensch sich in sie versenkt, kann er dem Chaos der Geschichte entfliehen und in einer Art mystischer Ekstasis den heimatvertriebenen Seelengrund mit dem heiligen Grund der Welt vereinigen. Im *regressus ad originem* erfüllt sich die Sehnsucht nach dem Paradies.

Es ist nicht zu übersehen, daß das Verhältnis von Kunstwerk und Symbol bei Eliade wesentlich anders bestimmt wird als in meinem ersten kunsttheoretischen Annäherungsversuch. Für ihn ist das Kunstwerk eigentlich nur das Oberflächengekräusel über der Tiefe der Symbole. Und diese sind auch nicht das offene, in geschichtlicher Wandlung befindliche Repertoire des visuellen Gemeinsinns, sondern der in wenigen elementaren Hierophanien sich entfaltende archaische Grund der Menschheit im Kosmos.

Die Faszinationskraft dieses Symbolbegriffs und der um ihn zentrierten Religionswissenschaft in der gegenwärtigen Weltlage ist erklärlich; sie hat als Wissenschaft soteriologische Züge: Gegen die Überkomplexität der technisch-szientistischen Zivilisation setzt sie Elementarität, gegen ihre Abstraktheit die Sinnlichkeit der Urbilder, gegen ihre Oberflächenrationalität die emotionale Tiefe der Erfahrung, gegen die konfliktüberlastete Unübersichtlichkeit der Geschichte die mystische Ekstase des Augenblicks, gegen die Beschleunigung des Fortschritts zur Katastrophe die *regressio ad originem*, gegen das Desaster der schamlosen Naturausbeutung die Ehrfurcht einer kosmischen Religion. Der zusammenwachsenden Menschheit bietet sie die Einheit einer alle traditionellen geschichtlichen Religionen integrierenden Weltreligion.

Für das Christentum, insbesondere das katholische, enthält sie noch einige besondere Zuneigungsgründe:

Der unter den Attacken der aufklärerischen Kritik in die Rückzugsstellung einer entmythologisierten Moralität innerhalb der Grenzen der bloßen Vernunft zurückgedrängten Religion wird die Legitimität von Mythos, Ritus und Symbol wissenschaftlich zurückerstattet. Dem aus der Stagnation der Weltmission erwachsenen Zweifel an der Universalgeltung und Weltheilsnotwendigkeit des Christentums wird ein Ausweg eröffnet: die Entdeckung einer immer

schon vorhandenen und nicht erst durch missionarische Eroberung herbeizu-
führenden Katholizität und Ökumenizität der Religion. Eliade versteht seine
Religionswissenschaft geradezu als Fortsetzung der Mission des Christentums:
„Die Bedeutung der zivilisatorischen Rolle des Christentums beruht haupt-
sächlich auf der Erschaffung einer neuen mythologischen Sprache als Gemeingut für die Völker, die weiterhin an ihre Scholle gebunden, in höchstem Maße
Gefahr liefen, sich in ihren von den Ahnen überlieferten Traditionen abzukap-
seln ... Die Christianisierung der Volksschichten Europas hat sich hauptsäch-
lich mit Hilfe der Bilder vollzogen; man fand sie überall vor, man brauchte sie
nur neu zu bewerten, zu integrieren und ihnen neue Namen zu geben."[12] Auch
wenn man nach Eliades Ansicht nicht die Hoffnung hegen darf, „daß schon
morgen ... ein ähnliches Phänomen eintreten wird und sich auf dem ganzen
Planeten wiederholt"[13], so ist doch vorgezeichnet, in welcher Richtung die
zivilisatorische Rolle der Religionswissenschaft für die Menschheitsentwick-
lung zu sehen ist: wiederzuentdecken, was schon längst in der archaischen
Symbolik der Riten, Mythen und Märchen aller Religionen als gemeinsame
Weltreligion da ist.

Die Aussicht, die sich hier eröffnet, ist verlockend. Das Christentum ist in
seiner mythologisch-narrativen und symbolisch-sakramentalen Grundverfassung die wahre Weltreligion, denn die Differenzen zu den anderen Religionen
sind superfiziell; sie gehören zu dem unvermeidlichen, aber die sakrale Ontolo-
gie des *homo religiosus* nicht wesentlich tangierenden „Sturz in die Geschichte". Die „biblische und christliche Symbolik (bleibt), obwohl sie mit einem
letzten Endes ‚provinziellen' Geschichtsinhalt gefüllt ist – dennoch universell,
wie jede kohärente Symbolik."[14]

So verlockend es ist, das, was man ohnehin nicht mehr kann, den universalen
Anspruch argumentativ oder missionarisch oder politisch durchzusetzen, auch
nicht mehr zu müssen, so geht es doch nicht ganz ohne theologische Bedenken.
Eliade beschäftigt sich im Schlußkapitel seines Buches „Images et symbols" mit
Einwendungen der christlichen Theologie, die das Problem der Geschichte
betreffen. Er zitiert Henri de Lubac mit dem Satz: „Die ganze Frage läuft doch
darauf hinaus, worin in jedem Einzelfall Art und Rang der Originalität der
‚besonderen Version' bestehen", und bemerkt dazu: dieser hervorragende
Theologe „übertreibt offensichtlich die Bedeutung geschichtlicher Merkma-
le"[15]. Natürlich erkennt Eliade, daß das Spezifikum und besondere Problem des

---

[12] Ebd. 192.
[13] Ebd.
[14] Ebd. 185.
[15] Ebd. 179.

Christentums die Geschichte ist. „Aus religionsgeschichtlicher Sicht führt uns das jüdische Christentum die erhabenste Hierophanie vor Augen: die Verwandlung des geschichtlichen Geschehens in Heilsoffenbarung."[16] Aber, so fügt er hinzu, „man darf den Umstand nicht aus den Augen verlieren, daß das Christentum sich in die Geschichte einschaltete, um sie aufzuheben"[17]. Und: „Es ist jedoch diese paradoxe Verwandlung der Zeit in Ewigkeit nicht ausschließlich ein Gedanke des Christentums. Wir begegneten der gleichen Anschauung und der gleichen Symbolik in Indien."[18] Auch dieses vermeintlich Ureigenste des Christentums wird eingeholt als Wiedererkanntes.

Natürlich stellt sich die Frage, ob dieser mit den Wassern aller Religionen gewaschene *homo religiosus* in einer einzelnen von ihnen noch zu Hause sein kann. Eliade, der seine Herkunft in der agrarreligiösen Welt orthodoxer rumänischer Bauern hat, ist über den Weg nach Indien zum religiösen Weltbürger geworden. Ein Freund Eliades noch aus den 30er Jahren in Bukarest hat in einem freundschaftlichen Aufsatz über Eliades Stellung zum Christentum geschrieben: er „steht allem Anschein nach am Rande dieser Religion. Aber vielleicht steht er am Rande jeder Religion, von seinem Beruf wie von seiner Überzeugung her. Ist er nicht einer der glänzendsten Vertreter eines neuen Alexandrinismus, der gleich dem alten alle Glaubenssysteme auf dem selben Niveau ansiedelt, ohne sich für eins entscheiden zu können? Wie kann man parteiisch sein, nachdem man sich geweigert hat, sie in eine Hierarchie einzuordnen? Welchen Glauben kann man unterstützen, welche Gottheit anrufen? Es ist unmöglich, sich einen Spezialisten der Religionsgeschichte beim Gebet vorzustellen. Oder wenn er tatsächlich betet, dann verrät er seine Lehre, widerspricht sich selbst, schadet seinen Abhandlungen, in denen es keinen wahren Gott gibt, da alle Götter als gleichwertig behandelt werden. Es ist müßig, sie zu beschreiben und scharfsinnig zu kommentieren; er kann ihnen kein Leben einhauchen, nachdem er ihnen das Mark ausgesaugt hat, sie miteinander verglichen und, um ihr Elend voll zu machen, so lange gerieben und poliert hat, bis nur noch blutleere, für den Gläubigen nutzlose Symbole übriggeblieben sind. Es ist müßig, noch anzunehmen, daß in diesem Stadium der Gelehrsamkeit, Desillusionierung und Ironie noch irgend jemand da wäre, der wahrhaft glaubt. Wir alle, und Eliade als erster, sind Möchtegern-Gläubige; wir sind alle religiöse Geister ohne Religion."[19]

---

[16] Ebd. 186.
[17] Ebd. 188.
[18] Ebd. 189.
[19] E.M. Cioran, Anfänge einer Freundschaft, in: H.P. Duerr, Die Mitte der Welt. Aufsätze zu Mircea Eliade, Frankfurt/M. 1984, 183-191, 191.

Natürlich weiß ich nicht, ob dieses Urteil über Mircea Eliade gerecht ist, und ich weiß auch nicht, wie weit Cioran den Kreis des „wir alle" ziehen will, oder wie weit er tatsächlich reicht. Religiöse Heimatvertriebene, Randexistenzen und Grenzgänger, die in Mircea Eliade ihren Patriarchen und Propheten finden können, scheint es aber wohl nicht wenige zu geben in einer Geisteslage, die mit der der hellenistischen Spätantike auffallende Ähnlichkeiten hat. Die Erosion der staatstragenden Religion und das Einströmen der Mysterien aus dem Osten findet sich gegenwärtig wieder in der Neigung zu synkretistischen Mentalitäten und esoterischen Praktiken. Hans Heinz Holz hat „Eranos" eine „moderne Pseudo-Gnosis"[20] genannt und nach Hedda J. Herwig hat C.G. Jung „Psychologie im Modus gnostischer Selbstinterpretation"[21] betrieben. Kurt Rudolph hat auch Eliade diesem religionsgeschichtlichen Typus zugeordnet: „Es ist fast ein gnostisches Konzept, das uns hier entgegentritt: der wahre göttliche Mensch, der ‚Urmensch' wartet im gefallenen irdischen, profanisierten Menschen auf seine Wiederbelebung durch den göttlichen ‚Ruf' der befreienden Erkenntnis (Gnosis)."[22] Eliades Denkfigur vom „Sturz in die Geschichte" und die darauf bezogene persönliche Tagebuchnotiz „Meine Hauptbeschäftigung ist für mich die einzige Möglichkeit, der Geschichte zu entrinnen und mich durch Symbole, Riten und Archetypen zu retten"[23] hat gnostische Prägung.

Dieses Herbeizitieren der Gnosis ist nicht mein Versuch, durch die beiläuflge Einführung eines altbewährten theologischen Schmähtopos Eliades Position unter der Hand zu disqualifizieren. Es ist vielmehr der Versuch, den von Cioran ins Spiel gebrachten Alexandrinismus Eliades näher zu bestimmen. Wenn darin vielleicht, wie Cioran meint, die Möglichkeit des Gebets verlorengegangen ist, weil mit der Glaubenszugehörigkeit zu einer bestimmten Religion der anredbare Adressat abhanden kam, so tritt an jene Stelle wohl die meditative Gnosis der hierophanen Symbole als die religiöse Praxis, in der der *homo religiosus* als *homo symbolicus* sich dem namenlosen Heiligen nähert und sich vielleicht in mystischer Ekstasis mit ihm eint.

Eliades als amplifikatorische (nicht dialektische) Symbolhermeneutik angelegte Religionswissenschaft impliziert selbst eine religiöse Option. Das war zu zeigen, und das, meine ich, muß christliche Theologie mitbedenken, wenn sie Symbolik und Symboldidaktik betreibt.

Dies zu erkennen, ist freilich einfacher, als dazu theologisch Stellung zu beziehen. Das erste, was man dabei konstatieren muß, ist ja, daß das Symbol als

---

[20] Holz, Eranos, a.a.O.
[21] Herwig, Psychologie als Gnosis, 219-229.
[22] K. Rudolph, Eliade und die ‚Religionsgeschichte" in: Duerr, Die Mitte der Welt, 49-78, 68.
[23] Zit. nach D. Allen, Ist Eliade antihistorisch?, in: Duerr, Die Mitte der Welt, 106-127, 115.

ikonische Hierophanie des überbildlichen Mysteriums eine kurrente Figur der
christlichen Theologie ist, von Pseudo-Dionysius bis Karl Rahner. Das Verständnis des Symbols als bildlicher Selbstausdruck des unsichtbaren Seinsgrundes, als
gestaffelte Emanation des dunklen Lichts in die Sichtbarkeit, wodurch es der
eingekörperten Seele zugänglich wird, so daß sie auf dem vom Mysterium selbst
gebahnten Weg aufsteigen und zurückkehren kann (*per visibilia ad invisibilia*) zur
Erleuchtung und Einung mit dem unsichtbaren Gott – dieses Verständnis des
Symbols hat seit der Rezeption der neuplatonischen Kosmotheologie und – mystik im Haushalt der christlichen Mystik und Theologie einen festen Platz. Schöpfung und Inkarnation, Kirche und Sakramente sind im Rahmen dieses christlichen
Neuplatonismus gedacht worden, so selbstverständlich, daß man es zunächst nicht
recht wahrzunehmen vermag, wenn, wie bei Eliade, die christliche Kanalisierung
der symbolischen Hierophanien auf die Inkarnation in Jesus Christus und die
Ämter und Sakramente der katholischen Kirche weltreligiös relativiert wird als
geschichtlich begrenzte Version einer *per se* universalen Sakralontologie. Wenn
sich bei christlichen Theologen, die in der Tradition neuplatonischer Symbolmy-
stik denken und empfinden, offenkundige Katholizität mit der Neigung zu einem
gewissen religiösen Freigängertum über die Grenzen ihrer angestammten Religion
hinaus verbindet, so ist das nicht verwunderlich.

Nun gibt es neben diesem, neuplatonisch induzierten Verständnis von Symbolik und symbolischer Theologie noch ein anderes. Ein bekanntes Werk Jo-
hann Adam Möhlers trägt den Titel „Symbolik"[24]. Wer je darin gesucht hat, was
der Titel zu versprechen schien, ist alsbald auf den Untertitel gestoßen: „oder
Darstellung der dogmatischen Gegensätze der Katholiken und Protestanten
nach ihren öffentlichen Bekenntnisschriften". Vom 17. Jh., wo der Begriff in
der protestantischen Orthodoxie erstmals begegnet, bis ins 19. Jh. ist „Symbolik" Bezeichnung einer theologischen Literaturgattung, in der die konfessionellen Differenzlehren dargestellt werden, mal eher polemisch, mal eher irenisch,
jedenfalls komparatistisch – auf der Grundlage der symbolischen Schriften der
Konfessionen. „Wetzer und Weltes Kirchenlexikon" von 1899 erwähnt dies als
die erste Bedeutung des Wortes „Symbol": „Symbole heißen in der Theologie
zunächst bestimmte fixierte Formulierungen, an welchen sich alle derselben
kirchlichen Gemeinschaft Angehörige erkennen, durch deren Bekenntnis sie
untereinander ein einziges Ganzes bilden und sich von den außerhalb ihrer
Gemeinschaft Stehenden unterscheiden. Es sind die sog. Glaubensbekenntnis-
se."[25] Dieser Gebrauch des Wortes nimmt ausdrücklich das antike Bedeutungs-

---

[24] J.A. Möhler, Symbolik oder Darstellung der dogmatischen Gegensätze der Katholiken und
Protestanten nach ihren öffentlichen Bekenntnisschriften, Mainz 1832.
[25] Wetzer und Weltes Kirchenlexikon, [2]1899, Bd. XI, Sp. 1043- 1046, 1043.

moment des Wortes „Symbolon" als vereinbartes Kennzeichen auf. Das fomulierte Glaubensbekenntnis hat den Charakter eines Kontrakts, einer Vereinbarung, die dazu dient, die Identität und Grenze der Kommunität und die Zugehörigkeit zu ihr kenntlich zu machen. Das Symbol ist eine Konvention, eine Übereinkunft, auf die dann die theologische Argumentation als Berufungsinstanz auch immer wieder zurückkommt.

Das erste ökumenische Symbolon, das des I. Konzils von Nizäa, betrifft nun ausgerechnet den in Form des Arianismus in der Kirche virulenten Neuplatonismus. So ist man neugierig, ob das Symbolon im einen über das Symbolon im anderen Sinn vielleicht etwas zu sagen hat. Aber der Text enthält darüber nichts, zumindest nicht *ad verbum*. Ich meine jedoch, daß dieser Text über das Rahmenwerk des Symbolgebrauchs eine wichtige Feststellung enthält. Sie liegt in dem eigentlichen Fokus des Textes, der Homoousie des Sohnes. Indem das Konzil gegen Arius an der Homoousie des Sohnes festhält, legt es einen Schnitt in das neuplatonische Modell der gleitenden Emanation. Der Sohn ist nicht die erste Stufe der Entfaltung des absolut transzendenten Weltgrundes in die Sichtbarkeit des Alls, sondern er gehört wesensgleich auf die Seite des Vaters. Das bedeutet: Die Welt hat keinen ihr immanenten eingeschaffenen Logos. Die Welt hat keinen Sinn, sondern ein Gegenüber. Hier wird, nach meiner Ansicht, unter den Sprach- und Denkbedingungen der spätantiken Religionsphilosophie an der biblischen Idee des Bundes festgehalten. Die Schöpfung als Selbstbegrenzung Gottes und Setzung der Differenz von Gott und All ist die Setzung der Bedingung der Möglichkeit des Bundes. Das All ist nicht Entfaltung des Weltgrundes, sondern hineingezogen in die Geschichte eines Bundes, des Alten und Neuen. Die Kontingenz dieses offenbar konfliktträchtigen Geschichtsganges, in dem Gott und Welt miteinander gehen, wird in dem Namen Jesus Christus, *sub Pontio Pilato passus et sepultus est*, im Symbolon festgehalten. Das Ziel ist nicht die Einung mit der Gottheit, sondern die Differenz, die *communio prosopon kata prosopon*, von Angesicht zu Angesicht.

Die sichtbaren Symbole werden in diesem Rahmenwerk zu Zeichen des Bundes, in dem Gott und Menschen sich einander kenntlich machen, Zeichen im Freiraum der Geschichte wie in den geschlossenen Räumen von Gesetz und Kult, einer Geschichte mit schwierigen Veränderungen, unsystematisierbarer Erinnerung und unübersehbaren Aussichten.

Weiter als bis zu diesem Punkt, wo sich eine durchaus irenische Differenz zu Eliades und seiner Jünger Symbolik abzeichnet, kann ich hier nicht kommen. Aber einen Rückblick auf die Kunst, mit der ich angefangen habe, möchte ich von dieser Stelle aus noch tun.

Es gibt in der philosophischen Ästhetik und Kunsttheorie auch einen Begriff des Symbols, der das Kunstwerk selbst und nicht bloß seine konventionellen Voraussetzungen als Symbol zu bestimmen erlaubt. Deutlich in neuplatonischem Kontext geschieht das, worauf Werner Beierwaltes hingewiesen hat, bei Schelling. Für ihn ist Kunst als solche „Symbol"[26], denn sie „macht das Unendliche im Endlichen gegenwärtig. Der Künstler begrenzt oder vereinzelt das Absolute und läßt zugleich das Einzelne als ein Allgemeines sichtbar werden, auf das Absolute hin durchscheinen."[27] Indem der Künstler „den durch Sinnbilder redenden Naturgeist ... lebendig nachahmend ergreift[28], schafft er das Kunstwerk als Symbol. So hat die Kunst, bei Schelling wie bei Plotin, „eine verweisende, ‚anagogische' Funktion; sie führt ... in den in sich einigen und Einen Grund aller Wirklichkeit".[29]

Unterhalb dieses Niveaus einer metaphysischen Kunstreligion, aber doch auch noch in neuplatonischer Tradition, wird bei Erwin Panofsky das Kunstwerk auf der höchsten, ikonologischen Stufe, als symbolischer Wert konzipiert. Der symbolische Wesensgehalt des Kunstwerks ist „die ungewollte und ungewußte Selbstoffenbarung eines grundsätzlichen Verhaltens zur Welt, die für den individuellen Schöpfer, die individuelle Epoche, das individuelle Volk in gleichem Maße bezeichnend ist, und wie die Größe einer künstlerischen Leistung letzten Endes davon abhängig ist, welches Quantum von ‚Weltanschauungs-Energie' in die gestaltete Materie hineingeleitet worden ist und aus ihr auf den Betrachter hinüberstrahlt ..., so ist es auch die höchste Aufgabe der Interpretation, in jene letzte Schicht des ‚Wesenssinnes' einzudringen."[30]

Die Anagogie des symbolischen Kunstwerks geht hier, wie man sieht, nicht mehr ins Absolute, sondern in das jetzt äußerst noch Erreichbare, die Dimension der menschlichen Weltanschauung. Kunstgeschichte wird in letzter Intention Geistesgeschichte. Und schließlich ist an André Malraux' Konzeption des *Musée imaginaire* zu denken, das alle Kunstwerke der Welt zum *Musée de l'Homme* vereinigt, zum Heiligtum eines universalen Humanismus, einem „Olymp, wo alle Götter aller Zivilisationen zu allen Menschen sprechen, die die Sprache der Kunst verstehen".[31] Dies scheint mir die hochkulturelle Parallelaktion zu Eliades Einsammlung der Symbolwelt aller archaischen Religionen zu sein und ein weiterer faszinierender Beleg für den Alexandrinismus unserer Zivilisation.

---

[26] W. Beierwaltes, Einleitung in: F.W.J. Schelling, Texte zur Philosophie der Kunst, ausgew. und eingel. von W. Beierwaltes, Stuttgart 1982, 3-35, 8.

[27] Ebd. 11.

[28] Ebd. 7.

[29] Ebd. 8f.

[30] Panofsky, Zum Problem der Beschreibung, 200f.

[31] A. Malraux, Propyläen. Geist der Kunst. Metamorphose der Götter, Bd. I (1977), Frankfurt/M. 1978, 42.

Eher marginal geblieben in der kunsttheoretischen Reflexion ist dagegen eine These wie die von Wolfgang Schöne: „Gott (der christliche Gott) hat im Abendland eine Bildgeschichte gehabt."[32] Ehe man solch einen Gedanken im Zusammenhang mit der oben angedeuteten Idee des Bundes theologisch noch einmal aufgreifen kann, ist noch vieles zu bedenken. Eines ist sicher zu bedenken, was der in Dingen der modernen Kunst vielleicht erfahrenste Theologe unseres Jahrhunderts, der Wiener Msgr. Otto Mauer einmal auf die Formel gebracht hat: „Christentum muß doch etwas Kreatives sein."[33] Das erinnert nicht an den ersten und zweiten, sondern an den dritten Artikel des Symbolon von Nizäa, der vor der konstantinopolitanischen Erweiterung lakonisch laute- te: *und an den Heiligen Geist.*

---

[32] W. Schöne, Die Bildgeschichte der christlichen Gottesgestalten in der abendländischen Kunst, in: W. Schöne/J. Kollwitz/H. v. Campenhausen, Das Gottesbild im Abendland, Witten 1957, 57-76, 57.

[33] O. Mauer, „Christentum muß doch etwas Kreatives sein". Zur Problematik der Kunst und des Bildes als pastorales Problem, in: KuKi, 1974, 181-186.

XIV. HEILIGE STÄTTEN

1. EIN UNGEWISSER GEGENSTAND

Von einer Lourdes-Wallfahrt, die sie zu Anfang dieses Jahrhunderts unternommen hatte – es sollte die einzige weitere Reise ihres Lebens bleiben – hatte meine Großmutter einen Krug mit Lourdes-Wasser mitgebracht. Er wurde im Keller aufbewahrt, und wenn es auf dem westfälischen Bauernhof etwas zu heilen gab, wurde neben den bewährten volksheilkundlichen Mitteln auch dies Wasser zu Hilfe genommen. Der Krug ist längst verschollen und, wie es scheint, auch die zu ihm gehörige Frömmigkeit. Die Urenkel zucken verlegen die Achseln.

Es ist nicht überliefert, was diese Bauersfrau, die zeitlebens nur wenig über die Grenzen des Kirchspiels hinauskam, zu dieser Reise in ein fernes Pyrenäendorf veranlaßt hat; warum ihr die üblichen Gnadenmittel der römisch-katholischen Kirche nicht genügten, wie sie den meisten anderen Gläubigen zu ihrem Heil genügten und genügen mußten. Anders als der Kirchgang zur Hl. Messe und der Empfang der Sakramente gehört das Wallfahren zu Heiligen Stätten ja nicht zu den religiösen Pflichten eines Katholiken. Es war und ist eine Sache der religiösen Neigung.

Wenn schon im Kernbereich der Pflichten eine Religion im Laufe ihrer Geschichte erheblichen Schwankungen unterliegt, so noch mehr an der Peripherie der Neigungen. Es gibt offenbar Zeiten (z. B. das Mittelalter, den gegenreformatorischen Barock) und Landschaften (z. B. Altbayern, Mainfranken, Irland, die Bretagne) in denen die Heiligen Stätten und der Wunsch, sie aufzusuchen, reichlich blühen, während sie andernorts oder zu anderen Zeiten den Gläubigen nicht besonders viel zu bedeuten scheinen. Vielleicht gibt es aber auch zu allen Zeiten und allerorts einzelne, deren Religiosität von Stätten besonderer Sakralität angezogen wird.

Im übrigen scheint es sich um ein Neigungsphänomen zu handeln, das gar nicht spezifisch ist für die katholische Glaubenswelt. Wallfahrtet man nicht nach Lourdes, wie man nach Benares oder Epidauros wallfahrtet, und nach Santiago de Compostela wie nach Mekka?[1] Stößt man hier nicht auf ein Gemeingut der Volksreligiosität aller großen Religionen, allenthalben aus densel-

---

[1] Vgl. J. Leipold, Von Epidauros bis Lourdes. Bilder aus der Geschichte volkstümlicher Frömmigkeit, Hamburg- Bergstedt 1957.

ben Interessen gespeist, dieselben Formen generierend; das jeweils Spezifische erscheint als das Ephemere? Ein Phänomen also, das Volkskundler und analogiefreudige Religionsphänomenologen anlockt, die an der Glaubensbesonderheit interessierten Theologen eher zu kritischer Distanz veranlaßt, weil der Ab- und Übergang des Glaubens in den Aberglauben hier allenthalben zu gewärtigen ist? Wo in der Geschichte der christlichen Theologie ein scharfes Bewußtsein der reinen Anfänge der Heiligen Schrift und ihrer normativen Kraft gegen das Brauchtum der Tradition auftrat (wie in der Reformation oder der Aufklärung), hat der „Gnadenortsbetrieb" wenig Gnade gefunden.

Was ich hier, mit unvermeidbarem biographischen Einschlag, notiere, ist die erste Skizze eines Gegenstandes, der nicht in so zeitloser Ruhe und Objektivität daliegt, daß man ihn nur in seinen Strukturen abzumalen bräuchte. „Den" Katholizismus gibt es gerade in der hier anstehenden Sache nur von außen und aus großer Entfernung gesehen.

2. DER ANFANG: GRABSTÄTTEN

„Laß die Toten ihre Toten begraben. Du aber geh' und verkünde das Reich Gottes" (Lk 9,60), hatte Jesus dem gesagt, der bat, seinen Vater noch bestatten zu dürfen. Und als sie ihn selbst im Grabe aufsuchen wollten, wurde den Frauen gesagt: „Was sucht ihr den Lebenden bei den Toten. Er ist nicht hier, er ist auferstanden" (Lk 24,5f). Es gibt kein heiliges Grab! „Gehet hin in alle Welt und verkündet das Evangelium allen Geschöpfen" (Mk 16,15).

Im 2. Jh. beginnen die Christen die Leiber der Blutzeugen des Evangeliums in Ehren zu bestatten, ihre Gräber aufzusuchen und dort Gottesdienste zu feiern, besonders am Todestag, dem „dies natalis" der Märtyrer zu ihrer wahren, himmlischen Existenz. Die Kirchenfreiheit des 4. Jahrhunderts erlaubt den Bau von Grabeskirchen, die alsbald auch überregionale Bedeutung bekommen, als Orte der *„peregrinatio religiosa"*.[2]

Im 4. Jahrhundert beginnt dann auch das Grab Christi in Jerusalem das öffentliche Interesse auf sich zu ziehen. Konstantin d. Gr. läßt über der Grabstätte die Grabeskirche erbauen. Um das Grab herum finden sich die herausragenden Orte des Lebens und Leidens Jesu: der Ölberg und der Abendmahlssaal, die Geburtsgrotte in Bethlehem und der Ort der Verkündigung in Nazareth usw.

Das Grab ist leer und auch sonst gibt es hier, im Unterschied zu den Martyrergräbern, keine Leiber, sondern nur Spuren. „Das Wort ist Fleisch geworden

---

[2] Vgl. B. Kötting, Peregrinatio religiosa. Wallfahrten in der Antike und das Pilgerwesen in der alten Kirche (Forschungen zur Volkskunde, hg. von G. Schreiber 33- 35), Münster/Westf. 1955.

und hat unter uns gewohnt" (Joh 1,14). Ist der Gott-Mensch selbst in die Unsichtbarkeit des Himmels entzogen, so ist doch die Landschaft der Inkarnation geblieben. Die Orte, die Gott im Fleische berührte und sah, konnte man hier selber berühren und aufsuchen. In der Permanenz der von Gott leibhaftig berührten Erdenlandschaft konnte man über die Kluft der Zeit hinweg ein Ortsgenosse dessen werden, der hier lebte und starb. Es ist der leibhaftige Kontakt an den Stätten der Heilsgeschichte, der die Orte zu „Heiligen Stätten" macht. Die geographisch-politische Provinz Palästina ist nun nicht mehr nur das „Gelobte Land" Israels, sondern auch das durch die Inkarnation geheiligte „Heilige Land" der Christenheit.

3. HAUPTORTE: JERUSALEM, ROM, COMPOSTELA

Aus dem Kult der Gräber, der Gräber der Martyrer hier, des Grabes Christi da, gehen die drei großen Wallfahrtsstätten der abendländischen Christenheit hervor: Jerusalem, Rom, Compostela.

Die seit dem 4. Jahrhundert einsetzende Jerusalemwallfahrt tritt mit der Besetzung des „Heiligen Landes" durch den Islam zu Beginn des 7. Jahrhunderts und der Reklamierung des Jerusalemer Tempelberges als Heilige Wallfahrtsstätte der Muslime, der dritten nach Mekka und Medina, in eine Phase, in der die Stätten des Heiligen Landes insbesondere der Heiligen Stadt selbst zum Ort religionspolitischer Konflikte werden. Deren Höhepunkt liegt im Zeitalter der Kreuzzüge, in denen sich die Idee der religiösen Pilgerschaft mit der des Heiligen Krieges kontaminiert. Die Ritterschaft des Abendlandes bricht zur bewaffneten Wallfahrt auf, um das „Heilige Land" und das „Heilige Grab" aus den Händen der „Ungläubigen" zu befreien.

Die beiden anderen großen Heiligen Stätten, Rom und Compostela, stehen in der Tradition des Martyrergrabes; der Gräber der Apostelfürsten Petrus und Paulus in Rom, des Hl. Jakobus (Santiago) im galizischen Westspanien. Während die Tradition des Martyriums Petri und Pauli wie ihrer Grabstätten bis in die frühchristliche Zeit zurückreicht, taucht das Grab Jakobus des Älteren in Compostela erst seit dem 9. Jahrhundert aus dem Dunst der Legende auf, gewinnt dann aber eine steil ansteigende Bedeutung. Diese Bedeutung ist nicht zu verstehen ohne die Rolle, die „Santiago" im Kampf gegen den Islam spielt. Der „Maurentöter" („matamoros") Jakobus war der Patron der Reconquista. Die Fernwallfahrt nach „Santiago de Compostela" verband die abendländische Christenheit mit ihrem Vorposten an der Front zum Islam. Die Pilgerstraßen vom nördlichen Europa nach Compostela zeichnen in die Landschaft die ungeheure Anziehungskraft, die jene ferne „Heilige Stätte" über Jahrhunderte ausübte.

Rom – auch wenn es zeitweise von Jerusalem und auch Compostela als Wallfahrtsziel überflügelt wurde – ist für die katholische Welt gewiß die Stadt mit der kontinuierlichsten Tradition: die „Ewige Stadt". Wenn man diesen Rang den Gräbern der Apostelfürsten (umgeben von den anderen Grab- und Gedenkstätten der frühchristlichen Zeit) zuschreibt, so ist doch zu sehen, daß Grab und Kult des Hl. Petrus die der übrigen Martyrer und auch die des Völkerapostels Paulus eindeutig überragen. Natürlich liegt der Grund dafür in der vom Bischof von Rom in Anspruch genommenen „successio apostolica". Der römische Bischofssitz ist die „Cathedra Petri". Dieser rechtssymbolische Begriff hat seine materielle Substanz auch in einem Heiligtum, dem (legendären, historisch erst aus dem 9. Jh. stammenden) Bischofssitz des Hl. Petrus, der heute von der „Cathedra" Berninis in der Apsis des Petersdoms eingeschlossen ist. Die „Cathedra" und die „Confessio Sancti Petri" (Altar und Baldachin Berninis über der Grabanlage) besetzen die beiden heiligen Stellen von St. Peter. Die „Cathedra" akzentuiert den besonderen Anspruch, der über diesem Apostelgrab erhoben wird. Wie das „Heilige Grab" in Jerusalem ein leeres Grab ist, so ist der „Heilige Stuhl" ein leerer Stuhl, nur daß ersteres auf einen himmlischen Thron verweist, dieser aber auf seinen jeweiligen Inhaber, den Nachfolger des Hl. Petrus. Der „Heilige Stuhl" ist der Sitz des „Heiligen Vaters". Die „Heilige Stätte" Rom hat in dieser Verbindung von „heiligem" Monument und „heiliger" Person/Institution ihren spezifischen Charakter. Anders als in Jerusalem und Compostela geht es hier nicht nur um Monumente und Gebeine, sondern darüber und darüber hinaus um das leibhaftige Oberhaupt der katholischen Kirche. Der Besuch der Heiligen Stätten wird hier überhöht durch die Audienz des „Heiligen Vaters".

Die Romfahrt ist deswegen nicht allein eine Pilgerfahrt zu den Apostelgräbern und den übrigen „Heiligtümern" der „Ewigen Stadt", sondern der Besuch in der Hauptstadt der (katholischen) Christenheit, deren Einheit durch den Nachfolger Petri repräsentiert wird. Die Romzüge der Kaiser wie die „visitatio ad limina Apostolorum" (die den Bischöfen als kanonische Pflicht obliegt) geben dafür das Modell ab.

4. RELIQUIEN: TRANSLATION. MULTIPLIKATION

Der für die großen Heiligen Stätten konstitutive Grabkult erweist sich als generatives Muster. Nicht nur die Leiber der Blutzeugen, auch die der eines natürlichen Todes gestorbenen Bekenner ziehen im Laufe der Zeit eine analoge Verehrung auf sich. Die Wallfahrt zum Grab des Martin von Tours ist dafür ein frühes, berühmtes Beispiel. Seit dem späten Mittelalter sind es die Wallfahrten zum Grab des Hl. Franziskus von Assisi und des Hl. Antonius von Padua.

Mit der missionarischen Expansion des Christentums wuchs auch der Wunsch, an den neuen christlichen Kirchenorten, die nicht wie die frühchristlichen Ursprungsländer durch ein Martyrergrab geheiligt waren, an den Heiligen nicht nur spirituellen, sondern auch materiellen Anteil zu haben. Das zog die Teilung der Gebeine in kleinere Reliquien nach sich, gestützt durch den Glauben, daß die heilige Kraft im Ganzen wie in jedem seiner Teile aufbewahrt sei. So ist es bereits am Ende des 6. Jahrhunderts allgemein üblich, daß der Altar jeder Kirche mit Reliquien ausgestattet ist. Der Altar selbst bzw. das in ihn eingelassene Behältnis wird in diesem Sinne als „Grab" („sepulcrum") verstanden. Die Weihung des Altars zum heiligen Zentrum der Kirche durch Salbung und Segnung wird durch die den frühkirchlichen Grabkult fortsetzende Einlassung der Reliquien ergänzt. Erst die Liturgiereform des II. Vat. Konzils hat die Verpflichtung zur Einsetzung von Heiligenreliquien in den Altar aufgehoben.

Da die hier gesuchte Heiligkeit eine körperlich vermittelte ist, gewannen neben den „reliquiae de corpore" auch die „reliquiae per contactum" an Bedeutung, also die Gegenstände (Kleider, Utensilien usw.), die mit dem Heiligen zu dessen Lebzeiten, bzw. dann mit seinen körperlichen Überresten in Berührung gekommen waren. In der Wallfahrtspraxis spielten Tücher, mit denen man das Grab berührte (sog. „brandea") eine wichtige Rolle. Für die Teilhabe an der Heiligkeit des „Heiligen Landes" gewannen mangels „reliquiae de corpore" gerade Kontaktreliquien einen hohen Rang, allen voran das „Heilige Kreuz" (mit seiner unabsehbaren Multiplikation in den Kreuzreliquien). Eine solche Kreuzreliquie bildete den Reliquienkern des (der Jerusalemer Grabrotunde nachgebauten) Aachener Münsters. Tuchreliquien (Lendentuch und Windeln Jesu, ein Gewand Marias, das Leichentuch Johannes des Täufers) kamen hinzu und bildeten mit der Kreuzreliquie die Hauptstücke des reichen Aachener Reliquienschatzes, zu dem seit dem 13. Jh. die Aachener Heiligtumsfahrt stattfindet. Ihr an Eigenart und Ruhm vergleichbar ist die Wallfahrt zum „Hl. Rock" in Trier.

Ein merkwürdiges Zwischengenus bilden die Heiligblut- Wallfahrten, die entweder (wie in Weingarten) mit der Kreuzigung Christi oder (wie in Walldürn oder Orvieto) mit Meßmirakeln in Verbindung gebracht werden.

Die Partizipation an den Heiligen Stätten des Heiligen Landes wird dann auch durch den Nachbau des Heiligen Grabes, des Kalvarienbergs, der Via Dolorosa („Kreuzweg") usw. gesucht.

5. GNADENBILDER

Die Erdenorte Christi und die Leiber der Heiligen bilden die Grundschicht der Heiligen Stätten. In der Teilung und Translation der Reliquien wird diese

körperlich vermittelte Heiligkeit auf andere Orte übertragen. Die Mitnahme
von bildlichen Darstellungen des verehrten Heiligen schließt ursprünglich an
den primären Reliquienkult an, geht aber schließlich so darüber hinaus, daß
Bilder zu einem eigenständigen Konstitutionsgrund Heiliger Stätten wurden.
Während die Reliquienfrömmigkeit die Präsenz des Heiligen in der körperlichen Hinterlassenschaft (im Modus des pars pro toto) sucht und aufsucht, geht
es im Bilderkult um eine (wie immer näherhin zu verstehende) Ähnlichkeit des
Abbilds mit dem Urbild.

Die künstlerische Eigenart der Qualität des Bildes ist dabei ohne Bedeutung
(„Das unscheinbarste deutsche Gnadenbild ist das Ziel der größten deutschen
Wallfahrt"[3], schreibt M. Hartig von Kevelaer). Im Gegenteil: es geht (wie die
Abgar- und Veronikalegende zu erkennen geben) gerade darum, daß das Bild
als „*archeiropoieton*" als „nicht von Menschenhand gemachtes", sondern „vom
Himmel gefallenes" („*deipeton*") erscheint.[4] Die übernatürliche Herkunft der
Bilder bekundet sich vornehmlich in zwei Formen, dem wunderbaren Fund
(das Bild wird in einem Baum, wie z. B. beim Gnadenbild von Telgte, oder in
einem Teich, einer Quelle, oder vom Fluß angespült gefunden) und der Vision
(das Bild ist die getreue materielle Nachbildung des zunächst visionär in der
Erscheinung wahrgenommenen „himmlischen Bildes", wie z. B. bei den Ma-
rienbildern von Lourdes und Fatima oder dem Herz-Jesu-Bild von Paray-le-
Monial).

Der ätiologische Aspekt wird ergänzt und sozusagen verifiziert durch einen
energetischen. Das Bild ist nicht nur von himmlischer Herkunft, ihm eignet
auch eine übernatürliche Kraft, die die Menschen anzieht und auf sie in seelischen und körperlichen Gnadenerweisen ausstrahlt. So werden Gnadenbilder
zum energetischen Zentrum von Gnadenstätten, um sie werden Gnadenkapel-
len und Wallfahrtskirchen erbaut. Am Gnadenort bringt man sich in die heils-
wirksame Präsenz des im Bild gegenwärtigen Heiligen. In der Abbildung des
Bildes (als kleines Andachtsbild, als Nachbildung, z. B. der Lourdesgrotte, in
Pfarrkirchen usw.) kann man am eigenen Lebensort an der Heilsmacht des
originalen, ortsgebundenen Gnadenbildes weiter teilhaben. Die Verteilung der
Repliken entspricht der Teilung der Reliquien.

Der bei weitem überwiegende und für die Frömmigkeit bedeutsamste Teil
der durch Bildwerke konstituierten Heiligen Stätten sind Marienwallfahrtsorte
(vgl. Altötting, Mariazell, Einsiedeln, Kevelaer, Telgte, Tschenstochau, Chartres, Lourdes, Montserrat, Fatima usw.). Christusbilder (Kreuze, andere Passi-

---

[3] M. Hartig, Stätten der Gnade, München 1947, 35.
[4] Vgl. E. v. Dobschütz, Christusbilder. Untersuchungen zur christlichen Legende (TU 18),
Leipzig 1899.

onsbilder) nehmen einen verhältnismäßig geringeren Rang ein und sind mancherorts sogar im Laufe der Zeit durch Marienbilder ersetzt worden (z. B. in Einsiedeln). Das Aufkommen der Marienwallfahrtsorte seit dem 13./14. Jahrhundert, mit weiteren Entwicklungsschüben im gegenreformatorischen Barock und seit der 2. Hälfte des 19. Jahrhunderts hängt natürlich zusammen mit der allgemeinen Bedeutung, die der Marienverehrung im Rahmen der katholischen Frömmigkeit in diesen Zeitläuften zukommt.

6. LEIB- UND SEELENHEIL

Aus den bisher in Augenschein genommenen Konstitutionsgründen der Heiligen Stätten ergibt sich, daß „Heil" hier in seiner leiblichen Vermittlung gesehen wird. Christus und seine Heiligen sind und bilden ein „Corpus". Und darum ist auch ihre körperliche Präsenz (als Reliquie, Spur, Bild) und nicht bloß ihre psychisch-mentale Repräsentation von Heilsinteresse. Diese leibliche Präsenz heiligt den Ort und macht ihn zu einer „Gnadenstätte", einer Stätte also, an der die Zuneigung des Himmels zu den hilfsbedürftigen Menschen wundertätig erfahren wird. Das wird in der Wallfahrt, gerade mit ihren körperlichen Aufwendungen und Anstrengungen akzeptiert und realisiert.

Dem entspricht, daß auch die Gnadenerweise, die die Pilger von dem Besuch der Heiligen Stätten erwarten, leib- seelischer Natur sind. Die Votivtafeln an den Wallfahrtsorten geben zu erkennen, daß nicht nur das Seelenheil (Sühne, Buße, Rat, Trost, Glaube, Rettung der Seele . . .), sondern auch das körperliche Heil (Heilung von Krankheiten, Rettung aus wirtschaftlichen Sorgen, aus Lebensgefahr, Feuers- und Wassersnot, Unwetter und Seuchen, Kriegsnöten und Gefangenschaft usw.) die Wallfahrer an der Heiligen Stätte und zu ihr hin bewegt.[5] Die Ausübung der Religion ist hier unmittelbarer mit der Bewältigung der irdischen Lebensnöte verbunden als in der rituellen Höhe der offiziellen Liturgie.

Die Beziehung der Heiligen Stätten nicht nur zu den individuell-privaten, sondern auch zu den öffentlich- politischen Heilsinteressen ist schon im Zusammenhang mit den großen mittelalterlichen Wallfahrten nach Jerusalem, Rom und Compostela erwähnt worden. Aber auch später aufgekommene Heilige Stätten sind zu landsmannschaftlichen oder nationalen Heiligtümern aufgestiegen, wie das altbayrische Nationalheiligtum „Altötting" (wo seit 1651 die Herzen der bayrischen Herrscher *sub umbra Magnae Mariae* beigesetzt

---

[5] Vgl. z. B. die bei R. Kriss, Die Volkskunde der altbayrischen Gnadenstätten, Bd. I und II, München 1953/55 dokumentierten zahlreichen Votivtafeltexte.

wurden[6]), oder Mariazell für die Völker und Herrscher der österreichisch-ungarischen Monarchie, oder Tschenstochau für das polnische Volk.

Zur leiblichen Dimension der Gnadenstätten gehören auch die materiellen Gaben, die man dort darbringt oder von dort mitnimmt, also die Votivbilder, Kerzen, Stiftungen, Spenden einerseits, die Devotionalien, die man am Gnadenort erwirbt und nach Hause mitnimmt, andererseits. In diesem Opfer- und Andenkenwesen liegt – wie einschlägige neutestamentliche Geschichten (vgl. z. B. Mt 21,12f par; Apg 19,23-40) schon für die Antike zu erkennen geben – der Kern auch der ökonomischen Bedeutung, die den Heiligen Stätten von altersher zukommt. Hinzu kommt die Unterkunft und Verpflegung der Besucher. Bei den Fernwallfahrten dehnte sich diese ökonomische Bedeutung auch auf die Zufahrtswege aus.

Die religiösen, kulturellen und wirtschaftlichen Komponenten bilden eine reale Komplexion, die nur schwer auflösbar ist. Kritik hat sich in der Kirchengeschichte dort erhoben, wo das „Haus des Gebetes" zu offenkundig zur „Räuberhöhle" verkommen war, wo Ausbeutung und Unterhaltung der Leute also die ursprüngliche Frömmigkeit überwucherten. Aber diese Kritik hat es (z. B. im reformatorischen Christentum) nicht immer dabei belassen, die Abstellung der Mißbräuche des Wallfahrtswesens zu fordern, sondern hat in diesem selbst einen Mißbrauch der christlichen Religion gesehen. Die mit dem Wallfahrtswesen verbundene Streuung der Gnadenmittel schien mit der monotheistisch- christozentrischen Soteriologie der Heiligen Schrift nicht vereinbar. In der Lokalisierung, Korporalisierung, Ikonisierung des Heiligen wähnte man einen Rückfall in die magische Idolatrie und die pagane Materialisierung des Heils, aus der in die Innerlichkeit des Herzensglaubens *solo verbo et sola fide* zurückzukehren war. Zuflucht zu den Gnadenstätten in allerlei irdischen Nöten erschien als Ausflucht vor der Aufgabe ihrer tatkräftigen Bewältigung (soweit möglich) oder geduldigen Hinnahme (soweit unvermeidlich). Die Frömmigkeit der Gnadenstätten erschien als Regression in und Konzession an den Volksaberglauben, seine magischen Erwartungen und Praktiken. Gegen solche Ortsbindung der Religion war auf der „Anbetung im Geist und in der Wahrheit" (Joh 4,23f) zu bestehen. Christliche Aufklärungsbewegungen, die sich diese Kritik zu eigen machten, haben zeitweilig das Wallfahren zurückgedrängt, aber doch bis in die Gegenwart nicht völlig zum Erliegen gebracht.

---

6 Vgl. E. Meingast, Marienwallfahrten in Bayern und Österreich, München 1979, 36.

7. RELIGION IM ERBE

Eine der schönsten und denkwürdigsten Heiligen Stätten Europas ist das älteste
Heiligtum Frankreichs, Chartres (Carnutum), dessen Religionsgeschichte bis
in die vorchristliche Zeit zurückgeht. Die Christen übernahmen eine bereits
bestehende Kultstätte, das Quellgrottenheiligtum einer keltischen Muttergottheit. Ihr Erbe trat die Gottesmutter Maria in der Krypta der Kathedrale an.
„Notre Dame sous terre" erschien als die Erfüllung des im heidnischen Bild
Vorgeprägten. Kaiser Karl der Kahle stiftete im Jahre 876 eine berühmte Reliquie, *„la Sainte Chemise"*, den „Schleier", den Maria bei der Geburt Christi
getragen haben sollte. Besonders geschätzt wurde diese Reliquie (und Nachbil-
dungen von ihr) von schwangeren oder um Kindersegen betenden Frauen. Ein
Hospital war im Mittelalter der Kirche angeschlossen. Daß Kranke neun Näch-
te, eine Novene hindurch, in der Nähe des Bildes und der heiligen Quelle
verbrachten, gehörte zu den Heilbräuchen, in denen die alte Tempelinkubation
fortlebte. Um das Bild wurde eines der faszinierendsten Baudenkmäler der
Welt errichtet, die gotische Kathedrale von Chartres. Im 16. Jahrhundert kam in
der Oberkirche ein zweites Gnadenbild hinzu, „Unsere liebe Frau vom Pfeiler". 1793 löste der Kult der „Göttin Vernunft" für einige Zeit den „Unserer
lieben Frau" ab. Seit der Mitte des 19. Jh. erlebte die Kathedrale von Chartres
einen ungeahnten Aufstieg als Symbolgestalt der katholischen Kultur Frankreichs, schriftstellerisch gerühmt von J.K. Huysmans und Ch. Péguy. Das
Wallfahrtswesen wurde bis in die Studentenwallfahrten der Zeit nach dem 2.
Weltkrieg erneut belebt. Aber die weit überwiegende Zahl der Besucher von
Chartres sucht heutigentags die Kathedrale nicht wegen des Gnadenbilds und
der Quelle auf, sondern wegen seiner Architektur, seiner Fenster und Skulpturen. Die alte Wunderkraft von Bild und Reliquie wird überstrahlt vom Wunder
der Kathedrale, die das spirituelle und kulturelle Verlangen der modernen
Pilgerscharen anzieht und aufnimmt. Die Kranken suchen ihre Zuflucht nun
eher im südfranzösischen Lourdes, wo – analog zum vorchristlich- christlichen
Carnutum/Chartres – ein Grottenbild der Madonna und eine heilkräftige
Quelle im Zentrum der Heiligen Stätte stehen.

Chartres ist ein herausragendes Beispiel für die religionsgeschichtliche Kontinuität einer Heiligen Stätte. Das Christentum übernimmt das heidnische
Quellheiligtum einer keltischen Muttergottheit in den Kult „Unserer Lieben
Frau"; der neue Kult an gleicher Stätte löst den alten in der Form einer überhö-
henden Erfüllung ab. Ob die in der Moderne erfolgte Verschiebung des Interesses von der Kultstätte zum Kulturdenkmal als eine sozusagen „hermeneutische" Erweiterung des feststehenden religiösen Kerns zu verstehen ist, oder
doch schließlich als der Übergang in eine andere religionsgeschichtliche Phase,
in der vielleicht nicht (wie in der Französischen Revolution vorgesehen) die

„Göttin der Vernunft", aber vielleicht „Mnemosyne", die Mutter der Musen, die Nachfolge „Unserer Lieben Frau" und der keltischen Urmutter antrat, – das gehört zu den Ungewißheiten der europäischen Kulturentwicklung.

8. CORPUS CHRISTI

Daß die numinose und heilkräftige Macht des Heiligen an besonderen Orten (Quellen, Steinen, Bäumen, Bergen usw.) sich verdichtet, ist, wie die keltische Vorgeschichte von Chartres exemplarisch zeigt, ein Phänomen der naturreligiösen Lebenswelt. Die katholische Religion setzt sich davon nicht etwa dadurch ab, daß sie auf die immaterielle Ubiquität des Heiligen setzen würde, sondern durch den besonderen geschichtlichen Index, den sie ihren Heiligen Stätten verleiht. Die Heiligkeit der Heiligen Stätten wird hier nicht der besonderen Gestalt oder Energie eines Naturphänomens verdankt, sondern der Leibhaftigkeit einer namhaft zu machenden Geschichte, die in Reliquien/ Bildern der Landschaft implantiert erscheint. Diesen geschichtlichen Charakter ihrer Heiligen Stätten teilt die katholische Religion mit anderen Stifterreligionen; die Besonderheit ist die ihrer besonderen Geschichte.

Ausgehend vom Glauben an die Inkarnation Gottes spielt im katholischen Denken die Idee des *„corpus Christi"* eine wichtige Rolle; die mittelalterliche Theologie sprach vom *„triforme corpus Christi"*, dem *„corpus historicum"* dem *„corpus, quod est ecclesia"* und dem *„corpus sacramentale"*[7]; dieser Idee gemäß bilden die Heiligen mit Christus ein vom selben Geiste belebtes *„corpus"*. In der Zerstreuung der Heiligen Stätten erscheint dies von der Geschichte gezeichnete *„corpus"* geradezu materialiter in den Naturkörper der Erdlandschaft eingefügt und verbürgt geradezu localiter die Verbindung der Erde zur himmlischen *„communio sanctorum"*. Wenn man in der religionsübergreifenden Ähnlichkeit der Erscheinungsformen ein christliches Spezifikum ausmachen will, dann ist es in der die Heterogenität der christlichen Heiligen Stätten umfassenden Idee des „corpus Christi" zu suchen.

Die besondere Form von lokaler Materialisierung, in die der christliche Inkarnationsglaube sich hier ausgewachsen hat, ist freilich in der Religionsausübung der katholischen Christenheit weder zentral noch unumstritten. Ohne Zweifel ist das *„corpus Christi sacramentale"*, Vollzug und Verehrung der Eucharistie (und die darin kommemorierte *„communio sanctorum"*) das Zentrum der *religio catholica*, das Kirche und Altar an jedem Ort der Welt zum

---

[7] Vgl. H. de Lubac, Corpus mysticum. Kirche und Eucharistie im Mittelalter (1949), übers. v. H.U. von Balthasar, Einsiedeln 1969.

„Gotteshaus" und so zur primären Heiligen Stätte macht. In der soteriologischen Ökonomie der normalen Ortskirche ist das, was am Wallfahrtsort im Zentrum steht, in die Randzonen verwiesen. Es in dieser Randzone zu belassen und notfalls darauf zurückzuschneiden, ist das Interesse der innerkirchlichen Wallfahrtskritik.

Mit der *„peregrinatio religiosa"*, der Wallfahrt zu Heiligen Stätten, hat die katholische Religion sich etwas zueigen gemacht, was es in ähnlicher Erscheinungsform auch in vor- und außerchristlichen Religionen gibt. Unter dem Vorzeichen neutestamentlicher Tempel- und Kultbildkritik (vgl. Apg 7,47-49; 17,22-31; 19,23-28) kann dies den Geruch des Rückfalls in eine an sich von der Universalität des Christentum überholte, tendenziell polytheistische Lokalkultlichkeit nie ganz abstoßen. Durch die somit unumgängliche theologische Religionskritik hindurch ist das Phänomen der Heiligen Stätten im Christentum aber auch lesbar als Figur der Suche nach einer gnädigen Nähe von Himmel und Erde, wie sie am Ende der Johannesapokalypse anvisiert wird: „Und ich sah die heilige Stadt, das neue Jerusalem von Gott her aus dem Himmel herabkommen ... und kein Leid noch Geschrei noch Schmerz wird mehr sein" (Apk 21,2.4). Neuschöpfung bedeutet hier: die Welt als eine einzige Heilige Stätte. Die aber wird anvisiert im Bild der *„Sancta civitas Ierusalem nova"*, nicht der *„Roma aeterna"*.

XV. GOTTESHAUS UND KIRCHGANG

1. HAUS GOTTES

„Hic est domus Dei et porta caeli". So stand es eingemeißelt über dem Portal
der Pfarrkiche meiner Kindheit und vieler anderer Kirchen auch. Es ist die
lapidare Formel einer alten Bauidee:

Hier wohnt Gott. Über diesem irdischen Grund und Boden ist der Himmel
offen, jederzeit. Es ist die Idee des Tempels: die Eingrenzung und Nominierung
eines Bereiches als Ort des Heiligen. Die Markierung, Umzäunung, Umbauung
räumt der Gottheit einen bestimmten Platz der Anwesenheit und Antreffbar-
keit ein. Ob die Errichtung eines Heiligtums nun eingeht auf eine vorgängige
Epiphanie (wie bei Jakob in Bethel) oder die als freischweifend erfahrene Macht
festzuhalten sucht durch das Angebot einer ständigen Wohnstatt, es geht in der
Ortsbestimmung des Heiligen um die Eröffnung eines permanenten Raumes
wechselseitiger körperlicher Präsenz von Mensch und Gottheit. Darum kulmi-
niert das Heiligtum im Körper des Kultbildes (und sei es nur ein heiliger Stein),
in dem die Gottheit wohnt oder erscheint und auf das hin Opfer und Gebet der
Menschen sich richten. Das gilt auch für den Tempel in Jerusalem, insofern er
im Allerheiligsten mit dem Thron der Lade die Stelle der Präsenz markiert,
freilich durch den Entzug jeden Bildes als Ort der Rede des einen, unsichtbaren
Gottes, dessen erster Wohnsitz im Himmel ist und bleibt, freihält und allem
Götzendienst entgegenstellt. Aber bei aller einschneidenden Differenz zwischen heidnischem und jüdischem Tempel kommen beide in der Topik des
Heiligen insofern überein, als sie ein materielles Gebäude als „Haus Gottes"
heilig halten und in ihm die Stelle einer Präsenz markieren.

Stephanus in Jerusalem (Apg 7,48-50) und Paulus in Athen (Apg 17,24)
sannen auf den Umsturz dieser alten Sakraltopik: „Gott wohnt nicht in Bauwerken von Menschenhand"; „der Herr des Himmels und der Erde wohnt
nicht in Tempeln, die mit Händen gemacht sind." Aber das Christentum hat
diesen frühchristlichen Protagonisten einer veränderten Verhältnisbestimmung
von Gott und Raum auf die Dauer keine Gefolgschaft geleistet. Die christliche
Religion hat, wie die heidnische und jüdische, Gotteshäuser gebaut, gegründet
und begründet.

In der katholischen Religion hat der christliche Tempel seine finale Figur
gefunden in der tabernakelzentrierten Kirche. Die permanente Präsenz der
„latens Deitas" in der Hostie des Tabernakels macht die Kirche definitiv zum
Haus Gottes, in dem er wohnt und besuchbar ist, bei Tag und Nacht, von der

Gemeinde im Gottesdienst wie von jedem einzelnen in seiner privaten *visitatio*. Architektur und Nomenklatur, religiöse Praxis und theologische Interpretation lassen keinen Zweifel daran, daß dies christliche *Sanctissimum* dem Modell des Tempels folgt. In der Konzentration auf das Allerheiligste des Tabernakels ist die Kirche ein den Tempeln in Jerusalem und Athen vergleichbares Gotteshaus. In diese Isotopie des Sakralen wurde die christliche Differenz eingetragen. Der Tabernakelschrein ist die christliche Replik der Cella wie des Debir. Es gibt, als *Sanctissimum*, ein sichtbares, zeigbares Kultbild, das doch alles andere als ein Bild ist, vielmehr eine an den Rand der Materialität getriebene Oblate, das sichtliche Opfer der Materie, das „*auditu solo*" der Leib Christi ist. Nicht im Entzug des Bildes wie in der schwarzen Leere des Jerusalemer Tempels, sondern im weißen Exzeß des Bildes in der Annäherung an das unanschauliche Licht, das in der Sonnenmonstranz exponiert wird, wird Gott in der Welt der sichtbaren Dinge ein Platz eingeräumt. Der Tempel wird errichtet auf die Opferung der Materie hin, in deren Transsubstantiation Gott leibhaftig präsent wird.

Dieser Versuch der katholischen Religion, das im heidnischen und jüdischen Tempel Gesuchte *via eminentiae* in seine Wahrheit zu überführen, war für den reformatorischen, zumal den reformierten Blick kein innerhalb des Christentums denkbarer Progreß, sondern der eklatante Rückfall von der spirituellen Höhe des christlichen Gottesdienstes in heidnische Dingmagie und Abgötterei. „Für den Katholiken ist auch die von den Menschen verlassene Kirche Gottes Haus, weil er den Christus praesens auf dem Altar weiß."[1] Aber: „Es entspricht . . . dem biblischen und reformatorischen Denken, dem Kirchengebäude keinen Heiligkeitswert außerhalb des Gottesdienstes zuzuerkennen."[2] So steht es im Artikel eines reformierten Theologen aus dem Jahre 1948, einer Zeit also, als die konfessionellen Profile noch scharf gegeneinander standen. Das hat sich geändert. Die katholische Kirche hat in ihrer Liturgiereform jener sakralen Bauidee des Tempels, jedenfalls ihrer Dominanz den Abschied gegeben, und eine neue Idee in den Vordergrund gerückt.

2. HAUS DER GEMEINDE

„Beim Bau von Kirchen ist sorgfältig darauf zu achten, daß sie für die liturgischen Feiern und für die tätige Teilnahme der Gläubigen geeignet sind", heißt es in Art. 124 der Liturgiekonstitution, und J. A. Jungmann gibt dazu den Kom-

---

[1] P. Gabriel, Der kultische Raum nach der Reformation, in: ThLZ 73 (1948), 425-430, 428.
[2] Ebd. 426.

mentar, daß „in christlichem Denken die versammelte Gemeinde Gottes Tempel ist und der äußere Bau das Gehäuse sein soll, in dem ihr Gottesdienst sich leicht und richtig vollziehen kann. Der Bau muß funktional angelegt sein"[3]. Indem die Gemeinde sich in ihrer gottesdienstlichen Versammlung selbst realisiert, konstituiert sie den Tempel Gottes. Die gottesdienstliche Versammlung ist, wie Art. 257 der „Apostolischen Konstitution Missale Romanum" ausführt, der Selbstausdruck der inneren hierarchischen Ordnung des Gottesvolkes (*„ordinatio, quae exprimitur"*). In dieser Selbstdarstellung der Gemeinde wird der Tempel als Ort des Anwesens und der Verehrung Gottes errichtet. Das materielle Gebäude ist ein davon funktionsabhängiges Gehäuse, dessen Grundriß und Inneneinrichtung dem gemeindlichen Selbstvollzug den angemessenen Raum anzubieten hat. „Sie soll so gestaltet sein, daß sie den Aufbau der versammelten Gemeinde widerspiegelt, ihre richtige Gliederung ermöglicht und jedem die rechte Ausübung des Dienstes erleichtert." (Apostolische Konstitution Missale Romanum Art. 262). Nicht Gott, sondern dem Volk Gottes wird hier eine Stätte bereitet, damit es sich richtiggehend versammeln kann. Wenn das Volk Gottes das Haus Gottes ist, das sich im wohlgeordneten Vollzug des Gottesdienstes als sein Tempel *actu* aufbaut, dann kann, wer Gott aufsuchen will – und das ist die Idee des Tempels – nur in die *actuosa participatio* des Gottesdienstes eintreten. Das *„Hic est domus Dei"* gilt sensu stricto nur für das hic et nunc des Gottesdienstes.

3. VEKTORIELLE DISSONANZEN

Aber vielleicht ist es so strikt dann doch wieder nicht gemeint, ist die Idee des Hauses Gottes nur zurückgetreten, ohne vollends storniert zu sein. Die praktischen Folgen, die allenthalben zu sehen sind, sprechen für eine *idea mixta nisi forte confusa*. Die Neuordnung der überkommenen Räume hat sakraltopographische Kompromißbildungen unterschiedlicher Fasson hervorgebracht. Manches davon ist gewiß auf das Konto der innenarchitektonischen Überforderung eines auf solche Gestaltungsaufgaben nicht vorbereiteten Klerus zu schreiben. In religionsgeschichtlicher Langzeitperspektive gesehen, sind vektorielle Dissonanzen im Sakralraum jedoch auch Anzeichen tieferliegender religiöser Orientierungsungewißheiten.

Der sakrale Raum, wie immer man ihn konzipiert, transformiert die theologische in eine theotopische Frage, die sich auf den schlichten Kehrvers bringen

---

[3] Konstitution über die Heilige Liturgie, Art. 124, zit. nach: Das zweite Vatikanische Konzil, Dokumente und Kommentare I, LThK² Erg. Bd., Freiburg/Brsg. 1966, 103.

läßt: „Wohin soll ich mich wenden und wie begegnen dir?" Wohin also wenden
wir uns, wenn wir uns in unseren heutigen Kirchenräumen zu Gott wenden
wollen? Wenden wir uns zum Altar, der ja von Amts wegen das evidente
Raumzentrum sein soll, und treffen wir da auf einen leeren Steinblock oder
Tisch und denken, mit Heinrich Lützelers Worten: „Leerstelle für die Epiphanie des Herrn"[4]; und stoßen dann, wenn die Stunde der Epiphanie gekommen
ist, in der Hauptsache auf das Bildnis des Zelebranten? Oder gehen wir über ihn
hinweg auf ein Kreuz oder Bild in der Höhe oder Tiefe des Chorraums oder
seitwärts auf das Allerheiligste? Oder wenden wir uns einfach zueinander?
Wohin wendet sich die Stimme des Gebetes im Raum, nach vorn oder hinten, in
die Höhe oder Tiefe? Hat in der gleichmäßigen Lautsprecherbeschallung der
Raum vielleicht überhaupt jede Richtung verloren, in der man sich Gott mit
Herzen, Mund und Händen zuwenden würde? „Überall ist er und nirgends",
wie es in einem der neueren geistlichen Lieder des „Gotteslob"[5] frohgemut
heißt? Ist der Raum voll von Gott, hier und an allen Enden? Oder ist dieses
flexible Verhältnis von Gott und Raum nur das Anzeichen eines immensen
Raumproblems, das die Religion in der Neuzeit ereilt hat?

4. DIE ENTFERNUNG GOTTES

Davon spricht Friedrich Nietzsche, der wie vielleicht kein anderer die Krise der
christlichen Religion als eine topische in den Blick gefaßt hat in jenem berühmten Stück der „Fröhlichen Wissenschaft": „Habt ihr nicht von jenem tollen
Menschen gehört, der am hellen Vormittage eine Laterne anzündete, auf den
Markt lief und unaufhörlich schrie: ‚Ich suche Gott! Ich suche Gott!'"[6] „Wo ist
Gott"? Und wenn er nicht hier ist: „Wohin ist Gott?" Das ist die Frage des
tollen Menschen. Es ist nicht die Frage nach dem Gottesbegriff oder der Got-
tesvorstellung oder nach seiner Existenz. Es ist die Frage nach seinem Ort. Es
ist keine Frage, auf die man mit einer semantischen Explikation oder logischen
Argumentation antworten könnte. Es ist eine rein topische Frage: Wo ist er?
Wo hält er sich auf, wo wohnt er, wo ist er anzutreffen, wohin soll ich mich
wenden? Der tolle Mensch beantwortet sich und seinen ungläubigen Zuhörern
die Frage selbst: Er ist tot, ermordet, er hat keinen Ort mehr in der Welt der

---

[4] H. Lützeler, Größe und Grenze christlicher Kunst, in: Aus Theologie und Glaube. Fritz
Tilmann zum 75. Geburtstag, Düsseldorf 1955, 55.

[5] Nr. 270, Str. 2.

[6] Fr. Nietzsche, Die fröhliche Wissenschaft, zit. nach: ders., Werke in drei Bänden, hg. von K.
Schlechta, Bd. II, Darmstadt 1966, 125.

Lebenden. Die Spur dieses Verschwindens ist der topische Umsturz der ganzen Welt: „Was taten wir, als wir die Erde von ihrer Sonne losketteten? Wohin bewegt sie sich nun? Wohin bewegen wir uns? Fort von allen Sonnen? Stürzen wir nicht fortwährend? Und rückwärts, seitwärts, vorwärts, nach allen Seiten? Gibt es noch ein Oben und ein Unten? Irren wir nicht durch ein unendliches Nichts? Haucht uns nicht der leere Raum an?"[7] Und was ist mit den Kirchen, über deren Portal geschrieben steht: *„Hic est domus Dei et porta coeli"*? „Man erzählt noch, daß der tolle Mensch desselbigen Tages in verschiedene Kirchen eingedrungen sei, und darin sein ‚Requiem aeternam deo' angestimmt habe. Hinausgeführt und zur Rede gesetzt, habe er immer nur dies entgegnet: ‚Was sind denn diese Kirchen noch, wenn sie nicht die Grüfte und Grabmäler Gottes sind?'"[8]

Nietzsches Predigt des tollen Menschen und ihre Meinung *„de ecclesia (et de Deo) in mundo huius temporis"* hat die Geister auf dem Markt und in der Kirche, in der gebildeten Öffentlichkeit wie in der fundamentaltheologischen Reflexion zu Zeiten durchaus erregt. Aber als man daran ging, die Liturgie und ihren Raum von Grund auf zu renovieren, war sie, soweit ich zu sehen vermag, kein irgendwie bedenkenswertes Votum. Die Träger des Neubaus hatten andere Dinge im Sinn, als sie von den *„aetatis nostrae necessitates"* sprachen, denen die Liturgie zu akkomodieren sei. Für jenen Fremdling konnte man beten („führe zu dir, die noch fern sind von dir"), aber wie hätte man sein Votum berücksichtigen sollen bei der Einrichtung des kirchlichen Eigenheims?

Wohin aber ist der tolle Mensch? Wo hat er sein Unterkommen gefunden mit seinen abwegigen Gedanken über Gott und die Kirche?

5. POESIE ALS FONS THEOLOGIAE

Vermutungen dazu möchte ich anhängen an zwei Stücke moderner Poesie. Das bedarf, um es der schöngeistigen Beliebigkeit zu entreißen, einer Begründung. Gedichte gehören nicht zu den üblichen *fontes theologiae*, es sei denn, sie stammten aus dem Psalter oder von Venantius Fortunatus. Aber diesen Legitimitätsstatus hat moderne Poesie nicht. Zu den klassischen Quellen theologischer Erkenntnisgewinnung ist in neuerer Zeit das ein oder andere hinzugekommen, die Human- und Sozialwissenschaften, religionssoziologische Statistik und das in unseren schnellebenden Zeitläuften so beliebte Interview. Mit diesem letzteren hat die Poesie das Stigma der Subjektivität gemeinsam, aber sie

---

[7] Ebd. 127.
[8] Ebd. 127f.

kann sich nicht auf die Autorität eines bekannten Namens verlassen, sie baut alles auf die Evidenz der sprachlich durchgearbeiteten Erfahrung eines einzelnen. Aber was soll man damit anfangen in einer Wissenschaft z. B. der Liturgiewissenschaft, in der es um begründete Allgemeingültigkeit gehen muß? Ein Stück Poesie im Ernst in den theologischen Denkprozeß hineinzuziehen, heißt, an den frühesten Gebrauch von Theologie anzuknüpfen. Für Aristoteles (Met 983 b 28ff) sind die „παμπάλοιοι" die Uralten, die zuerst Theologie betrieben haben (οἱ πρῶτοι θεολογήσαντες) Männer wie Hesiod und Orpheus, die von den Göttern etwas zu singen und sagen hatten. Das metaphysische Durchdenken dessen, was es mit Gott und den Göttern auf sich hat, ist später gekommen. Das ältere gegenüber der *theologia naturalis* als philosophischer Theologie ist die *theologia mythica* und mit ihr verbunden die *theologia politica*, diese verstanden als Götterkunde, die mit dem Kult der Polis, den Opfern und Gebeten der *res publica* zusammenhängt. Die Poesie, mit der ich mich befassen will, gehört in dieses Feld, sie ist ein Stück *theologia mythica* und *politica*, sie dichtet Gottes Geschichte in der Stadt. Aber zugleich ist sie Weltzeiten entfernt von der Poesie Hesiods oder Vergils. Die Mythen der alten Welt sind Gründungs- und Begründungsgeschichten; sie halten in sich, worauf sich die Polis in ihrer Wahrnehmung und Behandlung der Wirklichkeit bezieht. Sie sind Religion als jener Rückhalt, auf den man die jeweils neuen und strittigen Erfahrungen beziehen kann, um sie allgemein zu machen, an den *sensus communis* der Stadt anzuschließen. Aber in jener Welt leben wir nicht mehr. Worauf wir uns in unseren pluralen Republiken gemeinsam beziehen können, ist abstrakter geworden, die Verfassung, Grundgesetz und Menschenrechte oder vielleicht nurmehr das Gesetz der Ökonomie. Dieser Prozeß der bürgerlichen Gesellschaft hat die Kunst und Poesie befreit aus der gesellschaftlichen Dienstbarkeit, freigesetzt zur Autonomie, aber auch zugleich in den Status der gesellschaftlichen Randexistenz verwiesen. Wenn man etwas erfahren will über die Ränder und Randzustände des jeweils allgemein geregelten und verwalteten Gemeinwesens, über die Individuen, die die Privatsache ihrer Existenz verteidigen gegen die Gewalt der Eingemeindung und Vergesellschaftung, werden Kunst und Poesie zur authentischsten Quelle. Das gilt auch für die Religion.

Es sind zwei englische Gedichte, zwei englisch- anglikanische vielleicht auch, aus den fünfziger, sechziger Jahren, ein Pfarrers- und ein Laiengedicht, die ich in den theologischen Diskurs über den Raum der Kirche hineinziehe.

6. IN CHURCH

Das erste Gedicht heißt „In Church".[9] Es ist von Ronald Stewart Thomas,
geboren 1913, 1937 zum Priester der anglikanischen Kirche geweiht. Das Gedicht stammt aus dem 1966 erschienenen Gedichtband „Pieta". Zu dieser Zeit
ist Thomas Landpfarrer an der St. Michaels-Kirche in Eglwysfach in Wales.

In Church
Often I try
To analyse the quality
Of its silences. Is this where God hides
From my searching? I have stopped to listen,
After the few people have gone,
To the air recomposing itself
For vigil. It has waited like this
Since the stones grouped themselves about it.
These are the hard ribs
Of a body that our prayers have failed
To animate. Shadows advance
From their corners to take possession
Of places the light held
For an hour. The bats resume
Their business. The uneasiness of the pews
Ceases. There is no other sound.
In the darkness but the sound of a man
Breathing, testing his faith
On emptiness, nailing his questions
One by one to an untenanted cross.

IN DER KIRCHE

Oft versuche ich
zu analysieren die Beschaffenheit
ihrer Schweigsamkeiten. Ist's dies, worin sich Gott verbirgt
vor meinem Suchen? Ich bleibe stehen, um zu lauschen,
nachdem die paar Leute gegangen sind,
wie die Luft sich wieder beruhigt
für die Abendandacht. So wartet sie,
seit die Steine sich um sie gruppierten.
Dies sind die harten Rippen

---

[9] Text und Übers. von U. und W. Knoedgen, zit. nach: W. Erzgraeber / U. Knoedgen (Hg.),
Moderne englische Lyrik. Englisch und Deutsch, Stuttgart 1976, 320-323.

eines Leibes, den unsere Gebete nicht haben
beseelen können. Schatten rücken an,
aus ihren Winkeln, um Besitz zu ergreifen
von Plätzen, die das Licht einnahm
für eine Stunde. Die Fledermäuse beginnen wieder
ihr Geschäft. Die Unruhe der Kirchenstühle
hört auf. Da ist kein andrer Laut
in der Dunkelheit als der Laut eines Menschen,
der atmet, seinen Glauben mißt
an der Leere, seine Fragen nagelt,
eine nach der andern, an ein unbewohntes Kreuz.

Der Titel, der zugleich schon die erste Verszeile ist, öffnet einen Innenraum, in dem das Gedicht sich bewegen wird: *in church*. Jemand, der sich hier auszukennen scheint, in diesem Kircheninnenraum, beginnt zu sprechen: *in church / often I try*. Er versucht nicht das Übliche. Er versucht nicht, was jeder doch zu tun versuchen sollte, der weiß, wozu eine Kirche eigentlich da ist. Er versucht eine Analyse. Aber er analysiert nicht, was Kirchenanalytiker dann üblicherweise zu analysieren versuchen, die Struktur der Architektur, Einrichtung und Baugeschichte, Funktionalität und Akustik. Er analysiert die Stille, die besondere Qualität dieser Stille im Innern der Kirche. Die Leitfrage der Untersuchung aber lautet: „Is this, where God hides / From my searching?" Die paar Leute sind gegangen, der Gottesdienst ist vorüber, die Lichter werden gelöscht. Die Stunde der Erregung des Raumes, der Worte und Geräusche ist vorüber. Die Luft beruhigt sich, erholt sich bis zum nächsten Termin. Der Pfarrer bleibt noch da. Er geht nicht mit den Leuten, um mit ihnen noch etwas zu reden, wie es die Pastoral verlangt, und geht auch nicht, wie sie, zu sich nach Hause. Er bleibt noch da, hält an und hört. Das Gemäuer zieht sich aus allen Funktionen zurück, aus dem Licht und Geräusch – der reine umbaute Raum, die Luft zwischen den Gottesdiensten.

So ist die Kirche gebaut worden als ein Raumkörper mit steinernen Rippen, ein Hohlkörper in Erwartung eines Lebenshauch. Aber: „a body, that our prayers have failed / To animate", ein Leib, den unsere Gebete, die Gebete von Anfang an und gerade eben noch die Gebete dieses Pfarrers und dieser Gemeinde nicht zu beleben vermochten. Diese Verse bilden die Mitte des Gedichts, die Mitte, aber nicht sein Ende, nicht das Ende der Analyse. Es endet nicht mit der Klage über den schwachen Atem der Gemeinde. Wie sollen die irdischen Gebete auch schaffen, was nur der Schöpfer vermochte, als er dem Gebilde aus Erde Lebensatem einhauchte?

Solch ein einzelnes Lebewesen steht hier nun und testet ruhig atmend seinen Glauben am Maß der Leere und Dunkelheit, die es umgibt. Die Analyse des Raums ist die selbstbeteiligte Prüfung des Glaubens. Aber die *Analysis fidei* versucht nicht verzweifelt, dem Glauben in sich auf den Grund zu gehen. Im Raum, seiner Stille konfrontiert, seine Luft ein- und ausatmend, prüft sich der Glaube. Die Atemzüge sind Fragen in die Leere hinein, eine nach der anderen. In der Leere ist als Widerstand nur ein Kreuz, in das die Nägel der Fragen geschlagen werden können. Es nimmt die Fragen in sich auf. Aber es ist unbewohnt. Die Analyse des Raumes kommt nicht zu dem Ergebnis, daß dem, der so unablässig anklopft, schließlich aufgetan wird: Hier ist das Haus Gottes und die Pforte des Himmels.

Die Analyse des Raums findet nicht Gott, der sich hier verborgen hatte, sondern Gott, der sich hier verbirgt, sein Verborgensein. So bleibt es eine unabschließbare Versuchsreihe: „In church / often I try".

7. CHURCH GOING

Das zweite Gedicht heißt „Church going".[10] Sein Autor, Philip Larkin, ist 1922 geboren. Das Gedicht ist 1955 erstmals erschienen. Ein englischer Literaturwissenschaftlicher, R.N. Parkinson, hat gemeint, es sei „the most important English poem of the nineteen fiftees"[11].

CHURCH GOING

Once I am sure there's nothing going on
I step inside, letting the door thud shut.
Another church: matting, seats, and stone,
And little books; sprawlings of flowers, cut
For Sunday, brownish now; some brass and stuff
Up at the holy end; the small neat organ;
And a tense, musty, unignorable silence,
Brewed God knows how long. Hatless, I take off
My cycle-clips in awkward reverence,
Move forward, run my hand around the font,
From where I stand, the roof looks almost new -
Cleaned, or restored? Someone would know: I don't.
Mounting the lectern, I peruse a few
Hectoring large-scale verses, and pronounce
‚Here endeth' much more loudly than I'd meant.
The echoes snigger briefly. Back at the door

---

10 Text und Übers. von U. und W. Knoedgen, zit. nach ebd. 379-383.
11 R.N. Parkinson, ‚To keep our Metaphysics warm'. A study of Church going by Philip Larkin, in: Critical Survey 5 (1971) , 224-233, 224.

I sign the book, donate an Irish sixpence,
Reflect the place was not worth stopping for.

Yet stop I did: in fact I often do,
And always end much at a loss like this,
Wondering what to look for; wondering, too,
When churches fall completely out of use
What we shall turn them into, if we shall keep
A few cathedrals chronically on show,
Their parchment, plate and pyx in locked cases,
And let the rest rent-free to rain and sheep.
Shall we avoid them as unlucky places?

Or, after dark, will dubious women come
To make their children touch a particular stone;
Pick simples for a cancer; or on some
Advised night see walking a dead one?
Power of some sort or other will go on
in games, in riddles, seemingly at random;
But superstition, like belief, must die,
And what remains when disbelief has gone?
Grass, weedy pavement, brambles, buttres, sky,
A shape less recognisable each week,
A purpose more obscure. I wonder who
Will be the last, the very last, to seek
This place for what it was; one of the crew
That tap and jot and know what rood-lofts were?
Some ruin-bibber, randy for antique,
Or Christmas-addict, counting on a whiff
Of gown-and-bands and organ-pipes and myrrh?
Or will he be my representative,

Bored, uninformed knowing the ghostly silt
Dispersed, yet tending to this cross of ground
Through suburb scrub because it held unspilt
So long and equably what since is found
Only in separation – marriage, and birth,
And death, and thoughts of these – for whom was built
This special shell? For, though I've no idea
What this accoutred frowsty barn is worth,
It pleases me to stand in silence here;

A serious house on serious earth it is,
In whose blent air all our compulsions meet,
Are recognised, and robed as destinies.
And that much never can be obsolete,
Since someone will forever be surprising

A hunger in himself to be more serious
And gravitating with it to this ground,
Which, he once heard, was proper to grow wise in,
If only that so many dead lie round.

KIRCHGANG

Nur wenn ich sicher bin, daß dort gerade nichts geschieht,
trete ich ein, laß die Tür sich schließen mit dumpfem Schlag.
Wieder eine Kirche: Läufer, Sitzplätze und Stein
und kleine Bücher; Blumendekorationen, geschnitten
zum Sonntag, schon bräunlich; Messing und Stoff
hinten am heiligen Ende; die kleine, zierliche Orgel;
und ein gespanntes, muffiges, unüberhörbares Schweigen,
zusammengebraut, Gott weiß, seit wann. Hutlos entfernte ich
meine Fahrradklammern in unbeholfener Verbeugung,

geh nach vorn und fahre mit meiner Hand um den Taufstein.
Von dort, wo ich stehe, sieht das Dach fast neu aus -
gesäubert oder restauriert? Irgendwer wird's wissen: Ich nicht.
Ich steige zum Lesepult hoch, sehe ein paar
prahlende, gewichtige Verse durch und spreche das
‚Here endeth' viel lauter, als ich wollte.
Die Echos kichern kurz. Dann, an der Tür,
schreibe ich mich in das Buch ein, stifte einen irischen Sixpence,
denke mir, der Ort war's nicht wert anzuhalten.

Dennoch, ich hielt an: tatsächlich tu ich's oft,
und immer lande ich so in der gleichen Verlegenheit,
frage mich, was zu sehen war, frage mich auch,
wann Kirchen völlig ungebräuchlich werden,
was wir aus ihnen machen sollen, ob wir
ein paar Kathedralen erhalten sollen, ständig zur Besichtigung,
ihr Pergament, Gerät und Gefäß in verschlossenen Schränken,
und den Rest mietfrei Regen und Schaf überlassen.
Sollen wir sie meiden als Unglücksstätten?

Oder kommen nach der Dämmerung zweifelhafte Frauen,
um ihre Kinder einen bestimmten Stein berühren zu lassen;
um Kräuter zu pflücken gegen Krebs; oder in einer
ratsamen Nacht einen Toten wandeln zu sehn?
Einfluß der einen oder andern Art wird es weiterhin geben
in Spielen, in Rätseln, scheinbar zufällig;
doch Aberglaube wie Glaube muß sterben,
und was bleibt, wenn Unglaube vergangen ist?
Gras, unkrautbewachsene Platten, Brombeergestrüpp, Pfeiler, Himmel,

ein Umriß, jede Woche weniger erkennbar,
eine Absicht, immer unverständlicher. Ich frage mich, wer
der letzte sein wird, der allerletzte, der
diese Stätte aufsucht um ihretwillen; einer von den vielen,
die abklopfen und notieren und wissen, was Lettneremporen waren?
Irgendein Ruinengenießer, scharf auf Antikes,
oder ein Weinachtsliebhaber, der mit einem Hauch
von Gewand und Beffchen und Orgelpfeifen und Myrrhe rechnet?
Oder wird es einer sein wie ich,

gelangweilt, nicht informiert, wissend, daß der Geistersand
verstreut ist, und der doch zugeht auf dies Grundkreuz
durch Vorstadtgestrüpp, weil es zusammenhielt
so lange und gelassen, was seither nur
in Trennung gefunden wird – Hochzeit und Geburt
und Tod und Gedanken darüber, für wen wurde
dies besondere Gehäuse gebaut? Denn wenn ich auch keine Ahnung habe,
was diese ausstaffierte, stickige Scheune wert ist,
gefällt es mir, in Schweigen hier zu stehen;

ein ernsthaftes Haus auf ernsthafter Erde ist es,
in dessen Luftgemenge sich all unsre Zwänge treffen,
erkannt werden und als Schicksal verkleidet.
Und so ganz veraltet kann es niemals sein,
da für alle Zeit irgendeiner
einen Hunger in sich entdecken wird, ernsthafter zu sein,
und damit angezogen wird von diesem Grund,
wo, wie er einmal hörte, es sich geziemte, weise zu werden,
und sei es nur, weil soviel Tote dort liegen.

In sieben Strophen zu je neun Zeilen geht das Gedicht seinen ruhigen Gang. Das Versmaß ist „der altvertraute iambic pentameter, seit Chaucer das klassische Maß der englischen Dichtung"[12]. Die Verse sind durch Reime und Assonanzen unauffällig miteinander verbunden. Das ganze erweckt so den Tonfall eines nur leicht über die Ebene der Prosa gehobenen Sprechens. Keine gewagten Brüche und Sprünge der Form, kein Pathos, eine langsame, nachdenkliche Gangart des Gedankens, ein „Kirchgang".

Da beginnt einer zu sprechen: *Nur wenn ich sicher bin.* Ein Unbekannter, Fremder spricht vor sich hin: nur, wenn ich sicher bin, daß dort nichts vor sich geht, gehe ich hinein. Mit einem unüblichen Vorbehalt definiert sich dieser

---

[12] J. Kleinstück, Philip Larkin: Church going, in: H. Oppel (Hg.), Die moderne englische Lyrik, Berlin 1967, 295- 302, 298.

Kirchgänger hier gleich im ersten Satz. Kirchgänger werden üblicherweise durch die gegenteilige Prämisse definiert: Kirchgänger sind Gottesdienstbesucher, sie gehen zur Kirche, wenn und weil dort etwas vor sich geht, etwas veranstaltet wird; sie kommen zusammen, versammeln sich; als solche zählen sie auch als Indikator von Kirchlichkeit. Dieser hier kommt nur, wenn er sicher ist, daß da nichts veranstaltet wird und sich versammelt, ein freier Einzelgänger, der auf gar keinen Fall Teilnehmer oder Mitglied sein will, ein Kircheneinzelgänger, eine dezidierte Randfigur.

Was hat dieser Besucher da zu suchen, wenn das, wodurch Kirchenbesucher nach aller Regel kirchlicher Statistik definiert sind, gerade nicht statthat? Was sucht er? Was findet er? *„another church"*, eine Kirche, wieder eine, das Übliche, auf den ersten Überblick vom Eingang aus: Läufer, Gestühl, Steine, Gebetbücher, Blumenschmuck, Messing und Stoff am Altar, die „kleine zierliche Orgel". Das übliche Inventar, die Einrichtung für den gottesdienstlichen Gebrauch, zur Zeit außer Gebrauch. Die Spur des Gebrauchs ist dem Haus eingeschrieben und auch dem Gedächtnis des Besuchers. Alles, was da schon einmal vor sich gegangen ist, ist abgelagert in der lautlosen Präsenz der Dinge. Es ist ein Ort des Schweigens. Aber das ist nicht die reine, klare Luft des Nichts, sondern seit unvordenklicher Zeit zusammengebraut, Gott weiß wie lang (diese idiomatische Wendung ist die einzige Stelle, wo „Gott" ausdrücklich vorkommt im Gedicht). Zusammengebraut, wie sich die ortseigenen Gerüche seit Jahr und Tag festsetzen zu einem muffigen Gemisch. Zusammengebraut zu einem Schweigen, in dem alles lautlos, aber vernehmlich nachhallt, was in den heiligen Hallen je ertönt ist. Die Atmosphäre des Raumes ist das Sediment und der Nachhall der in ihn eingegangenen Geschichte.

Und wie ein fernes Echo einer ordentlichen Kniebeuge ist auch die linkische Bewegung, mit der der Besucher die Fahrradklammern abstreift. *Nothing is going on.* Der Raum ist durch keinen offiziellen Kult besetzt. So kann der Besucher für sich seinen privaten Ritus beginnen, den Rundgang der Sinne über die Oberfläche der Dinge, mit der Hand den Taufstein abtastend, die Decke handwerklich abschätzend, schließlich der Aufstieg zum Lesepult, das Buch mit den übergroßen Lettern. Im Nachlesen läuft er für einen Augenblick in das Geleise der Liturgie, und der rituelle Schlußsatz gerät ihm lauter als gewollt: *Here endeth.* Und die Echos spotten kichernd der feierlichen Aussage: hier endet, endet, endet. Auch dies geht ein in das Schweigen des Raumes. Der Rundgang ist beendet, die Tür wieder erreicht. Dem Eingangsritus entspricht der des Ausgangs, die Unterschrift im *visitors book* und die obligate Spende in den Opferkasten. Und im Rückblick das Resümee, daß der Ort es nicht gelohnt hat, anzuhalten, daß der Raum der Zeit, die man geopfert hat, keinen Gegenwert bot, daß der Kirchgang, auch dieser private, vergeblich war. Er ist draußen, der Kirchgang ist beendet.

Er ist nicht beendet, geht vielmehr über in die rückblickende Reflexion eines Gedankenkirchgangs. Da war nichts Ungewöhnliches außer dieser ungewöhnlichen Gewohnheit, es immer wieder zu tun, immer wieder anzuhalten, hineinzugehen, obwohl es immer in der gleichen Weise endet, in einer Verlegenheit, die das Rad der Gewohnheit immer wieder an- und doch heimlich in Bewegung hält. Dem ist auf den Grund zu gehen, hier im Gedicht. Die Sehenswürdigkeit wird geprüft durch das Gedankenexperiment der Negation. Was wäre, wenn Kirchen vollkommen außer Gebrauch kämen, nicht daß sie nicht mehr dastünden materiell, sondern daß sie nicht mehr *in usu* wären, daß jene Riten, derentwegen sie einmal gebaut wurden, ausgestorben und fortgezogen wären? Der Kircheneinzelgänger hier nimmt nicht mehr teil an ihnen, sieht sich sogar ausdrücklich vor, daß er nicht versehentlich in ihren Vollzug hineingerät. Aber was wäre dann, wenn sie vollends in Wegfall kämen? Was werden wir/würden wir tun mit den Relikten, Reliquien der ausgestorbenen Religion? Unmerklich werden „wir", als ob es uns alle beträfe, hineingezogen und beteiligt an einer Beratung. Also: was werden wir tun? Einige Kathedralen freigeben zur ständigen Besichtigung. Pergamente, Patene, Pyxis – die liturgischen Bücher und Geräte außer Gebrauch in verschlossenen Schränken, Missale, Monstranz und Ziborium, Kelch und Patene usw. usw., kostbare Stücke in Vitrinen, dies diente hierzu und dies diente dazu in *illo tempore*, das Praeteritum der christlichen Religion in exemplarischen Dokumenten, schön und lehrreich. Das gibt es länger schon. Die Selbstüberführung der Menschheit, all ihrer überlebten Dinge ins Museum nimmt zu. Werden wir die Kirchen, wenn sie überlebt sind, „*completely*", ins Museum überführen, „*completely*", und den Rest, wo es zu teuer oder abwegig ist, der freien Natur zurückgeben, Ruinen unter freiem Himmel, Weideplätze für das Vieh? Wird das alte Christentum vom Fortschritt der Zivilisation behandelt werden, wie es selbst einst, als es jung war, das alte Rom behandelt hat: Museum und Ruine?

„Was werden wir tun?" Wer ist dies „wir"? Das unbestimmte kollektive Subjekt dieser Kultur, das seinen singulären Kopf und Körper hat in diesem Kircheneinzelgänger, der sich staunend fragt, was er da tut und warum immer noch, nicht ganz drinnen, nicht ganz draußen. An dieser Stelle geht er herum mit der Wünschelrute, um zu finden, was den Ausschlag gibt.

Oder werden wir sie meiden wie Unglücksorte, Orte eines Verbrechens? Oder fällt dieser hochreligiöse Ort der täglichen Liturgie zurück in die nächtliche schwarze Magie, die Naturreligion der Steine und Kräuter, den Okkultismus der Totengeister, das dubiose Numinosum der in den Boden gesickerten Macht dessen, was hier einmal begangen wurde? „*Power of some sort or other will go on*" – dies ist im Versgebäude der sieben Strophen des Gedichts die zentrale Zeile. Auch wenn „*there's nothing going on*", *this is going on* in der Nachgeschichte der christlichen Religion, *power of some sort*. Macht dieser oder jener Art wird weitergehen in den Gebräuchen der Leute, Spielen, Rätseln, scheinbar zufällig – der Glaube auf der Schwundstufe der abergläubischen Volksbräuche. Wie der Glaube den Tod des Aberglaubens stirbt, so der Aberglaube den des Unglaubens. Was aber bleibt, wenn der Unglaube gegangen ist? Wieder der Glaube, und alles von vorn? Nein: Gras, überwucherte Ruinen, die Natur holt sich zurück und macht unkenntlich, was ihr als Kultur einst entrissen worden war.

Die Frage setzt noch einmal neu ein mit der 5. Strophe, strenger rückbezogen auf die Einzelperson des Kirchgängers: *„I wonder who"*, ich frage mich, wer wird der letzte sein, der allerletzte, der die Spur des Vergangenen noch sucht und sieht an dieser Stätte? Und was wird er hier zu suchen haben? Ein Archäologe der christlichen Kunst, der die Relikte prüft, registriert? Ein Tourist, der sich an Antiquitäten berauscht? Ein Nostalgiker, heimwehkrank nach Weihnachten, einem Hauch des letzten christlichen Festes? Oder einer wie „ich", der Kirchgänger dieses Gedichts? Denn das ist er nicht, will er nicht sein, ein Archäologe, Tourist, ein nostalgischer Schwärmer. Was dann? Das ist das Thema der beiden letzten Strophen. „Gelangweilt, ununterrichtet, wissend, daß der Geistersand zerstreut ist", eben der Kirchgänger der beiden ersten Strophen, der dort nicht hinging aus Bildungshunger, Neugier . . . , und den es dennoch hinzieht zu diesem von der Vorstadt überwucherten Grundkreuz. So lange und beständig hat es Menschenleben und Menschengedanken zusammengehalten: Hochzeit, Geburt, Tod und Gedanken darüber, was man seither nur noch zerstreut, zersplittert, in Stücken antrifft. Was immer dies Gehäuse für andere war und wert ist, „es gefällt mir, in Schweigen hier zu stehen": ein ernstes Haus, auf ernster Erde, wo ich gern bin, still bin. Nicht in zwangloser Atmosphäre! All unsere Zwänge kommen hier zusammen, werden erkannt, anerkannt als die nackten Zwänge, die sie sind, und werden eingekleidet (vielleicht auch verkleidet) als Fügung und Bestimmung unseres Lebens. Der Kirchgänger hier ist einer von jener vielleicht seltener werdenden, aber – wie er meint – nie aussterbenden Menschensorte, die überrascht werden von einem Hunger in sich, ernster zu sein. Die Schwerkraft dieses Begehrens zieht ihn hin zu diesem Ort und Grund; einer Stätte, deren Eigentümlichkeit, wie er einmal hörte, darin zu finden sei, daß man dort weise werde, und sei es auch nur, weil dort so viele Tote liegen, weil man dort, über diesen Relikten und Reliquien lernt, die eigenen Tage zu zählen. Der Kirchengedankengang endet bei den Unterirdischen. In dieser Krypta des Gebäudes findet die Reflexion den letzten Grund seiner Anziehungskraft.

Die beiden Gedichte, die ich hier in das Gespräch über Raum und Liturgie eingebracht habe, können in diesem Diskurs gewiß nur in obliquo mitreden. Sie enthalten keine Theorie und keine Programmatik des Kirchbaus. Was aber die poetische Sprache vermag, das ist: die in konventionellen Beschreibungssystemen erstarrte Realität neu zu konfigurieren. Die poetische Fiktion läßt die Dinge anders sehen. So bietet sie sich einer theologischen Heuristik an.

Die andere Sicht hat bei diesen beiden Gedichten freilich das eine Gemeinsame, daß die Konjunktion von Raum und Liturgie in eine Disjunktion überführt wird. Die Nichtkongruenz von Gemeinde und Gebäude, die Nicht- identität der Kirche als Sozial- und als Baukörper ist der Freiraum, in dem sich ihre poetische Reflexion bewegt, und zwar in einer unüblichen Richtung. Daß die Kirche als Sozialkörper die Kirche als Baukörper transzendiert, ja weit überragt, ist gewiß allerallgemeinste Ansicht. Die beiden Gedichte aber tendieren dazu, daß die Kirche als Baukörper die Kirche als Sozialkörper transzendiert. Darauf insistieren sie als Bedingung ihrer Möglichkeit, daß der Tempel aus steinernen Steinen den aus lebendigen Steinen übertrifft, insofern dies den freien Raum eröffnet und erhält für die der ekklesialen Regulierung entzogene Privatsache der Religion, ihre subjektive Intimität: *Deus et anima (in corpore)*.

So marginal und vielleicht sogar suspekt diese Seitenansicht von der liturgischen Zentralperspektive aus gesehen erscheinen mag, in ihr reflektiert sich am Monument der Kirche der Stand der Geschichte der Religion und vielleicht auch der Stand der Geschichte Gottes in dieser Phase unserer europäischen Zivilisation.

ABBILDUNGEN

1. Lucas Cranach der Jüngere.
   Unterscheid zwischen der waren Religion Christi vnd falschen Abgöttischen lehr des
   Antichrists in den fürnehmsten stücken
   Holzschnitt, 1546

2. Franz Hogenberg,
   Der calvinistische Bildersturm vom 20. August 1566
   1588, Kupferstich, 26 x 34 cm

3. Erhard Schön zugeschrieben,
   ,Klagrede der armen verfolgten Götzen vnd Tempelpilder . . .'
   um 1530, Holzschnitt, 12,9 x 35 cm
   Nürnberg, Germanisches Nationalmuseum

4. Hans Holbein d.J.
   Anbetung eines Christophorus-Bildes
   Illustrationen zu: Erasmus von Rotterdam, ,Moriae encomium. Stultitiae laus' (,Lob
   der Torheit'), Basel 1676
   Kupferstich, 8 x 5,7 cm
   Hamburger Kunsthalle, Bibliothek

5. Hans Holbein d.J.
   Verehrung einer Marienstatue
   Illustrationen zu: Erasmus von Rotterdam, ,Moriae encomium. Stultitiae laus' (,Lob
   der Torheit'), Basel 1676
   Kupferstich, 8,5 x 5,2 cm
   Hamburger Kunsthalle, Bibliothek

ABKÜRZUNGEN

BKV	Bibliothek der Kirchenväter. Kempten u. a.
ByZ	Byzantinische Zeitschrift. Leipzig u. a.
ChH	Church History. American society of church history. Chicago/Ill. u. a.
DOP	Dumbarton Oaks Papers. Cambridge/Mass.
EHR	Englisch Historical Review. London
EvErz	Der evangelische Erzieher. Frankfurt/M.
GÖK	Geschichte der Ökumenischen Konzilien. Mainz
GOTR	Greek Orthodox Theological Review. Brookline/Mass.
KatBl	Katechetische Blätter. München
KuKi	Kunst und Kirche. Darmstadt
KuM	Kerygma und Mythos. Hamburg
LJ	Liturgisches Jahrbuch. Münster
LThK²	Lexikon für Theologie und Kirche, hg. von J. Höfer u. K. Rahner, Freiburg/Brsg. ²1957-1965
Mün	Das Münster. Freiburg/Brsg.
Orien	Orientierung. Zürich
OstKSt	Ostkirchliche Studien. Würzburg
PG	Patrologiae cursus completus, accurante *J.-P. Migne*. Series Graeca. Paris
PL	Patrologiae cursus completus, accurante *J.-P. Migne*. Series Latina. Paris
QFIAB	Quellen und Forschungen aus italienischen Archiven und Bibliotheken. Tübingen u. a.
Sth	Thomas von Aquin, Summa theologica
StML	Stimmen aus Maria Laach. Freiburg/Brsg.
ThLZ	Theologische Literaturzeitung
WA	Martin Luthers Werke. Kritische Geamtausgabe 1- 58, Weimar 1883-1948.
ZdZ	Zeichen der Zeit. Berlin
ZKG	Zeitschrift für Kirchengeschichte, Stuttgart u. a.
ZKTh	Zeitschrift für Katholische Theologie. Wien u. a.

LITERATURVERZEICHNIS

Folgende Beiträge wurden bereits veröffentlicht:

Bilderstreit als Kontroverse um das Heilige, in: A. Stock (Hg.) Wozu Bilder im Christentum? Beiträge zur theologischen Kunsttheorie. (Pietas liturgica VI), St. Ottilien 1990, 46-60.

Die Ehre der Bilder. Thomas von Aquin – Johannes von Damaskus, in: J. Wohlmuth (Hg.), Streit um das Bild. Das Zweite Konzil von Nizäa (787) in ökumenischer Perspektive, Bonn 1989, 67-78.

Die Bilderfrage nach dem II. Vaticanum, in: Informationen. Veröffentlichungsorgan für die Mitglieder der Werkgemeinschaft Musik 50/1994, H. 1, 27-43.

Tempel der Toleranz. Zur Musealisierung der Religion, in: K. Hilpert / J. Werbick (Hg.), Mit den Anderen leben. Wege zur Toleranz, Düsseldorf 1995.

Ist die bildende Kunst ein locus theologicus? in: A. Stock (Hg.), Wozu Bilder im Christentum? Beiträge zur theologischen Kunsttheorie (Pietas liturgica VI), St. Ottilien 1990, 120-124.

Religionspädagogischer Bildergebrauch, in holländischer Sprache erschienen unter dem Titel: het gebruik van beelden in de godsdienstpedagogiek, in: Verbum-Tijdschrift voor Katechese 53 (1986), 74-81.

Bild und Symbol, in: Religionspädagogische Beiträge 23, 1989, 3- 16.

Heilige Stätten, in: U. Tworuschka (Hg.), Heilige Stätten, Darmstadt 1994, 9-19.

Gotteshaus und Kirchgang, in: LJ 39 (1989) 5-18.

Der Artikel „Katholisches Kunstgespräch in der Moderne?" faßt zusammen, was in Kp. II 2; III. 1, 2, 4, 5; IV. 3; V. 8 meines Buches „Zwischen Tempel und Museum. Theologische Kunstkritik. Positionen der Moderne", Paderborn 1991, ausführlicher dargestellt ist.

Weitere bildtheologische Veröffentlichungen des Verfassers

Stock, Alex, Bildstrukturen, in: ders., Textentfaltungen. Semiotische Experimente mit eienr biblischen Geschichte, Düsseldorf 1978, 119-150.

–, Strukturale Bildanalyse, in: Religionsunterricht an höheren Schulen 21 (1978), 53-59

–, Auferstehungsbilder. Eine ikonographisch-theologische Studie, in: ders. Wichelhaus, Manfred (Hg.), Ostern in Bildern, Reden, Riten, Geschichten und Gesängen, Zürich/Einsiedeln 1979, 9-32.

–, Bildersturm und Augenweide. Theologische Aspekte der Kunst, in: Diak. 10 (1979), 378-387.

–, Über das Bild Gottes im Evangelischen Religionsbuch, in: EvErz 32 (1980), 20-38.

–, „Bilder von Gott" – Über ein didaktisches Arrangement, in: Religionspädagogische Beiträge 8 (1981), 120-130.

-, / Wichelhaus, Manfred, Bildtheologie und Bilddidaktik. Studien zur religiösen Bilderwelt, Düsseldorf 1981.

-, Ermittlung eines bilddidaktischen Konzepts. Zum Bildergebrauch in den Religionsbüchern „Zeit der Freude", „Wege des Glaubens", „Zeichen der Hoffnung", in: Religionsunterricht an höheren Schulen 25 (1982), 115-120.

-, Tod mit Tiara. Zum Portal der Elendskirche in Köln, in: KatBl 107 (1982), 533 f.

-, Am Rande der Welt. Caspar David Friedrich „Mönch am Meer", in: KatBl 108 (1983), 429-433.

-, Menschenkind, sieh! Zu einem didaktischen Bild Pieter Bruegels des Älteren, in: KuKi 2 (1983), 86-90.

-, Das Bild zwischen Religion und Kunst, in: KuKi 3 (1983), 137-139.

-, Der unmögliche Altar, René Magritte „Le Rossignol", in: KatBl 108 (1984), 41-66.

-, Bilder besprechen. Vom Sinn einer durch Übung und Wissen weiterentwickelten Wahrnehmung von Bildern, in: KatBl 109 (1984), 372-376.

-, Der göttliche Augenblick, in: Ch.W.Thomsen/H.Holländer (Hg.), Augenblick und Zeitpunkt, Darmstadt 1984, 208-211, Abb. 18-21.

-, Der Genesis-Teppich von Gerona. Eine theologisch-semiotische Analyse, in: K.Oehler (Hg.), Zeichen und Realität. Akten des 3. Semiotischen Kolloquiums, Tübingen 1984, 443-452.

-, „Wenn du es mit Andacht anschaust". Zum Status des Christusbildes, in: ZKTh 108 (1986), 301-310.

-, Bilder der Hölle, in: KatBl 111 (1986), 769-774.

-, Art. Christusbilder, in: EKL^3, 744-747.

-, Der zwölfjährige Jesus in der Schulbibelillustration, in: KatBl 112 (1987), 385-387.

-, Das halbvergessene Bilderkonzil. Zum 1200- jährigen Jubiläum des 2. Konzils von Nizäa, in: Orien. 51 (1987), 227-230.

-, Schulbibelillustration im 20. Jahrhundert, in: Religionspädagogische Beiträge 19 (1987), 111-131.

-, Bilder - Geschichten - Bilder. Zur Ausbildung der Einbildungskraft, in: R. Zerfaß (Hg.), Erzählter Glaube - Erzählende Kirche, Freiburg/Br. 1988.

-, Gesicht, bekannt und fremd. Neue Wege zu Christus durch Bilder des 19. und 20. Jahrhunderts, München 1990.

-, Wozu Bilder im Christentum? Beiträge zur theologischen Kunsttheorie. (Pietas liturgica VI), St. Ottilien 1990.

-, Landschaft und Religion. Zum 150. Todestag von Caspar David Friedrich, in: ZdZ 7 (1990), 179-181.

-, Gedenkzeichen, Warnzeichen, beides. „Betrachtung eines Bildes", in: ders., Warten ein wenig. Zu Gedichten und Geschichten von Johannes Bobrowski, Würzburg 1991, 56-62.

-, Zwischen Tempel und Museum, Theologische Kunstkritik. Positionen der Moderne, Paderborn/München/Wien/Zürich 1991.

-, Und laß mich sehen dein Bilde. G. Rouault „De profundis" (1939), in: KatBl 117 (1992), 110-113.

–, Junglehrer und Musterknabe. Zur Bildgeschichte des zwölfjährigen Jesus. In: F. Pöggeler (Hg.), Bild und Bildung. Beiträge zur Grundlegung einer pädagogischen Ikonologie und Ikonographie, Frankfurt/M. 1992, 365-388.

–, Spiegelbildlichkeit, Zu Lucas van Leyden „David und Saul" (1509), in KatBl 118 (1993), 396-398.

REGISTER